華夏英才基金學術文庫

再生资源产业研究

产业生态学的视角

杨中艺 肖 迪 袁剑刚 著

科 学 出 版 社

北 京

图书在版编目（CIP）数据

再生资源产业研究：产业生态学的视角／杨中艺，肖迪，袁剑刚著．—北京：科学出版社，2012.6

（华夏英才基金学术文库）

ISBN 978-7-03-034802-9

Ⅰ．①再…　Ⅱ．①杨…②肖…③袁…　Ⅲ．①再生资源-资源产业-生态学-研究-中国　Ⅳ．①F124.5

中国版本图书馆CIP数据核字（2012）第124827号

责任编辑：侯俊琳　汪旭婷　丛洪杰／责任校对：林青梅

责任印制：赵　博／封面设计：陈　敬

编辑部电话：010-64035853

E-mail：houjunlin@mail.sciencep.com

科学出版社 出版

北京东黄城根北街16号

邮政编码：100717

http://www.sciencep.com

北京凌奇印刷有限责任公司印刷

科学出版社发行　各地新华书店经销

*

2012年7月第　一　版　开本：B5（720×1000）

2025年2月第五次印刷　印张：13 1/4

字数：260 000

定价：78.00 元

（如有印装质量问题，我社负责调换）

目　录

第1章

再生资源产业何以被视为“朝阳产业”？

1.1 问题的由来

近年来，我国经济社会发展迅速，取得了举世瞩目的成就，但是并没有摆脱传统的发展模式，环境和资源问题日益突出，已经威胁到国民经济的持续增长。我国在20世纪80年代就将环境保护列为基本国策；在90年代提出了可持续发展战略；“节能减排”在“十一五”期间首次成为具有约束力的政府考核指标；2005年“循环经济”成为中国经济的关键词；2007年党的“十七大”提出建设生态文明；2010年“生态环保”、“可持续发展”成为两会的主题，“科学发展”已经日益成为全民共识和行为准则。

但是，我国30多年来的高速发展所导致的资源环境危机已经是一个不争的事实，处于改革发展前沿的广东省便是一个十分典型的实例。广东虽然是经济大省，但资源禀赋低，环境压力大。2009年广东省能源生产总量为4391.84万t标准煤，消费量却达到19 666.18万t标准煤，能源高度依赖外省调入和国外进口。[①] 根据国家统计局的资料，2009年广东省主要能源的基础储量为石油8.3

① 国家统计局. 中国统计年鉴2010. 北京：中国统计出版社，2010

万 t、天然气 0.3 亿 m^3、煤炭 1.9 亿 t，仅占全国的 0.0028%、0.0008% 和 0.0596%；铁矿石基础储量 1.2 亿 t，占全国的 0.56%；铜矿基础储量 58.5 万 t，占全国的 1.98%。2009 年广东省排放废水 687 429 万 t（含工业废水和生活污水），居全国第一位，占全国的 11.7%；化学需氧量（COD）排放量 91.12 万 t，居全国第二位，占全国的 7.1%；氨氮排放量 11.51 万 t，居全国第一位，占全国的 9.4%；工业 SO_2 排放量 101.26 万 t，居全国第五位，占全国的 5.4%。[①] 从统计数字可以看出，广东省这些年来的经济发展呈现“高增长、高污染”并存的局面，还没有摆脱“先污染、后治理”的发展模式。短时间内在狭小的空间所承接的大量污染物已经导致广东省环境质量急剧恶化，在未来的发展中任何新增排放的污染物都会是极其有害的，任何新增“三废”，即便“处理达标”后排放，都可能成为毁坏某个区域环境的“最后一根稻草”，转变广东省的经济发展模式，势在必行。

为了转变经济发展模式，推动资源节约型社会的发展，广东省先后发布了《广东省实施清洁生产联合行动实施意见》、《广东省节约能源条例》、《广东省资源综合利用管理办法》、《广东省固体废物污染防治规划（2001—2010）》、《珠江三角洲环境保护规划纲要（2004—2020 年）》（以下简称《珠三角环境保护规划纲要》）、《广东省人民政府关于建设节约型社会发展循环经济的若干意见》等文件，2008 年 12 月，国务院发布了《珠江三角洲地区改革发展规划纲要（2008—2020）》（以下简称《规划纲要》）。《珠三角环境保护规划纲要》体现了广东省政府对再生资源产业发展的引导方向。《珠三角环境保护规划纲要》规划总体目标为：把珠江三角洲建成全面、协调的可持续发展示范区。其中五大重点建设工程之一的固体废物处置利用工程规划投资 295 亿元，目标为：到 2010 年，工业固体废物综合利用率达到 85% 以上，废旧电子电器收集率和资源化率分别达到 80% 和 70%，城镇生活垃圾分类收集率达到 80%，生活垃圾资源化率达到 70%。《规划纲要》则提出了“坚持开发节约并重、节约优先，按照减量化、再利用、资源化的原则，大力推进节能节水节材，加强资源综合利用，全面推行清洁生产，形成低投入、低消耗、低排放和高效率的经济发展方式”的举措。

资源的再生利用具有良好的经济、社会和环境效益，能够减少自然资源的使用量，提供具有价格竞争力的原料，降低废弃物对环境的影响，减少垃圾的

---

① 国家统计局．中国统计年鉴 2010．北京：中国统计出版社，2010

最终处理处置量，提供大量就业岗位，是发展循环经济、缓解环境资源压力的重要手段，并能够解决一部分就业困难群体的就业问题。2009年1月1日开始实施的《中华人民共和国循环经济促进法》规定要在国家层面上鼓励和推进再生资源产业的发展，并且着重强调了生活废物的分类回收、工业废物的综合利用、电子废物的拆解和再利用等环节。然而遗憾的是，虽然发展再生资源产业是实现资源再生利用的主要途径，却尚未得到足够的重视。再生资源作为“废物”、“垃圾”的概念依然根深蒂固地影响着人们对这一产业的认识，“捡垃圾”、“收破烂”是人们对再生资源回收行为的常见称谓，相关从业人员缺乏培训，素质不高，备受歧视；部分违法人员利用再生资源回收网络进行非法盗取产品、资源材料的销赃等犯罪活动等。这些都制约了我国再生资源产业的健康、快速发展。

我国再生资源产业的统计数据也十分缺乏且不完整。虽然2002年修订的《国民经济行业分类》（GB/T 4754—2002）国家标准中，新增了“废弃资源和废旧材料回收加工业”大类，包括金属废料和碎屑的加工处理、非金属废料和碎屑的加工处理两类，但主要统计规模以上企业的情况，不能很好地反映这个行业的规模。根据其统计，2008年全国废弃资源和废旧材料回收加工业规模以上企业1087家，工业总产值1137.79亿元，广东省该行业规模以上企业172家，总产值333.71亿元，分别占全国的15.8%和29.3%；2009年全国废弃资源和废旧材料回收加工业规模以上企业1165家，工业总产值1443.86亿元，广东省该行业规模以上企业213家，总产值450.19亿元，分别占全国的18.3%和31.2%，说明广东省再生资源产业的规模以上企业无论在企业数量、产值，还是在发展速度上都居于国内前列。从目前掌握的情况来看，这些数据并不能代表我国再生资源产业的实际规模，但可以显示广东省再生资源产业所占有的重要地位，说明以广东省的情况为例解剖我国再生资源产业现状和存在问题具有可行性。

2008年底，原广东省经济贸易委员会（现为广东省经济和信息化委员会）下达了“编制《广东省推进再生资源产业发展意见》的基础性调研”的任务，本书的写作正是在该项基础性调研成果的基础上完成的。笔者在政府部门、企业、行业协会、高校等方面的密切配合下，以广东省为重点，对再生资源产业的重点地区、加工利用的龙头企业、再生资源回收网络以及公众等进行了大量的实地考察和问卷调查，并对山东、江苏、浙江等省份进行较为深入的专题调研，获取第一手资料，明确再生资源产业的现状和存在的问题，探索切实推进再生资源产业发展的模式和措施。本书依据大量现场调查数据撰写而成，可以弥补以往研究的不足，客观反映再生资源行业的真实情况，不仅可以为决策机构通过扶持再生资源产业突破我国资源紧缺的瓶颈提供理论依据，而且有助于人们认识区域再生资源产业组织、升级和管理的必要性及其方法，从而促进再生资源产业的发展。对于从事再生资源产业的企业而言，可以通过本书的案例分析以及其他调查结果吸取有益的经验。

当然，由于再生资源产业涉及的领域较为广泛，且存在其特殊性，数据的获取难度较大，而笔者的精力和水平有限，书中难免有纰漏之处，恳请读者予以批评指正。

1.2 再生资源产业成为“朝阳产业”是中国经济社会发展的必然

提到朝阳产业，人们往往会想到那些具有强大生命力的新兴产业，如电子、信息、生物、节能环保、新材料、新能源等。强调再生资源产业是朝阳行业，可能会有人嗤之以鼻，这个看上去既不高科技又不太体面的行业，怎么会跟朝阳联系在一起？但是，细心剖析近年来中国社会乃至国际社会流行的关键词，如节能减排、循环经济、环境保护、可持续发展、低碳经济……，无一不与资源的循环利用密切相关。

关于“再生资源”的定义，学术界尚有不同见解，本书采用2007年国家商务部、发改委、公安部、建设部、工商总局、环保总局六部委联合发布的《再生资源回收管理办法》（商务部令2007年第8号）的定义：“再生资源是指在社会生产和生活消费过程中产生的，已经失去原有全部或部分使用价值，经过回收、加工处理，能够使其重新获得使用价值的各种废弃物。包括废旧金属、报废电子产品、报废机电设备及其零部件、废造纸原料（如废纸、废棉等）、废轻化工原料（如橡胶、塑料、农药包装物、动物杂骨、毛发等）、废玻璃等。”①

“再生资源”一词在使用时常与“可再生资源”、“可再生能源”混淆，“可再生资源”指通过自然力能够增加蕴藏量的自然资源，主要指生物资源和

① 商务部．再生资源回收管理办法（2007年第8号）．商务部网站：http：//www. gov. cn/ziliao/flfg/2007-03/30/content_566242. htm，2012-06-16

某些动态的非生物资源，如鱼类资源、森林资源、土壤等，借助于自然循环或者生物的生长、繁殖、不断自我更新，维持一定的储量。“可再生能源”则是指生物质能源、太阳能、光能、沼气等可以永续利用的能源。而“再生资源”一般是指可回收加工成原材料的那部分，不包括能源、水等更广泛意义上的资源。①

再生资源也经常与“废品”、“废旧物资”混用，这与我国再生资源产业发展的历史有关。朱海伦在将“再生资源”与“废弃物”、“废旧物资”、“可以利用的废旧物资”、“废物品”等进行区分的基础上，将再生资源定义为：“具有明确所有权人的，一切人类社会活动过程中产生的不再具有原有使用价值而以各种形态赋存，但在一定的经济技术条件下可以无害利用的，使其获得有效使用价值的各种物料的总称。”② 但这一定义过于抽象，在实际使用中也并无特别意义。其实对于特定的对象，从失去原有用途的角度看是废品或废旧物资，从还可以再利用或者再生利用的角度看就是再生资源。

再生资源企业主要包括从事再生资源回收经营的流通企业、以再生资源为原料的加工利用企业、再生资源加工利用的机械制造企业，以及再生资源市场交易组织、科研及信息等服务性企业。根据再生资源用量占企业全部生产原料的比例，可以将企业分为以再生资源为主要原料的专门企业和以再生资源为部分原料的一般企业。③ 例如，分选废旧塑料并制成塑料颗粒的企业是以再生资源为主要原料的专门企业；而很多造纸厂会使用一定比例的废纸或废纸浆作为生产原料，从广义上看也可以作为再生资源企业。

再生资源产业也被称为“静脉产业”。如前所述，再生资源是指已经失去原有全部或部分使用价值，经过回收、加工处理，能够使其重新获得使用价值的各种废弃物。④ 再生资源产业则是以再生资源为对象的各种经济活动和社会发展活动的集合，包括再生资源的回收、分拣、物流、加工、资源再生产品制造和贸易、废物最终处理处置等核心产业链以及信息服务、技术研究、再生资源分拣和加工设备制造等外围产业链。再生资源产业具有一些区别于其他产业的独

---

① 冯慧娟，张继承．我国再生资源产业市场化运行中的政府调控对策．经济问题探索，2009，(10)：14-18

② 朱海伦．对再生资源概念的理论思考．再生资源研究，2005，(3)：1-4

③ 周宏春．变废为宝：中国资源再生产业与政策研究．北京：科学出版社，2008

④ 商务部．再生资源回收管理办法（2007年第8号）．商务部网站：http：//www.gov.cn/ziliao/flfg/2007-03/30/content_566242.htm，2012-06-16

特性质，如公益性、准公共物品属性、双重外部性①，因此需要政府和市场同时发挥作用，不能完全依靠市场机制调节。

背景资料

静脉产业

“静脉产业”（venous industry，recycling industry）一词的诞生，最早要追溯到20世纪80年代。那时，日本在基本解决了工业污染和部分生活型污染之后，由后工业化或消费型社会结构产生的大量废弃物，逐渐成为影响环境和可持续发展的重要问题。在此背景下，为了减少资源浪费和环境污染、解决废弃物处理及填埋场不足等问题，日本学者后藤电弘提出了“静脉产业”这一概念。这一称呼非常形象，因为再生资源行业能够将废弃物变废为宝，循环利用，如同将含有较多二氧化碳的血液送回心脏的静脉。②

静脉产业主要包括容器包装再生利用产业、废旧家电再生利用产业、建筑材料再生利用产业、食品再生利用产业、汽车再生利用产业，以及与上述废弃物在利用上相关联的回收、运输和再生技术研发等，概括起来可分为工业固体废弃物资源化利用、生活垃圾资源化利用、电子废弃物资源化利用和再制造产业。③

作为具有广阔市场前景的产业，再生资源产业除了客观的经济效益以外，还具备良好的资源环境效益与社会效益，主要体现在以下方面。

一是有效缓解资源短缺的矛盾。改革开放以来，我国的经济高速发展，尤其是制造业方面，我国已经成为世界级的“制造工厂”。不可否认的是，再生资源产业在原材料供应的保障方面起到了重要作用，纵观国内加工制造业发达的地区，如广东、浙江和江苏等地，其工业区周边往往存在着大量的再生资源企业。

二是减轻环境压力。按照我国现在的发展模式，经济的持续快速增长，会造成生态环境保护压力加重，而再生资源的回收利用，既降低了垃圾或产业固体废物的处理量，又减少了原生资源生产过程中污染物的排放，有利于环境保护。

三是增加就业岗位。再生资源产业作为劳动力密集型产业，很多工序还离

① 冯慧娟，张继承．我国再生资源产业市场化运行中的政府调控对策．经济问题探索，2009，(10)：14-18

② 高欣．一个悄然兴起的产业——静脉产业．北京：中国环境科学出版社，2008

③ 耿海玉，余宏，张倩，等．上海市静脉产业发展研究．北京：中国财政经济出版社，2009

不开人工操作，因此可以提供大量的就业岗位，在一定程度上解决就业困难群体的就业问题。据日本环境省 2003 年的调查，2002 年度日本再生资源产业的市场规模约为 21 万亿日元，雇佣规模约 57 万人。根据其之前的预计，到 2010 年，全日本再生资源产业的产值将达到 67 万亿日元，从业人数将达到 170 万人。循环经济市场规模（循环型社会商务规模）在日本的循环型社会元年（2000 年）为 29 兆 5855 亿日元，约占 GDP 的 5.9%，到 2007 年增加到 38 兆 644 亿日元，市场规模扩大约 30.1%，占 GDP 的比例上升到约 6.8%。雇佣规模在 2000 年约为 53 万人，到 2007 年增加到约 65 万人，约增加了 22.6%。①

综上所述，再生资源产业能够减少原生资源的使用量，降低废弃物对环境的影响，减少垃圾的处理处置量，是发展循环经济的重要途径。随着循环经济的推进，再生资源产业也引起了更多的关注。

1.3　广东省再生资源产业的发展现状和主要特点

根据笔者的调查，广东省再生资源产业规模与山东、浙江等省同处于国内领先水平。据不完全统计，1980～2008 年，广东省在工商部门注册的从事废旧物资回收加工利用的工商业者近 5 万户（其中约有 1 万户在 2008 年以前被注销或吊销），自 2000 年以来，工商登记户数呈逐年上升趋势，到 2007 年达到最高的年新注册户数（8567 户），比 1999 年的新注册户数（774 户）增加了 10 倍多，现存工商业者约为 4 万户。保守估计年产值超过 1200 亿元，从业人员超过 140 万人。以下归纳了广东省再生资源产业的主要特点。

1.3.1　再生资源产业已初具规模，在国内外产生重要影响，且基本形成了专业化分工格局

广东省再生资源产业在许多领域已经形成较大规模，在国内外居于领先地位，主要集中在废旧五金、废旧钢铁、废旧家用电器、电子产品、废旧塑料，废纸、废玻璃和废轮胎等行业的回收与加工利用。清远市龙塘镇、石角镇以及汕头市贵屿镇拥有以废金属、废电器为主的回收、加工产业，仅清远市的再生铜产量便占全国总产量的 1/3；南海杏坛镇则有以废塑料为主的回收、加工产业，

① 日本环境省．循环型社会白皮书（2010 年版）．2011

一度成为世界上规模最大的再生塑料集散地；东莞的废纸进口利用量占全国进口总量的70%以上，其中麻涌镇、中堂镇的废纸回收利用行业闻名全国；江门新会区已成为名副其实的“中国船舶拆解基地”，拆船能力称雄亚洲乃至世界。

1.3.2 拥有较为完善的资源回收网络和途径

广东省现阶段已具有初步覆盖从再生资源的回收到加工利用和销售的产业网络。据不完全统计，广东省单位城镇建成区面积拥有的经工商注册的废旧物资回收经营户密度接近17户/km^2，加上未经工商注册的个体废品收购站、流动收购户等，构成了废旧物资回收的初级网络，基本满足再生资源产业现阶段的需求。

1.3.3 再生资源行业造就了一批全国知名的龙头企业

作为国内再生资源产业的大省，广东省拥有一批具有知名度的再生资源龙头企业。例如，清远市进田企业有限公司、清远市华清再生资源有限公司、广州市万绿达集团有限公司、江门市新会双水拆船钢铁有限公司、广东银洲湖纸业基地、东莞玖龙纸业（控股）有限公司、广东奥美特集团有限公司等。这些龙头企业在制定行业规范、推进行业自律、引进先进技术方面都起到了重要作用。

1.3.4 在循环经济体系中扮演重要角色，形成一批国家级和省级循环经济产业基地，以再生资源产业为核心的产业链在区域经济中扮演重要角色

广东省获得批准的两批国家级循环经济试点单位（不含试点省市）共11家，仅次于山东省（15家），居全国第二位，显示广东的循环经济工作取得了较好的成绩。广东省先后发布了两批省级循环经济试点企业，认定了第一批广东省循环经济工业园和省市共建循环经济产业基地，许多再生资源产业基地和龙头企业已经成为国家级或省级循环经济试点单位或者被认定为循环经济工业园或产业基地。肇庆亚洲金属资源再生工业基地也被国家环境保护部批准为广东首个、全国第三个进口废物加工“圈区管理”园区，并被列入广东省重点工业建设项目和广东省循环经济工业园。再生资源行业生产的再生资源大多与当地产业链相结合，在区域经济发展中扮演着重要角色。

背景资料

广东省的国家级循环经济试点单位

第一批：广东省江门甘蔗化工（集团）股份有限公司、广东贵屿镇、广东清远再生资源集散市场、深圳报业集团、深圳东江环保公司、广东新会双水拆船钢铁有限公司。①

第二批：广东云浮硫铁矿企业集团公司、广东银洲湖纸业基地、广州经济技术开发区、深圳南山热电股份有限公司、深圳市格林美高新技术有限公司、深圳市。②

第一批广东省循环经济工业园③

广东西樵纺织产业示范基地、广东揭东经济开发区、广东银洲湖纸业基地、湛江经济技术开发区循环经济工业园、云浮循环经济工业园、中山（河源）产业转移工业园、惠州大亚湾石化循环经济工业园、肇庆高新区循环经济工业园、广州（梅州）产业转移工业园、东莞生态产业园。

再生资源产业已经成为广东省一些地区的支柱产业。以清远市为例，2010年清远市再生有色金属产业总产值达到855.50亿元，占全市工业总产值（3082亿元）的27.76%，居于有色金属加工业、废弃资源和废旧材料回收加工业、森工造纸和电力生产四大支柱产业之首。再生铜产量（68万t）占全国铜总产量的14.18%，占再生铜总产量的38.63%。这些成就主要依赖于对进口金属废料的回收利用，2010年清远市环保定点进口企业共25家，全市废旧金属七类定点进口批文107万t，拆解量约为250万t。

江门市新会区拥有150万轻t的旧船拆解能力，占全国拆船能力的60%，从业人员超过1万人。其中，江门市新会双水拆船钢铁有限公司和江门市中新拆船钢铁有限公司拆解进口废旧船的数量在国内排名前三甲，江门市中新拆船钢铁有限公司还是拆解国内废船数量最多的企业。江门市新会双水拆船钢铁有限公司旗下的双水拆船厂拆解能力达100万轻t，是目前我国规模最大、拆解速度

① 国家发改委．关于组织开展循环经济示范试点（第一批）工作的通知．国家发改委网站：http：//www.sdpc.gov.cn/zcfb/zcfbtz/zcfbtz2005/t20051101_47934.htm，2012-06-16

② 国家发改委．关于组织开展循环经济示范试点（第二批）工作的通知．国家发改委网站：http：//www.sdpc.gov.cn/hjbh/hjjsjyxsh/t20071217_179134.htm，2012-06-16

③ 广东省经济和信息化委员会．关于认定第一批广东省循环经济工业园的通知．广东省经济和信息化委员会官网：http：//www.gdei.gov.cn/flxx/jnjh/xhjj/201106/t20110603_104824.html，2012-06-16

最快、拆解量最大的大型拆船企业。该公司还具有很强的再生金属综合利用能力，利用拆船回收的废钢制造集装箱角铸件；利用铜、铝等有色金属铸造船角螺旋桨、门锁、水暖器材、合金铝材等产品；利用船上的薄钢板冲压五金配件，甚至连拆船、扎钢的氧化皮屑都能用来生产磁性材料。

东莞市中堂镇的造纸产业以废纸为主要原料，至2008年12月，全镇共有纸业公司、造纸厂、纸品厂128家，有造纸生产线112条，纸板生产线16条。全镇造纸产量达360多万t，占东莞市造纸产量近50%，生产各类纸品近40万t，造纸生产线与纸板生产线年销售额近80亿人民币，造纸业从业人员达1.8万人，年缴税近1.3亿元。造纸行业已经成为中堂镇第一大支柱产业，占中堂镇工业总产值的60%以上。2010年，中堂造纸产量已超过500万t，约占东莞市造纸总产量的60%，占广东省造纸总产量的25%，年产值达100多亿元，年上缴税收近6亿元，经济总量占该镇经济总量的50%以上。

正在筹建的惠州市再生资源回收利用基地被列为2007年广东省重点建设项目，基地占地220km^2，包括资源回收利用网络体系，再生资源物流基地和资源综合利用基地三大板块，计划处理废物共20类，惠州基地建成以后，仅电子废物一项的年处理能力便达到14万t。

1.3.5 初步形成了以产业协会、商会等机构为主要载体的民间组织、协调机制

产业协会、商会是沟通政府部门和企业的桥梁，广东省再生资源行业已经基本形成了较完善的民间组织体系，如资源综合利用协会（广东省）、再生资源行业协会（珠海）、再生资源回收利用协会（东莞、梅州等）、物资再生协会（广州等）、再生金属行业商会（清远）、塑料商会（顺德杏坛）等。协会、商会在帮助企业发展、促进行业自律、协助执行政府政策，甚至开展社会公益活动等方面都发挥了重要作用。

背景资料

广州市再生资源行业诚信自律倡议书①

为促进绿色循环经济的兴盛发展以及再生资源行业的壮大，巩固创建国家卫生城市工作，协会及798家单位立刻行动起来，积极响应号召，贯彻落

① 调研资料：广州市再生资源行业协会诚信倡议活动方案

实市委、市政府《关于切实解决涉及人民群众切身利益若干问题的决定》（穗字〔2007〕2号），努力推进我市再生资源回收网络体系建设，坚持做到不收赃、不扰民、不脏乱、不污染、服务好（“四不一好”），为提高再生资源的利用率，实现人与环境的和谐发展，向全市从事再生资源回收行业的同行们提出如下倡议：

（1）严格遵守国家法律法规和行业相关行为规范，诚信为本，自律自强。

（2）不收赃。坚决拒收一切禁收物品。

（3）不扰民。规范经营，为群众营造一个良好的居住环境。

（4）不脏乱。保持作业环境的卫生，合理分区存放回收物品。

（5）不污染。不随意排放野蛮拆解，坚决维护生态环境的平衡和可持续发展。

（6）服务好。礼貌待人，文明回收，诚信为群众服务，回报社会。

我们共同承诺共同努力，把再生资源回收利用培育成一个绿色产业，提高行业人员素质，与时俱进，务实创新，完成行业自我增值，建设资源节约型社会。

广州再生资源行业协会　广州市物资再生协会

二〇〇七年十二月二十七日

背景资料

奉献社会、商会有情、守望相助、会员同心①

汶川地震，灾情严重，牵动人心。商会弘扬“一方有难，八方支持”的优良美德，为履行企业的社会责任，义不容辞，积极响应上级的募捐倡议，发动和组织会员与社会各界人士一道携手同心，众志成城，纷纷慷慨解囊，奉献爱心。商会会员为地震灾区募捐共筹得善款677 240元。各会员还和企业员工一起，以不同形式向不同的组织单位捐款捐物。

塑料商会响应杏坛镇民政办号召，分别到海陵村、新联村对多个困难家庭进行访贫问苦，并捐出3.5万元善款，为两村的贫困户排忧解难。为解决本镇困难职工的燃眉之急，塑料商会又捐出3万元，作为杏坛镇贫困职工帮扶专项资金，以表商会拳拳之心。

① 调研资料：杏坛塑料商会2008年工作总结

为响应镇个体工商协会举办的贫困救助基金项目的启动，商会出资1.6万元作为贫困个体户子女及贫困家庭的扶助。商会及会员对各村居的敬老活动、镇办的招聘会、学校的奖教奖学以及各种社会公益活动都纷纷伸出援手，奉献爱心。

1.4 阻碍再生资源产业健康发展的主要问题

虽然改革开放以来再生资源产业已经在全国范围内取得长足发展，但在认识水平、管理体制、法规建设、市场规范、监管措施、激励机制等方面仍存在一些问题，突出表现在以下六个方面。

1.4.1 社会各阶层对于再生资源产业的重要性认识不足，社会资源对该产业的配置严重缺位，未给该产业的发展营造宽松而有序的环境

人们大多将再生资源产业简单理解为“收破烂”，没有给予再生资源从业人员应有的尊重，一些政府部门对于将废旧物资的回收利用作为一个产业以及经济可持续发展的重要支柱的认识不足，没有为产业的发展提供良好的环境，这些认识上的偏差是导致再生资源产业不得不面临一系列问题的重要原因。例如，某些城区在创建文明城市、卫生城市或者举办大型活动期间，就会“一刀切”地关闭废品回收网点。

1.4.2 法规建设严重滞后，再生资源产业的行业管理部门缺乏有效管理手段，不利于对行业发展动态的把握以及对相关企业的监管

虽然《再生资源回收管理办法》指定商务部门（经贸部门）是再生资源回收行业的主管部门，并要求相关企业在各级商务部门备案，但现实情况是：由于缺乏执法队伍和有效的执行手段，除了申请认定资源综合利用的企业外，绝大多数从事再生资源回收的企业并未按规定备案，导致各级经贸部门对绝大多数相关企业的经营活动并不了解，使得经贸部门无法把握行业发展动态。2009年3月，广东省经济贸易委员会发布了《广东省关于做好再生资源回收经营者备案工作的通知》，但并非约束性的，对不备案的一般经营者同样缺乏制约手

段。可见，这种事后管理的机制使得主管部门难以有所作为。同时，经贸、公安、工商、环保等部门间尚未建立有效的、制度化的信息沟通渠道和协同监管工作机制，也不利于该行业的管理。

背景资料

国外再生资源立法的实证考察①

自20世纪90年代可持续发展战略实施以来，发达国家已把建立以再生资源循环利用为基础的循环型社会作为实施可持续发展战略的重要途径，其采取的主要措施就是对废弃物实施法律规制。

（一）美国

美国于1965年制定了《固体废弃物处置法》。该法于1970年修订为《资源回收法》，1976年又更名为《资源保护及回收法》，其后分别在1980年、1984年、1988年、1996年进行了四次修订。该法确立了恢复、回收、再利用、减量的“4R”（recovery，recycle，reuse，reduce）原则，将废弃物管理由单纯的清理工作扩及分类回收、减量及资源再利用的综合性规划、建构了再生资源信息公开、再生示范、循环标准、经济刺激与使用优先、职业保护、公民参与等法律制度。1986年美国颁布的《非常基金修正案及授权法》对废弃物的处理技术、各州法规之间的协调、扩大环境保护局的权力、增加国家资金投入等方面作了详尽的规定。1990年，美国颁布了《污染预防法》，从资源减量使用、提高能源使用效率、废弃物循环使用及可持续农业四个方面入手，提出用污染预防政策取代污染控制政策。该法规定必须对污染产生源做事先预防，对废弃物做好处理工作，将废弃物排放作为最后处置手段。关于废弃物减量，美国环境保护局的定义为：“在可行的范围内，减少产生的或随后处理、储存、处置的数量，包括源削减与回收利用两方面的工作，这些工作可使废弃物总量减少，或有害废弃物毒性降低……”同时，美国将每年的11月15日定为“回收利用日”，各州也成立了各种各样的再生资源组织，开设网站，列出使用再生资源进行生产的厂商，并举办各种活动鼓励人们购买、使用再生资源产品。

（二）日本

日本已形成了循环经济法律体系。这个法律体系分三个层面：第一个层面

① 秦鹏．关于再生资源立法的若干思考．法商研究，2004，(5)：33-38

是一部基本法，即《促进建立循环社会基本法》；第二个层面是两部综合性的法律，即《固体废弃物管理和公共清洁法》和《促进资源有效利用法》；第三个层面则是根据各种产品类别制定的五部具体法律，分别是《促进容器与包装分类回收法》、《家用电器回收法》、《建筑材料回收法》、《食品回收法》及《绿色采购法》。虽然各项法律中废弃物的内容和处理手段不同，发布、制定的时间有先后，各法也采用了不同的名称，但其基本精神和原则还是一致的。首先，法律体现的是“3R”原则，即资源的再利用（recycle）、废弃物的再使用（reuse）以及减少垃圾的产生（reduce）。其次，通过法律体现国家大力扶持原则，主要包括税率优惠、基金扶持、政府补助、政府优先购买等形式，如《绿色采购法》规定，鼓励中央和地方政府率先购买和使用由再生资源制成的环保商品。

（三）德国

德国于1972年制定了《废弃物处理法》，1986年修订后改称为《限制废弃物处理法》，其发展方向从“怎样处理废弃物”转变为“怎样避免废弃物的产生”，强调使用可循环的包装系统，把避免废弃物的产生作为首要目标。1991年，德国首次按照“资源—产品—资源”的循环经济理念制定了《包装废弃物处理法》。该法规定制造者必须负责回收包装材料或委托专业公司回收，实现了包装材料上所附的充分使用的义务不随商品流转而转移的目标，这就是为多数国家所采纳的生产者责任制度。1994年7月，德国联邦议院通过了《循环经济及废弃物法》。该法将循环经济理念从包装推广到所有的部门，要求生产商、销售商以及个人消费者，从一开始就要考虑废弃物的再生利用问题。任何组织生产和销售消费品，都要对因此而产生的废弃物的回收利用负责。该法规定，每年总计产生2000t以上废弃物的制造者，必须说明已经采取和计划采取的避免、利用和消除废弃物的措施，说明何种废弃物缺乏利用性而必须消除及其理由。

1.4.3 现有再生资源回收网络存在诸多弊端，行业准入门槛低，市场秩序较为混乱，导致社会治安、环境卫生等方面产生诸多问题

2003年《行政许可法》取消了对废旧金属收购业、旧货流通业的前置特种行业审批，且在开放了废旧物资回收行业后有关管理措施未及时跟进，致使行业准入门槛缺失，社会上从事废旧物资回收的企业、个人蜂拥而至，行业规模

急速膨胀，广东省新注册经营户从 2002 年的 2200 余户增至 2003 年的近 4500 户，到 2007 年又比 2003 年翻了一番。加上大量无牌无证的个人和企业也加入其中，加剧了再生资源回收市场的无序化，并导致社会治安、环境卫生方面的问题频频发生。商务部等六部门于 2007 年颁布的《再生资源回收管理办法》以及国务院 2009 年 2 月颁布的《废弃电器电子产品回收处理管理条例》都没有对再生资源回收行业设置准入门槛（只对废弃电器电子产品的处理企业设置了门槛）。来自公安部门和供销社的数据表明，广州市持有合法证件的再生资源回收网点只有 50%，可见市场无序化的严重程度。监管不力还导致偷税漏税乃至购赃销赃等问题非常突出。

1.4.4　再生资源加工利用行业技术水平低，且缺乏行业标准，导致严重的环境污染及产品安全（或消费者权益受侵害）问题

与国际先进水平相比，我国再生资源加工利用行业的总体技术水平较低，许多小型企业、个体经营户使用十分原始、落后的工艺对再生资源进行加工处理，不仅浪费土地资源，劳动生产率低下，生产环境恶劣，严重威胁从业人员的身体健康，而且非法排放大量污染物，导致环境污染严重。此外，缺乏利用再生原材料、零部件生产产品的技术标准以及产品标识方面的标准，导致不合格产品流入市场，带来安全隐患；或者未将产品中使用再生原材料的情况通过产品标志告知消费者，因而损害了消费者权益。

背景资料

清远再生资源集散市场存在的一些问题[①]

（一）土地浪费现象严重

清远市清城区石角、龙塘两镇从事拆解业的 1300 多个经营户，大多散落在村镇内和公路边的各个角落，在自家居住地或租来的空地上，在未经任何处理的地面上，用最简单的办法进行拆解加工。由于未经任何规划，加工方式又极为落后，土地资源浪费的现象非常严重。据有关部门统计，目前这些拆解经营户已经占地 6000 亩以上，而且还在以每年 100 多亩的速度扩张。

① 调研资料：广东省清远市再生资源集散市场国家循环经济试点（第一批）实施方案

（二）拆解技术落后，二次污染严重

由于长期以来缺少科学规范管理，现有的拆解户布局分散，经营无序，拆解技术和设备也极为落后，特别是野蛮拆解和处理金属废弃物，已经造成了对生态环境的严重污染。个别拆解户对细小电线或认为无利用价值的材料仍然偷偷进行焚烧，造成空气污染；大多拆解加工在露天进行，加工设施简陋，缺少必要的劳动保护措施和治污设施，极端废弃物成为垃圾随处可见；拆解洗涤用后的废水、废油和被污染的雨水甚至废酸液等未经任何处理就直接排放，对地表水和地下水以及土壤的污染十分严重。

（三）资源浪费严重，再生利用率低

由于加工技术水平落后，金属回收率低，加工的产品种类混杂，质量差、品位低；也由于经营户的分散，而且"户自为战"，大多数拆解户又往往只注重易于获利的金属部分的回收，对许多仍有回收利用价值的副产品，因无法形成集中利用的规模而失去经营价值，被随意丢弃、焚烧，这样造成了资源浪费现象十分严重。据有关部门统计，清远目前需要集中处理的废塑料和其他材料每年在10万t以上。

（四）经营分散，产业效益差

清远目前的废旧金属拆解业和再生资源交易市场缺乏规范的交易平台，加工经营活动是一家一户的个体行为，无法实施统一的产品质量标准来满足再生资源厂家对其供应量和质量的要求，更无法形成合理的产业链，再生资源综合利用的经济效益、社会效益和产业效益无法真正体现。据有关部门估算，仅拆解加工的铜材通过提高产品质量每年就可以增加农民纯收入在1亿元以上。

（五）税收流失严重，社会治安状况差

也正是由于加工经营分散，缺乏统一规划等政府管理手段，清远再生资源加工档次低，行业共同发展的组织指导程度低，直接造成国家税收流失严重。按现在的经营水平，每年应有税收不低于5000万元，而每年实际税收加上罚款等仍不足800万元。经营分散，管理手段无力，盗窃、偷偷排放等案件频发，家家养狗、夜夜值班的现象随处可见，社会治安差，政府头疼，老百姓更是意见很大。

佛山市顺德区再生资源产业存在的问题①

随着废旧塑料行业的日益壮大，此前掩盖在促进本地就业和本地经济发展

① 调研资料：佛山市顺德区再生资源产业相关情况汇报材料

光环下的环境污染和产业落后问题日益暴露。

(1) 企业分散。废旧塑料加工利用企业分散在麦村、昌教、光华、吕地、雁园等原村级工业园区，其中部分更是在居民区。

(2) 生产工艺简易，对环境影响严重。顺德区废旧塑料加工利用主要通过分拣、破碎、洗水、拉粒等工序，把废旧塑料制成塑料粒，加工过程中产生的废气、废水、噪声等未经环保处理直接排放，造成环境污染严重。塑料垃圾乱堆乱放现象严重，给人民群众的生产生活造成极大的影响，是近几年居民重点投诉的领域。

(3) 土地利用率低。全行业合计约占用土地面积 2445 亩，每亩产出仅为 66.25 万元，与顺德区工业用地平均每亩 200 万～300 万元的产出率相差甚远。

(4) 用地手续不完善，证照不齐全。废旧塑料加工利用企业厂房大部分都未完善报建手续，只有少部分发展较好、规模较大的企业办理了房地产权证。2007 年在对其中的 940 家企业（约占杏坛镇废旧塑料加工利用企业的一半）进行清查时，只有 41 家证照齐全，153 家没有环保批准证，593 家未经消防审批，598 家没有房地产权证。

(5) 消防安全隐患严重。塑料是易燃物品，企业普遍防患意识不足，导致火灾时有发生。而且企业与居民的防火距离不足，消防安全隐患较大。

1.4.5　大型再生资源企业过度依赖进口原料，对国内再生资源的回收利用力度有待加强

由于国内再生资源在回收和分类方面的缺陷，现有从事再生资源加工利用的国内大型企业大多是以进口废金属、废纸、废塑料为原料，基本上不从事国内废旧物资的回收和加工利用活动，过度依赖进口原料导致其容易受到国际市场波动的影响；而经营国内废旧物资的企业往往规模化程度低，缺少大型的龙头企业，不利于提高我国自有再生资源的循环利用水平。2011 年，广东清远再生铜行业所面临的困境就与过度依赖进口废金属有很大的关系。从 2011 年 9 月开始，受欧债危机的影响，国际原料铜价格大幅波动，清远再生铜生产企业进口的原料比卖出的成品价格还要昂贵，最终导致一半的再生铜加工企业停工歇业。

背景资料

再生资源加工行业过度依赖进口原料

2004 年开始，我国拆船业开始走入低谷，同年中国进口废船 79 万轻 t，仅是 2003 年的 1/3。进口废船急剧下降的主要原因：一是国际市场废船上市量减少，船价过高所致。由于世界经济形势好转，海上货运量增加，船运市场看好，运费价格指数飙升，形成了有货无船运输的局面，使应该报废的船舶又投入营运。二是国际拆船业相互争购，促使船价越来越高，印度、孟加拉国购买废船的价格每轻吨在 420～450 美元，中国购船价格每轻吨在 320～360 美元，总体平均价格 2004 年比 2003 年上涨了 60% 以上。[①]

2005 年中国塑料制品实际消费量为 2658.9 万 t，废弃塑料产生量约为 960.8 万 t，排放比率约 36%。另据测算，2005 年中国废旧塑料回收量为 600 万 t 左右（按塑料制品实际消费量计算，回收率为 22.6%），处理进口废旧塑料 495.6 万 t，废旧塑料消费量达 1000 多万 t。据海关统计，近 5 年来我国废塑料进口年均增速达 24.4%，远远高于新料进口增速。2006 年废塑料进口量达到 586.5 万 t，是全球废塑料进口量最大的国家。

1.4.6 再生资源产业作为一项具有公益性质的事业未得到足够的社会资源的支持，在市场受到冲击时易遭遇困境

再生资源产业具有一定的社会公益性质（资源可持续利用、循环经济、环境保护、解决就业问题等），且面临的经营环境复杂，容易受多种市场、社会因素的影响，是一个弱小却又作用巨大的行业，原本应该得到社会的支持。但事实上该行业得到社会资源的支持却是很小的。虽然资源综合利用企业、进口废旧物资的企业享受一定的退税优惠，但绝大多数经营者一般都要独自面对各种困难，容易受到市场环境、政策环境等的冲击。例如，2008 年第三季度以来，由于受到金融危机冲击，原材料市场价格急剧下跌，导致许多再生资源加工利用企业损失惨重，面临生存危机。

① 中国拆船协会. 中国拆船业的过去、现在与未来（摘要）. 中国拆船行业网：http：//www.cnsa.com.cn/jyjl/jyjl-051011-01.htm，2012-06-16

背景资料

再生资源行业主要融资渠道[①]

（一）内源融资

内源融资是企业在自身内部进行的资金融通。这是企业融资的最基本方式，最常见的是企业通过自身利润留成和折旧等自我积累方式进行的融资。这一方式的优势在于风险低、操作简单。另外，对企业原有资源或资产进行资金或经营方式的转化也是企业内源融资的一个途径。

（二）股权融资

当企业原有经营方式或资金水平难以满足其加速发展的要求时，往往会选择进行股份化改造。为企业注入新的经营活力，这一方式已成为再生资源企业融资的重要方式。

（三）银行贷款

银行贷款应该是企业融资的主要渠道，但对再生资源企业而言，要获得银行贷款却面临许多限制。

（四）争取财政支持

作为循环经济的重要组成部分，近几年再生资源行业获得国家财政支持的力度有上升趋势。例如，中央财政促进服务业发展的专项资金、国家发改委循环经济试点工作等都将再生资源行业列为其资金支持范围，目前已有部分企业通过这一途径获得了资金支持。争取财政支持的优点是融资成本低，但是通常手续烦琐且需专款专用。另外，从目前来看，很少有专门针对这一行业的财政支持。商务部组织开展的再生资源回收体系建设虽然提出“在中央外贸发展基金中设立专项资金支持再生资源回收体系建设”，实际落实情况并不乐观。

可以看出，再生资源企业有多种融资渠道可以选择。但是无论哪种渠道，在具体操作过程中，这一行业的融资者面临诸多困难。从客观角度来看，造成这些困难的原因是我国资本市场本身不够完善，可供选择的融资手段在数量和实用性上具有一定的局限；从主观角度来看，则由于再生资源行业本身在企业规模、营利能力、诚信建设等方面存在劣势，企业融资者对融资活动缺乏敏锐的视角和专业的操作方式，另外政府对这一行业扶持的手段和力度也有待加强。

---

① 徐晓燕．积极拓展再生资源行业的融资渠道．中国科技投资，2008，(9)：55-57

可见，在资源与环境问题突出的当代社会，再生资源产业将具有更广阔的发展空间，是名副其实的朝阳产业。现阶段的任务是，认清并解决该行业发展中存在的问题，加强管理并给予必要的支持，促进再生资源产业健康、有序、快速地发展。

第 2 章

产业生态学：发展再生资源产业的理论基础

2.1 产业生态学的概念和产生背景

20 世纪中叶以来，随着经济的快速发展，人们逐渐感受到资源消耗和环境破坏所带来的严重后果，开始对传统生产和消费方式质疑和反思，1962 年由 Rachel Carson 女士创作出版的《寂静的春天》（*Silent Spring*）[①] 便是其中有代表性的事件。其后，美国学者鲍尔丁在 1966 年提出了“宇宙飞船经济学”理论[②]，认为地球是一个孤立无援的系统，必须不断消耗内部资源以维持自身的正常运转，一旦资源消耗到一定程度，系统便随时有坍塌、崩溃的危险。所以，我们须时刻谨记，虽然人类生产和生活所必需的各种资源是大自然对人类的无私赠与，但资源是有限的，经不起我们的挥霍和折腾。面对大自然的资源赠与，我们必须诚惶诚恐。

于是，以 reduce（减量化）、reuse（再利用）和 recycle（资源化）的“3R”原则为核心的循环经济理念开始展现其生命力。循环经济是按生态学原理和系统工程方法运行的网络型、进化型复合生态经济，具有高效的资源代谢过程，

---

① Carson R. Silent Spring. New York：Houghton Mifflin Company，1962

② Boulding K E. The economics of the coming spaceship earth. *In*：Jarrett H. Environmental Quality in a Growing Economy. Baltimore：Resources for the Future/Johns Hopkins University Press，1966：3-14

完整的系统耦合结构及整体、协同、循环、自生等功能；促进传统的资源掠夺和环境耗竭型产品经济向新兴的循环经济转型，需要以循环经济理论为基础实施产业重组，建设生态产业，使物质、能量流由开环变为闭环，实现多级利用、高效产出，自然资产和生态服务功能正向积累、持续利用，污染负效益变为经济正效益。① 可见，循环经济的理论基础正是产业生态学。

2.1.1 产业生态学的概念及其发展

传统产业活动的生产是一种相对简单的单向制造过程，其生产模式为获得原材料→生产产品→排出废弃物。1989 年，时任美国通用汽车公司研究部副总裁的 Robert A. Frosch 和负责发动机研究的 Nicolas Gallopoulos 在《科学美国人》(*Scientific American*) 上发表了题为“制造业的战略”的文章②，指出应该将生产模式转化为综合模式，即产业生态系统。在这种系统中，能源和物质的消耗是章化的，产生的废物是最少的，一个过程的排放物将作为另一个过程的原材料。该文被公认为产业生态学的发端之作。

发轫于可持续发展理念的产业生态学（industrial ecology），又称工业生态学，是一门新兴的综合性、跨学科的应用科学，属于应用生态学范畴，其概念和内涵还在发展之中。

1991 年，美国国家科学院与贝尔实验室共同组织了一个产业生态学论坛，对产业生态学的概念、内容和方法以及应用前景进行了系统的总结，认为产业生态学是对各种产业活动及其产品与环境之间相互关系的跨学科研究。

Socolow 认为，产业生态学是全球产业文明与自然环境相互作用关系及单个产业转化与自然环境关系的机会的总和。③

国际电机与电子工程师协会将产业生态学定义为对产业和经济系统及其与基本的自然系统间相互关系的跨学科研究。④ 它是多学科的综合，涉及能源供应与利用、新材料、新技术与技术体系、基础科学、经济学、法学、管理学和社会科学。尽管尚处发展阶段，但它可为认识和改进现有的产业行为提供理论依据。

---

① 王如松．循环经济建设的产业生态学方法．产业与环境，2003，（增 1）：48 - 52

② Frosch R A, Gallopoulos N. Strategies for manufacturing. Scientific American, 1989, 261 (3): 144-152

③ Socolow R H. Industrial Ecology and Global Change. Cambridge, New York: Cambridge University Press, 1994

④ IEEE Technical Activities Board, Environment, Health and Safety Committee. White Paper on Sustainable Development and Industrial Ecology. Washington, D C: IEEE, 1994

Lifset 在 *Journal of Industrial Ecology* 的创刊号中指出，产业生态学是一门迅速发展的系统科学分支，它从局部、地区和全球三个层次上系统地研究产品、工艺、产业部门和经济部门中的能流和物流，聚焦于产业界如何降低产品生命周期中的环境压力。产品生命周期包括原材料采掘、产品制造、产品使用和废弃物管理。①

我国学者王如松认为，产业生态学是一门研究社会生产活动中自然资源从源、流到汇的全代谢过程，组织管理体制以及生产、消费、调控行为的动力学机制，控制论方法及其与生命支持系统相互关系的系统科学。②

2000年，IEEE 在《可持续发展与产业生态学白皮书》中指出，产业生态学是一门探讨产业系统与经济系统以及它们同自然系统相互关系的跨学科研究，是研究可持续能力的科学。

Graedel 和 Allenby 进一步阐述了产业生态学的定义及其与产业过程的相对关系，认为产业生态学是人类在经济、文化和技术不断发展的前提下，有目的、合理地探索和维护可持续发展的方法。它要求不是孤立而是协调地看待产业系统与其周围环境的关系。这是一种试图对整个物质周期过程——从天然材料、加工材料、零部件、产品、废旧产品到产品最终处置——加以优化的系统方法。需要优化的要素包括物质、能量和资本。③

2.1.2 产业生态学产生的背景

纵观20世纪，人类在科技和生产力方面取得了巨大进步，但这种进步在相当程度上忽视了发展本身可能造成的资源和环境后果，各种问题接踵而至。其中最主要的问题在于两个方面。其一，资源问题：矿物资源、化石能源的高消耗，土地的荒漠化和耕地面积的急剧减少，森林资源的过度砍伐以及水资源的匮乏。其二，环境问题：发展所造成的环境破坏愈加严重，主要体现在工业废气造成的大气污染、工业废渣造成的土地污染、各种污染物造成的水体污染、温室气体过度排放造成的全球气候变暖、ODS（消耗臭氧层物质）使用造成的臭氧层破坏、严重的水土流失以及酸雨的蔓延等。资源和环境问题逐渐成为人类社会可持续发展的两大阻力，并因此使人类面临巨大的生存危机。

没有经过科学论证的技术手段和生产方式，加上迅速增长的人口和不断

---

① Lifeset R. A metaphor, a field, and a journal. Journal of Industrial Ecology, 1997, 1 (1): 1-3

② 王如松．从物质文明到生态文明：人类社会可持续发展的生态学．世界科技研究与发展，1998，20 (2): 87-98

③ Graedel T E, Allenby B R. Industrial Ecology. New Jersey: Prentice Hall, 2003

加剧的过度消费文化，正在向地球施加越来越大的压力，产业活动和地球环境之间的相互关系也越来越引起人们的担忧。这种担忧，在世界环境与发展委员会于1987年出版的具有划时代意义的报告《我们共同的未来》（*Our Common Future*）中得到了精辟的阐述：我们不得不承认，每一种技术都在对环境造成不同程度的影响，科技与环保在历史的进程中不可避免地形成了一对矛盾体。对于工业发展与环境保护无法兼得的传统认识，必须用一种新的思维加以改变。人们认识到，若要使地球上人人都能享有更好的生活质量，人类必然还要更多地开展工业活动、更多地依靠技术以及更多地依赖技术和社会的相互作用，而不是相反；要实现可持续发展，就要求人们进一步关注产业和环境的相互作用，反思产业生产过程的单向性（自然资源→产品→废弃物）以及产业生产技术的短视性和局限性。只有政府、企业和社会大众都深刻地认识到这一点，才能保证那些以环境友好方式开展工业活动的企业不仅能够避免环境问题，而且能从这种远见中获益。①

基于此，人们开始对自然生态系统的优越性进行思考，并注意到在自然生态系统中，各种物质是在动物、植物、微生物之间不断循环利用的，最终促成了1989年Robert Frosch和Gallopoulos"产业生态系统"（industrial ecosystems）概念的提出。20世纪90年代以来，人们的生产方式开始朝着提高资源利用率与减少环境污染并举的方向发展，产业生态学开始在世界范围内得到推崇。

2.2 发展历程

形成于20世纪80年代的产业生态学，在其产生之前就存在着一个孕育阶段，其发生发展历程大致可以划分为以下四个阶段。

2.2.1 孕育阶段（20世纪50年代～60年代末期）

20世纪50年代～60年代末期，伴随着生态学和仿生学研究的蓬勃发展，有些研究者逐渐萌生了模仿自然生态系统，按照生态系统的食物链结构和物质循环规律重构产业系统的想法。并由此产生了一些相关研究和探索，这些研究的很多提法已经带有明显的产业生态学思想。因此，这一时期被认为是产业生态学发展的孕育阶段。

---

① 王寿兵，吴峰，刘晶茹．产业生态学．北京：化学工业出版社，2006

2.2.2　萌芽阶段（20 世纪 70～80 年代中期）

20 世纪 70 年代，产业生态学的思想初步成形。1971 年，Commoner 在《闭合循环》（*The Closing Circle*）中提到了不少产业生态学的思想。① 1972 年，Ted Taylor 也提出了一些与现代产业生态学基本一致的观点。1972 年 5 月，日本通产省发表了题为“产业生态学：生态学引入产业政策的引论”的研究报告。1976 年，在欧洲经济委员会组织的“技术与无废料生产”大会上，与会者纷纷提出了类似于今天清洁生产和产业生态学概念的观点。在 1977 年的德国地球学年会上，美国著名地球化学家 Preston Cloud 首次使用了“产业生态学”（industrial ecology）一词。1978 年，日本通产省发起组织了旨在提高能源使用效率的“月光计划”；1980 年，又创立了“新能源发展组织”；随后不久，又发起了“全面环境技术项目”。这一系列活动在很大程度上推动了日本产业生态学思想的形成。1983 年，比利时政治研究与信息中心出版发行了《比利时生态系统：产业生态学研究》，对产业生态学的基本原则进行了比较清楚的论述。

2.2.3　诞生阶段（20 世纪 80 年代末～90 年代初）

虽然早在 20 世纪 70 年代，产业生态这一概念就已在一些学者的论著中出现，但当时并未引起足够的重视。20 世纪 80 年代末期，德国商人、可持续商业管理倡导者 Georg Winter 从商品生产角度指出：工业生产过程与生物的新陈代谢过程一样，都是一个吸收原料、能源并将其转化为产品的过程，因而可以利用生物学中的相关理论来指导产业的发展，最终使产业走上可持续发展的道路。②1989 年，Frosch 和 Gallopoulos 通过自然生态系统分析，针对制造业的发展战略，提出应师法自然，建立类似于自然生态系统的产业生态系统；在这样的系统中，产业链不再是单向的，物质（资源）在系统内循环利用，能源则在系统内逐级流动，得到充分利用。基于这种构思，他们正式提出了产业生态学的概念。此后，美国国家工程院（NAE）陆续出版了《能源与环境》、《能源：生产、消费和后果》和《由人类活动所转化的地球》等书，开始用产业生态学的原理和方法

---

① Commoner B. The Closing Circle：Nature，Man，and Technology. New York：Knopf，1971

② Winter G. Business and the Environment：A Handbook of Industrial Ecology With 22 Checklists for Practical Use and a Concrete Example of the Integrated System of Environmentalist Business Management（the Winter model）. Hamburg，New York：McGraw-Hill Book Co.，1988

来分析和处理问题。由此可见，产业生态学核心思想和学术体系的真正形成时期是在20世纪80年代末和90年代初。1990年，美国国家科学院（NAS）与贝尔实验室共同组织了全球首次产业生态学论坛，1991年5月，美国国家科学院在华盛顿组织召开了产业生态学研讨会，对产业生态学的概念、内容和方法及其应用前景进行了全面、系统的总结，基本上形成了产业生态学的概念框架，明确指出“产业生态学是对各种产业活动及其产品与环境之间相互关系的跨学科研究”①。

2.2.4 快速发展阶段（20世纪90年代至今）

20世纪90年代以后，产业生态学研究进入了一个快速发展时期。在这一时期所经历的一系列重要事件如表2-1所示。

表2-1 世纪之交产业生态学大事表（改自袁增伟和毕军②，2006）

年份	事件及内容
1993	《清洁生产杂志》（*Journal of Cleaner Production*）创刊，该杂志经常刊发有关产业生态学研究的文章；美国成立了可持续发展总统委员会（President's Council on Sustainable Development，PCSD）
1996	美国可持续发展总统委员会召开生态产业园（eco-industrial parks）研讨会，对生态产业园区的定义、建设原则及美国生态产业园区建设实践情况进行研讨；《生命周期评价杂志》（*Journal of Life Cycle Assessment*）创刊
1997	美国耶鲁大学和麻省理工学院合办的《产业生态学杂志》（*Journal of Industrial Ecology*）创刊；《环境科学与技术杂志》（*International Journal of Environmental Science and Technology*）发表了《21世纪研究的优先领域》专题报告，详细介绍了今后20年需要加强关注的6个优先领域：经济与风险评估、环境监测与生态学、环境中的化学品、能源系统、产业生态学和人口
1998	耶鲁大学成立产业生态学研究中心，美国白宫环境质量委员会召开生态产业研讨会；美国国家科学基金会资助18项有关生态产业的基础研究课题；美国矿产资源局（USGS）在弗吉尼亚举行了“关于科学、可持续能力和天然资源管理：USGS物质与能量流动研究”专题工作会，与会者就产业生态学、物质与能量流动进行了研讨，认为物质与能量流动研究对于正在形成的产业生态学研究具有重要意义
2000	国际产业生态学学会（International Society of Industrial Ecology）成立；美国跨部门工作小组发表题为“产业生态学——美国的物质与能量流动”的报告
2001	美国国家生态产业发展研究中心（National Center for Eco-industrial Development）在康奈尔大学成立；中国国家环境保护总局批准广西贵港和广东南海为国家生态工业建设示范园区
2004	产业生态学分支领域——产业共生学术研讨会在耶鲁大学召开；来自世界各国的专家和学者就产业共生的内涵、理论和方法进行了研讨
2005	第三届国际产业生态学大会在瑞典召开，包括经济学、社会学等传统学科的五百余名专家出席了本次大会
2006～	越来越多国家的学者参与该领域研究，来自农、理、工、医、文、哲、等不同学科的研究人员涉足该领域，大大促进了学科的交叉和融合

① 傅沂．产业生态学：过去、现在与未来．产业观察，2004，11：76-80

② 袁增伟，毕军．产业生态学最新研究进展及趋势展望．生态学报，2006，26（8）：2709-2715

2.3　产业生态学实践与再生资源产业

根据自然资源的属性，我们可以将人类可利用的资源分为不可再生资源和可再生资源。其中不可再生资源中的部分资源在被人类开发利用并报废后，还可反复回收、加工、再利用，这类资源被称为再生资源，包括：有色金属、稀有金属、合金、无机非金属、塑料、橡胶、纤维、纸张等。根据国家发展与改革委员会2006 年 12 月 24 日发布的《“十一五”资源综合利用指导意见》的解释，“再生资源”为生产、流通、消费等过程中产生的不再具有使用价值而以各种形态赋存，但可以通过不同的加工途径而使其获得使用价值的各种物料的总称。再生资源产业就是指那些从事再生资源流通、加工利用、科技开发、信息服务和设备制造、环境保护等经济活动企业的集合。由于再生资源产业能够使生活和工业废物变废为宝、循环利用，如同将含有较多二氧化碳的血液通过静脉输送到肺部处理更新后送回心脏重新利用的过程，所以在日本，人们形象地将其称为“静脉产业”。这一概念在中国也渐渐得到了普遍的接受和认可。

自然生态系统中，物质和能量通过绿色植物的光合作用被固定为有机质形成第一性生产力，随后通过动物的取食作用进入食物链（食物网），逐级转移给食草动物和各级食肉动物，最后被分解者分解、转化，重新回到生态系统中，这些被释放到环境中的物质又可以被植物吸收利用，重新进入食物链（网），形成新的物质循环。再生资源产业类似自然生态系统中的分解者系统，可以把被固定于废物中的资源分解处理成可重新利用的状态。

传统工业体系中，各制造工序相互独立，各自消耗原料，产出产品，并产生废料。在产业生态学理念下，一家企业（一道工序）产生的废弃物对另一家企业（另一道工序）可能是宝贵的原材料，企业或工序之间存在着类似于生物有机体之间的食物链关系，相关企业形成“企业生态链”，类似自然生态系统中的物质循环，分解者对有机物残体进行分解转化，产生新的原料，在生态系统内实现物质的循环利用。

将再生资源产业作为产业生态学的主要实践模式，主要涉及再生资源产业在生态产业链的主体作用、再生资源产业模式与产业（工业）代谢模式的相互关系、产品和产业生态设计对再生资源产业的促进作用、再生资源产业的环境影响及其管理研究等问题，涵盖了产品生命周期（product life cycle）分析、产品和产业生态设计（product and industrial ecodesign）、代谢分析（metabolic analysis）、资源分析（resource analysis）、环境质量管理（environmental quality management）、系统分析（system analysis）等过程。再生资源产业作为产业生态学的实践模式，主要包含三个层次。

1. 企业内部

产业生态学理论将企业视为一个生态系统，根据生态效率理论设计企业内部的物质循环和能量流动。再生资源回收和利用企业以资源回收处理为核心，以清洁生产为手段，采用“面向环境的设计”（design for environment）和“生命周期评价”（life cycle assessment）等工具设计和分析企业各工序，尽量利用企业内部和其他关联企业排放的废物作为原材料，减少资源再生过程中的物质和能量消耗、监控并减排有毒有害物质、努力减少资源再生过程对生态环境的负面影响。

2. 产业链

生态工业园区是产业链层面的基本表现形式。生态工业园区通过企业内部的清洁生产和上下游企业之间的废物流动实现园区内的物质循环和能量逐级流动，并实现有毒有害物质系统外排放的最小化，其核心是将废弃物在一个闭合的产业链中转变为可重新利用的资源和将再生资源转变为产品。与单一企业内部相比，产业园区更容易构建产业生态系统，便于以系统的生态容量为基础，依据产业生态学原理设计构成新型的产业组织形态，而再生资源回收利用企业的加入，将更有利于在园区内搭建生态产业链。因此，通过园区内物流和能源的生态设计，将具有产业关联度的再生资源企业，在产业园区内与其他关联企业进行组合，便可形成资源共享和循环利用的生态共生网络。上游企业的副产品和废弃物一方面可以直接成为下游企业的资源，或通过再生资源企业的回收加工活动，成为园区内其他企业的生产原料，通过企业间的物质、能量和信息集成，形成一个稳定的产业生态系统；另一方面，再生资源企业的资源再生产品还可以与园区外的企业形成产业链，从而扩展产业生态系统的延展空间。

自2002年以来，我国相继建立了广西贵港国家生态工业示范园区、南海国家生态工业示范园区、包头国家生态工业示范园区、天津经济开发区生态工业园、山东鲁北企业集团的生态工业园区等。这些园区的设立，大多都将再生资源产业和资源综合利用作为产业生态链的构筑基础，为我国的经济发展在降低物耗和能耗、提高资源效率、减少环境影响等方面提供了良好的示范。

3. 区域（社会）

基于区域或社会层面的再生资源产业模式是产业生态学在宏观层面上的表现形式，是建立在全社会经济、社会活动基础上的更大范围、更高层次的产业生态学经济模式。社会层面将较大范围的区域视为一个生态系统，在系统内依据生态系统的生态容量，运用生态经济学原理和系统工程方法组织生产和消费，通过废弃物的回收、处理、处置和再生利用，达到生产和消费过程中物质的循环和能量的逐级利用，最大限度地实现资源的优化配置、物质和能量的低耗和废弃物的最小排放，实现社会、经济和生态环境效益的最大化。比较典型的案例是延伸的生产者责任制度的形成和发展，这一制度将生产者和消费者的责任联系起来，通过产品全生命周期的管理，一方面促使企业尽可能地开展产品和工艺的“绿色设计”或“生态设计”，努力开发有毒有害原辅料替代技术、回收处理技术以及绿色再造技术，使得产品在使用寿命结束时，其中的有些部件可以重复利用，其他部分可以比较方便地处理回收利用，以减少产品最终处理处置的成本；另一方面，消费者通过诸如废弃产品交付责任以及处理处置费付费体系，也成为社会产业生态系统中重要的参与者。

社会再生资源的回收利用是再生资源产业在区域或社会层面体现其生态要素价值的最为重要的生产活动之一，涉及社会的方方面面，要求在全社会建立科学合理的废物回收网络体系，保证社会废物被置于高效管理的体系之下，杜绝二次环境污染问题。在这一方面，日本的循环型社会建设是最为成功的案例，在这一过程中展现的严谨性（以再生资源管理的法律建设为基础）和计划性（制定国家循环经社会建设纲要）以及全民参与的特点值得我国借鉴，本书的第 9 章进行了较为详细的介绍。

2.4　从产业生态学视角看再生资源产业对资源环境管理的作用

改革开放 30 多年，我国经济取得了巨大的成就，并发展成为最大的“世界工厂”。但是，过去那种高投入、高消耗、低利用率的粗放型经济增长模式的资源消耗和环境污染代价太大，虽然发展速度很快，成就不菲，但已经被公认为是不可持续发展之路，不能适应我国经济社会发展的要求。

作为一种系统化的思维，产业生态学为产业的结构平衡和资源环境优化提供了新的范式，也为产业政策提供理论和技术支撑。其中既涉及技术层面，也涉及经济、法律、环保、税收等法规和政策层面，需要研究如何通过产业生态学促进产业生态的健康可持续发展，如何在未来的产品中反映环境成本；如何在现有政策体系中融入产业生态学的思想，引入新的生态环境变量，如碳税等绿色税收体系。①

产业生态学以“3R”为核心，这种产业发展理念对于我国国民经济的可持续发展、资源的有效利用以及环境保护有着重要的作用。主要体现在：①在资源节约与物质减量方面（reduce），产业生态学强化产品的服务和功能，期望通过“耐用策略”、“租赁大于拥有策略”、“出售使用功能策略”等多种策略达到物质减量化目的，以解决目前我国资源高消耗以及部分产品产能过剩的现状。②在产品再利用方面（reuse），产业生态学以“产业食物链（网）”为指引，使未能充分利用的资源得以再次利用，提高资源的利用效率。③在资源化方面（recycle），产业生态学要求物品完成使用功能后能够重新变成可利用资源，并保证在再循环过程不会对环境容量产生较大的压力。

其中资源化的核心在于再生资源产业。再生资源企业好比自然生态系统中的分解者，既可将废旧物资分解成可重新利用的原材料，又可避免废旧物资对系统产生毒害作用，因而在产业生态学体系中具有无可比拟的重要作用，是产业生态学体系中非常基础而不可或缺的一环。再生资源产业有三个方面的核心要求，这实际上也是再生资源产业未来发展面临的主要问题：①绿色设计。要求各类企业在进行产品生产前，必须充分考虑原材料的无毒性，工艺工序物耗、能耗的合理性以及组件拆卸处理的方便性与可循环利用性，这对于优化和简化再生资源利用过程有着极为重要的意义。②合理的回收体系和先进的处理处置技术。要建立科学合理的废旧物资回收网络体系，保证社会废旧物质的主要部分能够由拥有先进设备、技术和管理条件的专业化企业在园区内进行处理，避免产生二次环境污染问题。③完善的社会支持体系。包括构建完善的法规政策体系，对再生资源回收利用企业给予税收、财政与金融等方面的支持，利用财经政策限制资源浪费行为，使有限的资源得到最佳配置，废物得到有效利用，并在社会层面建立循环经济信息系统、企业废物交换信息系统和再生资源技术咨询服务体系。

---

① 王如松，杨建新．产业生态学和生态产业转型．世界科技研究与发展，2000，22（5）：24-32

产业生态学无疑为将带来一场新的产业革命，已引起社会的广泛关注，世界各国（地区）和业界纷纷响应。以美国电话电报公司（AT&T）、通用汽车公司等产业巨子为龙头的产业界积极推进产业生态学的理论研究和实践，在生产中探索和践行产业生态学的理论和方法，并将产业生态学理念作为公司未来发展的核心战略。从产业生态学视角来看，再生资源产业是产业健康可持续发展的基础性产业，对资源环境管理有重要意义，是科学发展观的客观需要。国际标准化组织制定了 ISO 14000 系列环境管理体系，世界各国也都在出台自己的生态标志计划，在促进产品生态设计、制造技术发展的同时，也为评估和区别普通产品和生态产品提供了具体指标，在客观上对生态产品的发展起到了积极的推动作用，有利于生态友好型经济和文明和谐社会的营造和构建。

作为一门新兴综合性学科，产业生态学的内容及内涵还在不断发展壮大之中，学科体系的理论研究和技术手段正在向系统化、集成化、定量化和具体化方向发展，其发展壮大必然依赖于生态学、经济学、管理学、社会学和其他科学技术的融合，最终的体现则是运用生态学和社会组织学原理来重塑现有经济理论和社会管理体系，使得人与自然能够和谐，社会经济能够可持续发展。这是一种不同于传统发展模式的发展道路，是一种崭新的思维模式，需要凝聚社会共识。通过建立市场为导向、企业为主体、政府通过绿色生产和绿色消费进行引导的产业生态化实现机制，我们一定可以实现经济发展与资源环境的和谐运行。当然，其中的前提之一便是拥有科学、健康、有序的再生资源产业体系。

第3章

再生资源回收：现状与问题

“垃圾围城现象愈演愈烈，29%的城市没有生活垃圾无害化处理设施。”这是国家环境保护部周生贤部长对我国城市“垃圾围城”困境的表述。2010年，《南方都市报》连续大篇幅刊发珠江三角洲的“垃圾围城”现象，统计年鉴中的一组数字也说明了广东省生活垃处理面临的严峻挑战：2008年广东省生活垃圾清运量1868.36万t，占全国总量15 437.7万t的12.1%；生活垃圾无害化处理率63.87%，低于全国平均水平66.76%。[①]从2005年和2008年广东省各地市城镇生活垃圾无害化处理率（表3-1）可以看出，除了缺乏统计数据的地级市外，广东省生活垃圾平均无害化处理率均低于全国平均水平（2005年：51.7%；2008年：66.8%），且广州和汕头的处理率还出现了下降的趋势。长江三角洲、京津唐等地区的情况也不容乐观。南京市每天产出生活垃圾平均达4500 t，并以每年7%～8%的速度递增，但现有垃圾填埋场只能用到2012年，垃圾焚烧处理厂因选址问题迟迟不能立项建设。北京市每天产生18 000t垃圾，也面临着到2013年现有13个垃圾填埋场陆续封场的困境。日益增长的生活垃圾不但在堆存过程中占用了大量土地，还造成土壤、水体和大气污染，存在着不可忽视的环境风险。

---

① 国家统计局．中国统计年鉴2009．北京：中国统计出版社，2009

表 3-1　广东省各地市城镇生活垃圾无害化处理率　　（单位：%）

市别	城镇生活垃圾无害化处理率		市别	城镇生活垃圾无害化处理率	
	2005 年	2008 年		2005 年	2008 年
广州	85	81.1	中山	60	100
深圳	90	94.2	江门	63	65.2
珠海	43.3	72.2	阳江	—	77.6
汕头	67.2	64	湛江	56.3	97.3
佛山	25.1	94.5	茂名	—	—
韶关	—	78.3	肇庆	65.1	84.4
河源	—	—	清远	87.8	100
梅州	—	100	潮州	45	100
惠州	66.3	78.6	揭阳	—	82
汕尾	—	—	云浮	—	86.8
东莞	14.1	29	全省	50.6	63.87

数据来源：广东统计年鉴 2010

广州市市容环卫局的统计数据显示，2007 年广州市民每天产生生活垃圾 9776t，其中填埋处理的垃圾多达 8776t，1000t 作焚烧处理，无害化处理率为 88.2%。① 目前，广州市符合环保标准的垃圾处理设施只有兴丰生活垃圾填埋场和李坑生活垃圾焚烧发电厂，兴丰生活垃圾填埋场总库容 1970 万 m^3，可容纳垃圾 1800 万 t，于 2002 年 8 月正式投入使用，当时预计可使用 20 年，但是随着广州市生活垃圾连续十多年保持 5%～6% 的高增长率，该填埋场到 2008 年底就已处理生活垃圾 1320 万 t，接近饱和状态。② 李坑生活垃圾焚烧发电厂 1040t/d 的设计处理能力显然也不足以应付快速增长的生活垃圾产生量。增建垃圾焚烧发电厂可以在一定程度上减少垃圾填埋的数量，因此《珠江三角洲环境保护规划纲要（2004—2020 年）》中，除了江门市以外的珠三角城市都规划了相当比例的焚烧厂（表 3-2），但是垃圾焚烧发电厂建在哪里？政府在垃圾选址上遇到的阻力可能大大超出了他们的预期，番禺事件就是很好的例子。

2006 年 8 月 25 日，历经三年多调研和选址论证的广州市番禺区垃圾焚烧厂取得广州市规划局下发的项目选址意见书。2009 年 2 月 4 日，广州市政府发出通告，决定在番禺区大石街会江村与钟村镇谢村交界处建立生活垃

① 丁丹，毛珊．广州市城市垃圾处理浅析．化学工程与装备，2009，(7)：225-226

② 许蕾，吴艳珑．2008-12-04．“填埋为主”转向“焚烧为主”．南方日报 GC02 版

表 3-2 生活垃圾处理工程建设规划（2010 年前）①

城市	编号	设施名称	建设地点	处置规模 /（t/d）	服务范围	工艺	投资预算 /亿元
广州	1	李坑生活垃圾焚烧厂	李坑	900	广州原 8 区和花都区	焚烧发电	4.5
	2	花都狮山制肥厂	花都	1 000	广州原 8 区和花都区	堆肥	3.0
	3	垃圾焚烧厂	番禺	2 000	海珠区、番禺区北部	焚烧	9.0
	4	填埋场	太和兴丰	2 500	广州原 8 区	填埋	4.7
	5	综合处理厂	番禺	1 500	番禺区	焚烧、填埋	4.3
深圳	6	填埋场	下坪	1800	深圳市区	填埋	4.0
	7	综合处理厂	清水河	900	深圳市区	回收、焚烧	4.2
	8	综合处理厂	龙岗	1 000	龙岗区	焚烧、填埋	4.9
	9	垃圾焚烧厂	盐田	600	盐田区	焚烧	3.0
	10	综合处理厂	宝安、南山	2 000	南山宝安	焚烧、填埋	8.9
珠海	11	垃圾焚烧厂	原厂扩建	800	市区	焚烧	2.0
	12	综合处理厂	斗门	500	斗门、三灶	焚烧、填埋	2.0
惠州	13	综合处理厂	惠城区	800	惠城区	焚烧发电	4.0
	14	山子顶无害化处理厂	惠阳山子顶	250	惠阳区	堆肥、焚烧	1.0
	15	堆肥厂	博罗东北部	400	博罗东北部	堆肥	0.8
	16	填埋场	博罗西郊	600	博罗西部	填埋	1.6
	17	填埋场	惠东城郊	200	惠东县城	填埋	1.0
东莞	18	清溪垃圾卫生填埋场	清溪镇	1 600	清溪、塘厦、凤岗、樟木头、谢岗	卫生填埋	4.8
	19	市区垃圾焚烧厂	南城水濂村	1 000	市内各区	焚烧发电	3.2
	20	中堂垃圾焚烧厂	中堂潢涌村	1 200	中堂、望牛墩、麻涌、石碣、高步	焚烧发电	—
	21	厚街垃圾焚烧厂	厚街	1 400	厚街、沙田、洪梅、道滘	焚烧发电	5.6
	22	横沥垃圾焚烧厂	横沥	1 200	横沥、茶山、石排、东坑、石龙、常平、企石、大朗、黄江、寮步、桥头	焚烧发电	4.8
	23	虎门垃圾卫生填埋场	路东村	1 000	虎门、虎门港	卫生填埋	4.0
	24	长安、大岭山和松山湖地区垃圾焚烧厂	长安	1 000	长安、大岭山和松山湖地区	焚烧发电	4.0

① 《珠江三角洲环境保护规划》编委会．珠江三角洲环境保护规划纲要（2004—2020 年）．北京：中国环境科学出版社，2006

续表

城市	编号	设施名称	建设地点	处置规模/(t/d)	服务范围	工艺	投资预算/亿元
中山	25	综合处理厂	蒂峰山	1 200	中山市区及东部、番禺南部	焚烧、堆肥、填埋	5.5
	26	综合处理厂	古镇	1 000	中山北部	焚烧、填埋	4.5
	27	填埋场	三乡、神湾、板芙三角地	600	中山南部	填埋	1.8
江门	28	填埋场	江门市郊区	500	江门市区	填埋	0.8
	29	填埋场	恩平市	200	恩平市	填埋	0.3
佛山	30	综合处理厂	南海狮山	1 500	佛山市区、南海北部	焚烧、分类、回收	6.5
	31	填埋场	高明白坳山	1 200	高明、南海西部	填埋	3.5
	32	综合处理厂	杏坛镇	1 200	顺德南部	焚烧、堆肥、填埋	6.0
肇庆	33	垃圾焚烧厂	高要马安镇	700	肇庆市区、高要市区	焚烧	4.5
		合计		34 250			122.7

圾焚烧发电厂。当年9月，番禺大石街的居民从媒体、网络等民间渠道得知当地要建垃圾焚烧厂。10月25日下午，广州番禺大石街数百名业主发起反对建设垃圾焚烧发电厂的签名抗议活动。11月5日，广东省情中心对垃圾焚烧厂8km内的12个小区调查证明，97.1%受访居民反对建垃圾焚烧发电厂。11月22日，广州市政府召开新闻通报会，表示“要坚定不移推动垃圾焚烧”。11月21～22日，中央电视台公开报道广州番禺垃圾焚烧厂事件，使该事件成为一起影响全国的公共政策事件。11月23日，番禺区长主持召开了“创建番禺垃圾处理文明区工作座谈会”，与约30多名小区业主进行面对面谈话，同日，番禺大石街近300名居民因生活垃圾焚烧发电项目问题到市城管委和市信访局上访。12月10日，番禺区政府表示，暂缓“垃圾发电厂”项目建设工作，并启动选址全民讨论。12月20日，番禺区委书记与丽江花园业主代表及反对垃圾焚烧的业主座谈时证实，垃圾焚烧发电厂项目已经停止。

一边是现有的垃圾处理设施几近饱和，一边是垃圾焚烧发电厂因为选址问题迟迟无法动工，广州市政府不得不为“垃圾问题”多次问计于民。大部分建议中都提到了“垃圾分类”，解决垃圾问题，生活垃圾分类的作用不可小觑，而垃圾分类的另一个好处，就是为再生资源的回收利用提供方便。

背景资料

"广州垃圾处理，政府问计于民"网络问计活动
15条优秀建议和获奖名单①

(1)《给广州市环卫局"垃圾分类"的建议》作者：罗林虎

(2)《关于垃圾处理的方法》作者：周水泉

(3)《关于解决垃圾危机制度建设的建议》作者：罗健明

(4)《广州市生活垃圾"两分法"方案思路》作者：佚名

(5)《广州建设生活垃圾焚烧发电应走科学之路》作者：陈立雄

(6)《关于建立有约束力的居民生活垃圾分类收集制度的建议》作者：杨中艺

(7)《用循环经济学来处理垃圾》作者：看你妹

(8)《垃圾分类应该循序渐进》作者：盘小龙

(9)《兴建垃圾焚烧厂的相对论》作者：周少锋

(10)《政府主导、企业经营与公民监督垃圾处理的新模式》作者：范碧鸿

(11)《应建立长期科学的垃圾处理机制》作者：胡军

(12)《广州垃圾焚烧发电厂总得有个地方》作者：秋风

(13)《建立专门负责垃圾分类处理的市场》作者：挨门骚睿

(14)《公众参与应贯穿垃圾处理决策全程》作者：柳塘风

(15)《生活垃圾分类、收集、运输及处理方法》作者：佚名

生活垃圾分类收集在中国并非时至今日才被提及的事物。早在1992年8月1日起施行的《城市市容和环境卫生管理条例》（国务院第101号令）以及1996年4月1日起施行的《中华人民共和国固体废物污染环境防治法》都规定了对城市生活废弃物应当逐步做到分类收集、运输和处理。2000年6月，原建设部确定北京、上海、广州、深圳、南京、厦门、桂林、杭州八个城市为"生活垃圾分类收集试点城市"，其中广州市的生活垃圾分类已经推行多年，但收效甚微。2007年底，在轰轰烈烈的"创卫运动"中，广州市再耗费500万元购入上万只单桶式垃圾桶增配到市内所有主干道、部分次干道和"城中村"，包括原本

① 刘建维．垃圾处理网络问计活动完美收官　南方网6网友获奖．南方网：http：//bbs.southcn.com/nfsq/lajichuli/xwdt/content/2010-04/24/content_ 11368705.htm，2012-6-16

配置了分类收集垃圾桶的区域也无例外，暴露了垃圾分类收集的无效和无奈。不仅仅是广州，北京、上海、深圳……几乎国内所有的大中城市都面临着生活垃圾分类收集难以推行的问题，居民意识淡薄，管理制度落后，缺乏强力推进措施等，一个系统性难题摆在了人们的面前。

在广州以及国内的很多城市，人们往往可以看到踩着三轮车或自行车的“收买佬”游走于大街小巷，从商铺和居民手中回收废旧物资，也经常可以看到拎着蛇皮袋的拾荒者在垃圾桶中寻找易拉罐和塑料瓶。可以说，现阶段我国城市的生活垃圾分类，很大程度上是靠他们实现的。

《新京报》于 2009 年 3 月报道了广东省某市的百亿废品回收“垄断争夺战”。报道称，金融海啸加重了该市废品回收行业的危机——行业垄断程度高，回收公司压价“强买强卖”、自由出售废品常遭“打砸抢”、群殴事件频发等，而政府职能部门加入到行业利益的争夺中使得市场更混乱。这让人们不禁产生疑问，看似不起眼的废品回收行业，到底存在着多大的利润？近几年，一些媒体陆陆续续报道大学生当“破烂王”，这是人才的浪费？是大学生就业难的表现？还是值得肯定的创业之路？

探寻再生资源回收行业的现状，估算广东省再生资源回收的数量，反映这个行业存在的问题，关注再生资源回收经营者的生存状态，是本章讨论的重点。在方法学上采用了资料（政府文件、文献资料、网络数据）搜集推算和实地调查估算两种方式研究广东省再生资源回收规模，在获得基础数据的同时，也希望探索在现阶段统计数据缺乏的情况下计算国内再生资源回收数量的方法。

3.1　再生资源回收网点的分布及特征

国内现在到底有多少再生资源回收网点？这是一个难以回答的问题，在再生资源回收网点的规模方面，国内缺乏较为权威、准确的统计数字。以下一组统计结果至今仍被广泛引用：“全国有各类回收企业 5000～6000 家”，“回收网点 15～16 万个”，而在已查阅的资料中，这组数据最早出现在 2001 年 12 月的《科学学研究》增刊上。近十几年是中国经济迅速发展的阶段，再生资源回收网点数量也发生了很大的变化，这些数据显然已经不符合当前的情况。另外，有文献[①]提到：“据粗略统计，‘十一五’期间，回收各类再生资源 4 亿 t，年

① 张菲菲．再生资源产业的界定与结构分析．再生资源与循环经济，2011，4（4）：23-26

均增长率12%以上。至2010年年底，我国已有再生资源回收利用企业约10万家，回收网点约30万个，从业人员约1800万人”，但未注明数据来源或统计方法。

我国曾经拥有可以说是世界上最完善的再生资源回收网络，新中国成立初期，由供销和物资两个部门构成的回收体系，相当充分地实现了资源的回收利用。改革开放以来，随着市场经济体系的发展，社会回收体系不断壮大，起到了越来越重要的作用。根据中国物资协会介绍，1987年全国有专业回收公司922个，县级以上国有再生物资加工企业2000多个，年回收再生资源1300万t以上。[①] 由于2004年开始施行的《中华人民共和国行政许可法》取消了再生资源回收行业的前置审批，降低了行业门槛，在客观上促进了该行业的发展，却增加了行业的监管难度，《再生资源回收管理办法》（商务部令2007年第8号）要求对该行业采取备案制度，但执行情况并不乐观。

我国目前与再生资源回收利用相关的主要统计渠道有供销合作总社、中国物资再生协会、中国再生资源回收利用协会、中国钢铁工业协会、中国有色金属工业协会再生金属分会、中国橡胶工业协会、中国塑料加工工业协会塑料再生利用专委会、中国造纸协会等，各种渠道都或多或少地存在统计范围不全、统计标准不统一、统计质量无保证等问题。各地的统计年鉴中对废弃资源和废旧材料回收加工业规模以上企业有统计数据，但由于再生资源行业存在以个体经营者为主，规模以上企业所占比例小的现实情况，统计年鉴中的数字并不能全面反映这个行业的实际规模。

背景资料

主要统计渠道概况[②]

供销合作总社系统统计中有再生资源类值统计、废旧物资加工企业主要经济指标统计。再生资源类值统计的主要指标有生产者购进、销售、库存，废旧物资加工企业主要经济指标有单位数、总产值、产品销售收入等。

中国物资再生协会有废旧物资回收经营统计，统计对象主要是合法从事物资再生利用的专业公司、工矿企业等600多个会员单位。主要指标有回收量、销售

① 高欣．固体废物循环管理研究：基于上海市循环经济发展．北京：中国环境科学出版社，2008

② 张英花．循环经济中再生资源回收与循环利用统计问题初探．中国信息报网：http://www.zgxxb.com.cn/tjdk/201002265805.shtml，2012-06-16

量、期初（末）库存，主要品种有废钢铁、废有色金属、废塑料、废家电等。

中国再生资源回收利用协会会员涵盖再生资源回收企业10 000多家，涉及废纸、废塑料、废金属等诸多品种。协会回收业务管理网络体系基本存在，但目前没有一套统一的统计报表，应用的主要统计数据大多通过重点调查和经验估算。

中国钢铁工业协会目前使用的废钢利用率是指一年用掉的废钢量占钢产量的比例。废钢量包括企业自产的废钢量、社会上买进的和进口的废钢量。资料主要来自60多个重点企业统计报表。

中国有色金属工业协会再生金属分会目前使用社会回收率和加工利用率两个概念，社会回收率是实际回收的废有色金属占社会领域中废有色金属总量的比例，加工利用率是废有色金属再生利用过程中实际能够利用的比例。主要数据利用重点企业资料和相关资料测算。

中国橡胶工业协会现有一套企业经济和产品产量统计报表，主要指标有再生胶、胶粉等产品产量，其中再生胶、胶粉是以废旧轮胎为原料生产的产品，在一定程度上反映了废旧轮胎的利用情况。

中国塑料加工工业协会塑料再生利用专委会通过综合考虑塑料各子行业发展情况，以上年数据为基础，对塑料废弃比率做出适当调整，以五大通用树脂为基数分析，估算出本年塑料废弃量，由此推算出国内塑料实际消费量中被回收再生利用的废塑料量等。

中国造纸协会使用的废纸回收率是指废纸回收量占纸消费量的比例。废纸回收量，一是通过对其管理的40～50家大企业进行抽样调查取得；二是通过上百家小造纸厂的产量（卫生纸和进口木浆）及废纸的打碎率等资料推算。纸消费量根据纸销售量及一定的比率系数推算。

在广东省再生资源产业的基本状况调查中，本书重点考虑了再生资源产业的分布和特征。笔者利用广东省工商企业数据库，按照指定关键词“废”、“旧”、“二手”、“回收”提取广东省21个地级市中可能与再生资源回收和利用相关的经营者的资料，共计73 457家。然后根据经营者的经营范围逐家辨认，去伪存真，筛选出与再生资源产业直接相关的经营者，并根据注册年限、是否注销、企业类型和所在地等信息，以表3-3所示分类体系为基础，对筛选获得的相关企业进行分类。由于再生资源种类繁多，政府部门和不同的学者对于再生资源的定义不同，各地工商部门在经营范围中的描述又有区别，没有一定的规范，所以本研究首次从便于统计分析的角度建立再生资源经营者的分类体系。如果工商部门能够在申办营业执照时统一规范再生资源行业经营者的经营范围，会在一定程度上为相关部门统计再生资源产业的基本情况提供便利。

表 3-3 再生资源回收和利用企业分类体系

等级	类别	经营范围
一级分类	废旧物资综合	废品、废旧物资综合、废旧物品、原料、再生物资
	废金属	生产性废金属、非生产性废金属、原铁、角铁、废五金，废电线、金属边角料、废门窗、废油桶，不包括金银首饰
	废塑料	废旧塑料、编织袋、废电线、胶布、废胶、废胶纸、泡沫
	废纸	废纸、废水泥袋、废报纸、纸品、纸皮
	废玻璃	废玻璃、废汽水瓶、废玻璃瓶、废门窗
	废橡胶	废橡胶、废轮胎
	废布料	废布料、废纤维、尼龙、化纤、废丝绵
	废木材	废木材
	二手生活用品	废旧厨具、家具、日用品、旧货、五金工具、铁床
	二手交通工具	二手车、二手船
	二手机械	二手叉车、车床、机械、闲置机械、设备、电机、电动工具
	二手家电	二手家电、旧家用电器、电子设备
	二手通信用品	二手手机、二手通信用品
	二手办公用品	二手办公用品
	二手电脑	二手电脑
	二手通信器材零件	二手通信器材零件
	二手交通工具零件	二手交通工具零件
	电池	电池
	废电路板	废电路板
二级分类	收购	只标出废旧物品的回收、收购，废旧物品的购销（二手用品除外），二手物品的交易、过户、寄售
	加工	分类、分拣、打包、拆解、玻璃瓶清洗等，加工后的产品是材料，再生、维修、翻新（出现回收或者销售时）
	利用	制造等，利用后的产品是成品
	销售	利用后成品的销售，不包括收购加工后的销售；二手物品的交易、代销、购销、经销、经营、过户、寄售
	技术开发	技术开发
	信息咨询	信息咨询、中介、转让、鉴定评估、检测、组织交易
	进口	进口废旧物资

最终共确认了其中 36 976 家属于定义范畴内的再生资源回收经营者，其在广东 21 个地级市的分布如表 3-4 所示。北京师范大学的刘闯博士等于 2006 年在我国资源回收与再利用企业调查的基础上作了一次尝试，设计并开发了包括 23 512个企业在内的我国再生资源企业地理信息系统数据库，以分析我国再生资源产业

的省际分布，并重点分析了广东省各地市再生资源企业的情况。① 将笔者获得的分类统计数据与刘闯等推算的再生资源企业数目进行比较的结果见表3-4。

表3-4　广东省再生资源回收网点数量及在各地级市的分布

市别	工商部门注册数	刘闯等推算的数目	市别	工商部门注册数	刘闯等推算的数目
广州	7 987	953	中山	1 366	224
佛山	3 051	1 126	东莞	1 224	697
惠州	2 662	175	阳江	888	28
清远	2 338	31	汕尾	869	8
江门	2 335	333	汕头	810	211
梅州	2 049	21	云浮	752	11
湛江	1 958	75	韶关	741	19
茂名	1 937	41	揭阳	702	45
肇庆	1 639	59	深圳	495	825
珠海	1 616	84	潮州	170	21
河源	1 387	9	合计	36 976	4 996

由表3-4的统计结果可知，到2008年12月，广东省工商部门注册登记的、尚未注销的再生资源回收网点合计36 976个，其中珠江三角洲地区（广州、深圳、佛山、珠海、东莞、中山、惠州、江门、肇庆9个地级市）22 375个，占到全省的60.5%。根据2007年颁布的《广州市再生资源社区回收网点建设标准(试行)》，广州市的再生资源回收网点有5000家，说明近年来广州市再生资源经营者数量有大幅增长，这可能也是广东省乃至全国的基本现状，显示了我国再生资源产业具有越来越大的市场空间。当然，这也在一定程度上暴露了再生资源产业整合力度不足，越来越趋于小型、分散的问题。

这一统计结果与刘闯博士等计算的再生资源企业相比，在经营户数量和各地级市的排序上都存在较大差距，全省的企业数目相差7倍。刘闯博士的数据来自"全球最大中文企业库"、"中国再生塑料网"、"中国再生资源网"、中国再生资源企业调查相关的数据和信息以及"Google Earth"和中国科学院地理科学与资源研究所全球变化信息研究中心开发的相关地理信息系统及遥感数据库中的信息，但相当比例的再生资源回收网点规模较小，从业人员的文化水平较低，不会将营业信息发布到互联网上，难以通过数据库查询。而本研究的数据

① 刘闯，于伯华，刘向群．我国再生资源企业布局省际差异分析．地理科学进展，2006，25（6）：1-11

来自政府职能部门的数据库，企业的筛选和分类也经过校对，保障了数据的准确性和可靠程度。

上述调查结果表明，广东省再生资源回收经营户大多规模较小，受外界因素的影响大，流动性强，广东省的再生资源回收行业在2007年之前发展较快，2008年金融危机影响了广东省的加工制造业，造成用废企业的废品需求量减少，也对再生资源行业造成重创，部分再生资源回收网点倒闭。许多经营户在停止经营后并没有及时到工商部门注销，所以目前正常经营的有证照企业的数目应该小于统计数字，笔者在实地调查时就遇到了按照工商部门登记资料的地址找不到回收点的情况。但与此同时，各地市还存在大量无证无照的回收站，根据广东省公安厅的调研结果，有证照经营者和无证照、超范围的回收网点的比例估计在1∶1左右。

根据上述调研结果，广东省2008年的生活性再生资源回收网点的总数应为13 500～19 500，按照国家商务部、财政部《关于加快推进再生资源回收体系建设的通知》（商贸发〔2009〕142号）的要求，以“城市每1000～1500户居民设置一个回收站点，乡、镇每1500～2000户居民设置一个简易收购站点或固定收购站点”计算，目前广东省已有的回收网点如果合理分布，完全可以满足商务部的要求，但在实地调查中，笔者发现由于租金、交通、小区管理等因素，回收网点的分布并不均匀，大多集中在城乡结合部。

根据企业的注册资本筛选出广东省规模较大的再生资源企业（表3-5），注册资本在500万元以上的再生资源回收企业仅占全省再生资源回收网点数目的0.45%，说明广东省再生资源行业的集中度亟待提高。

表3-5　广东省注册资本大于500万的再生资源回收、加工企业（单位：个）

企业类型	数量
注册资本大于等于500万，小于1000万的回收企业	94
注册资本大于等于1000万的回收企业	73
注册资本大于等于500万，小于1000万的加工企业	88
注册资本大于等于1000万的加工企业	104
合计	359

通过2007～2009年广东省废弃资源和废旧材料回收加工业规模以上企业的对比（表3-6），可以发现广东省的再生资源行业处于快速发展时期，规模以上企业数量的年均增长率达到了47.4%，其中佛山、广州、清远和肇庆等地的再生资源龙头企业已形成了聚集效应。

表3-6　广东省各地规模以上再生资源回收、加工企业数量　（单位：个）

市别	注册资本大于等于500万，小于1000万的回收企业	注册资本大于等于1000万的回收企业	注册资本大于等于500万，小于1000万的加工企业	注册资本大于等于1000万的加工企业	2007年废弃资源和废旧材料回收加工业规模以上企业*	2008年废弃资源和废旧材料回收加工业规模以上企业*	2009年废弃资源和废旧材料回收加工业规模以上企业*
广州	15	26	4	8	13	15	13
深圳	1	4	3	1	4	—	—
珠海	1	—	7	1	1	2	2
汕头	1	—	6	16	—	—	—
佛山	22	3	9	10	19	40	43
韶关	3	1	5	3	2	9	11
河源	2	2	3	2	—	2	—
梅州	1	7	3	4	—	—	1
惠州	10	7	10	9	4	22	18
汕尾	2	1	5	1	—	—	6
东莞	3	4	16	17	—	—	—
中山	—	—	—	3	6	7	7
江门	7	3	3	4	10	5	6
阳江	1	3	2	3	—	—	14
湛江	3	4	1	3	5	7	13
茂名	2	—	—	—	—	1	1
肇庆	2	—	5	5	13	16	16
清远	—	2	—	6	20	33	44
潮州	1	—	1	2	—	1	1
揭阳	15	6	3	6	1	12	16
云浮	2	—	2	—	—	—	1
合计	94	73	88	104	98	172	213

注：*资料来自广东统计年鉴，规模以上工业企业即年主营业务收入500万元以上的法人工业企业。

另外，广东省废弃资源和废旧材料回收加工业规模以上企业的工业总产值也从2007年的167.39亿元增加到2009年的450.19亿元，年均增长率达到64.0%，远远超过了许多支柱产业的增长速度，彰显了再生资源产业作为朝阳产业的巨大盈利空间。

通过各地市城镇建成区再生资源回收网点的分布密度图（图 3-1），可以发现广东省再生资源回收网点的分布很不均衡，密度较大的城市，如清远和梅州，再生资源回收网点的分布密度超过了 50 户/km^2，东莞、潮州、汕头和深圳则低于 10 户/km^2。对于生活性再生资源回收网点，密度过高容易导致网点规模小、无序竞争等问题，如果管理不善，对于周围的卫生环境也会造成一定的影响；而密度太低，会使居民交售生活性废品的难度加大，不利于生活废品的回收。珠江三角洲地区的九个城市除中山、惠州和肇庆外，网点密度都在 20 户/km^2 以下，即使在最理想的情况下，这些网点平均分布在城镇建成区内，而且都可以回收零散的生活性废弃物，也意味着大多数居民平均要走 126m（直线距离）才能找到一家再生资源回收网点。而实地调研的情况是，相当比例的回收网点聚集在城中村或者城乡结合部等租金较低的区域，不利于居民交售废旧物资。以广州为例，对居民进行调查访问时，很多居民都不清楚自己家庭所在小区附近的再生资源回收网点，这也反映了回收网点分布的不合理。

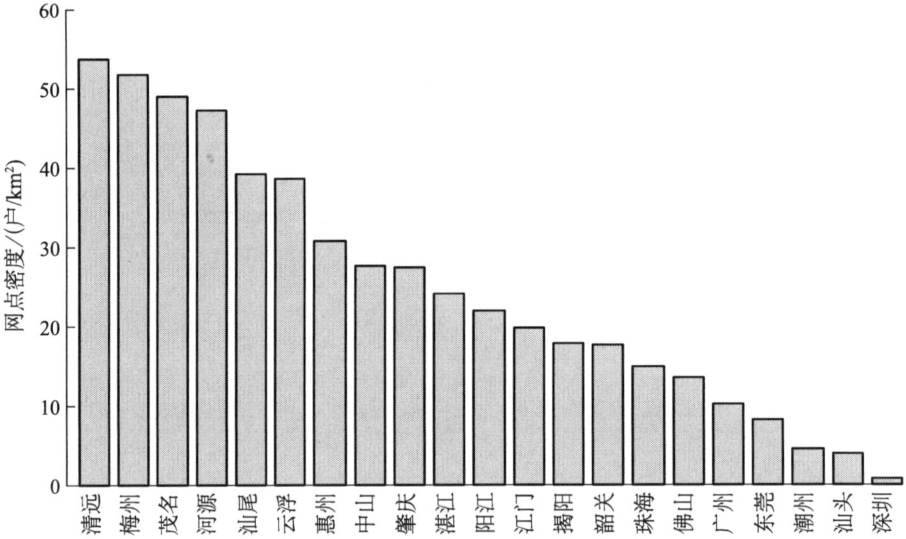

图 3-1　广东省各地级市城镇建成区再生资源回收网点分布密度

由图 3-2 可以看出，广东省再生资源回收经营户以个体户为主，占到总数的 60.3%，有限责任公司占到 1/3 左右，剩下的经济成分占到 6.5%。再生资源回收行业对于技术和资金要求都比较低，该行业在计划经济时代主要由供销部门和物资部门经营，便于回收网点的管理和再生资源的统计，2002 年取消特种行业经营许可证之后，行业门槛进一步降低，短时间内增加了大量回收网点，导致出现目前以个体户为主，多种经济成分并存的局面，使得行业监管的难度加大。

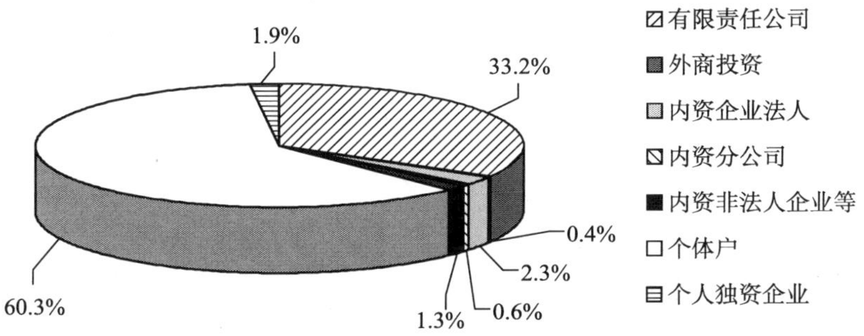

图 3-2　广东省再生资源回收经营户的类型

调查结果表明，深圳市的再生资源回收管理是比较有特色的，基本上每个区都有比较大型的再生资源回收公司，下设一系列的回收站点，工商部门登记的企业经营范围也较为详细和规范。

江乐福总结了广东省供销社系统再生资源管理的 5 种模式，即东莞市“激活基层社的扁平式回收网络”、广州市“政府职能模式”、广州市白云区“连锁经营模式”、清远地区“园区化运作模式”、开平市“交易市场模式”。分析了各种模式的利弊，认为供销系统能够帮助政府管理好再生资源产业的回收环节。①

背景资料

广东省供销社 5 种再生资源经营模式

广东省供销社系统在党委和政府的领导下，认真贯彻落实科学发展观，进一步解放思想，大胆探索，勇于实践，因地制宜，创新出再生资源经营五种模式，各具特色。在构建再生资源回收网络体系中东莞模式最为成功，在供销社的旗帜下真正把东莞地区的再生资源经营“统”起来了，凸显供销社的作为，东莞模式只适合东莞市独特的行政管理体制，市直接到镇，中间没有县级政府，东莞市供销社对基层社也是直管，但东莞模式也有待进一步完善，应强化供销社的再生资源业务经营能力，出台法规保障供销系统承担再生资源经营管理工作的可持续发展；广州模式在争取和履行政府职能方面取得了突破性进展，但在培育和壮大供销社经济实力方面不够；清远地区模式由于受到资金的制约，需招商引资运营再生资源回收利用有限责任公司，建

① 江乐福．广东省供销社系统再生资源经营管理模式探索．再生资源与循环经济，2009，(1)：27-33

设再生资源产业园区，但招商引资一直在洽谈，导致再生资源经营管理工作进展缓慢，然而清远地区的英德和佛冈却能充分利用供销社争取到的政府资源成功引进投资者，园区建成并开始逐步经营运作，再生资源经营管理工作逐步开展，这为园区化模式提供了思路；白云区的连锁经营模式和开平市的交易市场模式，为发展供销社经济、增强供销社实力作出了积极贡献，白云区供销社在连锁经营积累的基础上，不是维持现状，而是积极进取，投资建设再生资源加工厂，进一步扩大供销社实体经营，进一步发展壮大供销社经济实力，开平市供销社在顺利运作交易市场的基础上，不是天天守着租金，而是不断进取，积极参与再生资源的购销、加工，发展供销社业务经营，但开平市的交易市场必须加大力度投入建设和管理，确保交易市场安全经营。

作为新中国成立初期生活性废品回收的主力军，供销系统具有多年经营再生资源回收行业的经验，可以在一定程度上协助政府部门管理这个行业。但是，如果将再生资源的回收事业完全交由一个企业经营，容易形成垄断格局，并带来一些负面效应，广东省内的某些地市已经出现了因为“垄断”而造成的不稳定局面。因此，如何在垄断与过度分散、门槛过低之间寻求平衡，建立最佳的区域性再生资源经营组织模式是非常值得探讨的问题。

背景资料

废品回收乱局：公司垄断强买 政府参与分利①

阳春三月，金融危机造成的某市企业倒闭依然持续，而另一场危机对当地企业的袭击也日益凸显。

在年产值逾百亿的废品回收业面前，回收公司分区垄断、压低价格“强买强卖”，个别回收点收购价甚至不足市场价一半；各企业遭受严重损失，而自由出售废品常遭“打砸抢”，群殴事件频发。

纵观某市废品回收管理模式演变，是代表政府管理的市供销社和基层乡镇政府以不同方式参与到废品利益争夺的过程，也是两者不断博弈的过程；而曾经的招投标和承包费，恰恰给参与利益争夺者以合法外衣，并将回收公司推向高垄断的舞台。

究竟谁才是废品回收乱局的始作俑者，如何让废品回收回归市场化本质，是当地政府不得不面对的问题。

① 褚朝新. 2009-03-16. 东莞百亿废品争夺战. 新京报第A14-15版

图 3-3 对比了各地再生资源回收经营户的回收种类，除综合性废品外，经营废金属、废塑料和废纸回收的企业占了很大的比例，而经营废玻璃、废布料、废木材回收的企业很少，回收废旧电池的企业更是只有寥寥数家，显示低附加值再生资源的回收渠道不畅。

对于低附加值的再生资源，由于利润、运输成本等问题，只有在当地存在一定数量的加工利用该种再生资源的企业或者政府大力推动的情况下，才可能得到有效回收，这也体现了再生资源产业的特殊性质，提高全社会再生资源回收利用率不能完全依靠市场来调节。

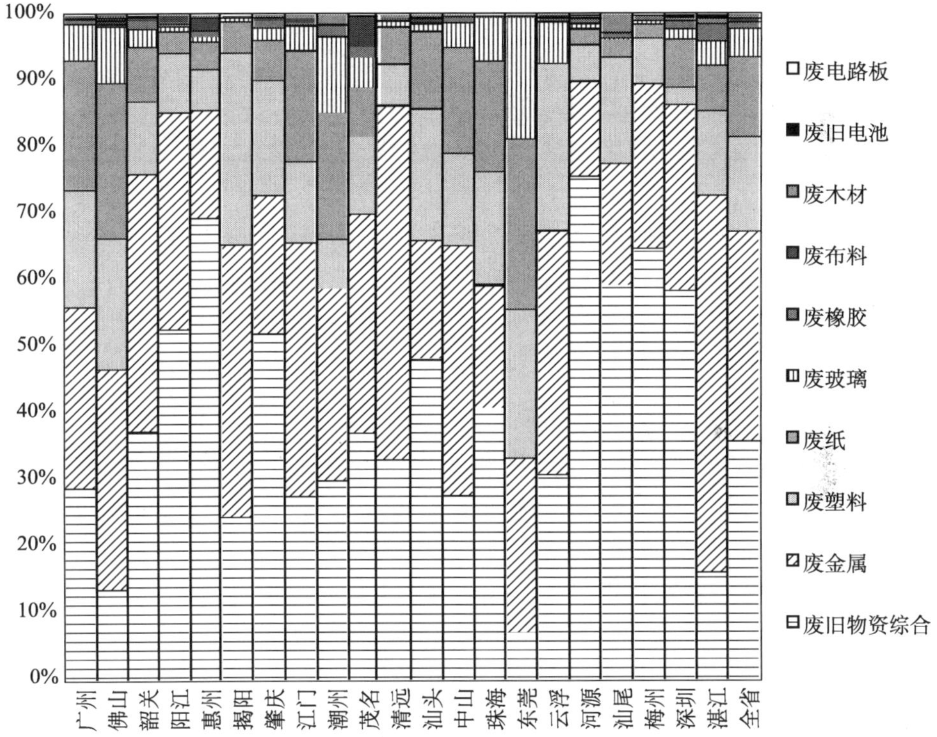

图 3-3　广东省各地再生资源回收经营户的回收种类构成

低附加值的再生资源，如果技术成熟、应用得当，也可以带来可观的经济效益。佛山市沃德森板业有限公司就是一个很好的例子。该公司位于佛山市禅城区南庄镇河滘工业园，始建于 2006 年 6 月，同年 12 月在工商局注册，注册资本为 1000 万元，专门从事对城市废弃的旧木料、旧家具、旧建材和家具厂、人造板厂废弃木材下脚料的回收及综合利用，生产人造板、木制品及木制品复合材料，生产能力 24 万 m^3/a，主要产品是环境友好型中密度纤维板（简称中纤板）。到目前为止，沃德森已经形成了集科研开发中心、产业化生产基地、废弃木材收购网络体系、产品营销体系以及企业管理、员工培训机构等于一体的支撑废弃木材循环利用的经营体系，并取得了一系列产业化成果，包括再生中密度纤维板、阻燃中纤板、华夫模压板、工艺装饰板系列产品；先后申请发明、实用新型、外观等 16 项专利。该企业累计投资人民币 3 亿元，建设了再生中维纤板生产线两条、阻燃再生中纤板生产线一条、模压制品单机 100 多台套等生产设备，形成年产再生中纤板 6 万 m^3、中纤板 3 万 m^3、模压制品 100 多万件，年产值约 1 亿元，利税 2000 万元，员工总数 600 多人的企业规模。历年来生产的中纤板等产品累计超过 30 万 m^3，回收利用废弃木质材料 50 万 m^3，节约木材资源 40 万 m^3，为生态和环境保护作出了显著的贡献。

废旧家具、废旧室内装饰木质材料及部分家具企业加工剩余物中，一般都含各种油漆、PVC、胶黏剂等有害化学物质，如果将其当成垃圾处理，不但浪费了木材资源，而且其中的化学物质会对环境造成污染。根据沃德森板业有限公司的计算，随着人们生活水平的日益提高，过时的、淘汰的、破旧的木质材料、家具等也将会越来越多，迟早会成为不得不面对的社会难题和公害。按照宾馆行业国际惯例，一般星级宾馆每 5 ~ 6 年需要更新一次家具和室内装饰。如果按广东省每年有 1000 家星级宾馆、每家宾馆有 200 个房间计算，则每年就会有 200 000 套家具需要处理。从另一个角度考虑，2006 年上半年全国家具内销产值达 230 亿美元，按每套家具 1000 美元、寿命 20 年计算，则平均每年有 2 300 000套家具需要处理。①

广东省各个地区再生资源产业的区域特征大致可以通过图 3-3 体现出来。例如，“再生铜都”清远回收废旧金属的回收点比较多，东莞则是废纸回收网点占据了相当比例。

3.2 再生资源回收总量测算

在开始对广东省地级市再生资源回收网点的实地调查之前，本研究收集了大量的网络资料，尝试利用这些材料推算出广东省再生资源回收的大致数量，

① 调研资料：佛山市沃德森板业循环经济试点单位实施方案

以辅助实地调研。得到的计算结果为“广东省内现有的再生资源回收网点每年经营废钢铁700 万 t 以上、废金属445 万 t、废纸350 万 t、废塑料180 万 t、其他废旧物资450 万 t，总量为2083 万 t，总价值790 多亿元”。后续的研究和深入调查证明，网络数据存在很大不确定性。

背景资料

网络资料的“张冠李戴”

笔者在网络资料调查过程中，发现了一些“张冠李戴”的情况，如下面这则材料，就是将浙江台州①的统计数字“移植”到了广州市②。

废铜、废铝、废钢铁金属加工行业是广州市一大主导产业，其中有色金属占全市工业总产值15%左右。据了解，广州现有五金机械企业上万家，其中废旧金属加工企业1000 余家，每年利用各种废旧物资70 万 t 以上，其中包括各类废旧金属40 万 t、废纸10 万 t、废塑料10 万 t、其他废旧物资10 万 t，总价值50 多亿元。每年从全国各地回收废旧金属20 万 t。以中山大道峰江镇为主体的广州废旧金属拆解基地，直接从业人员达3 万多人，若加上为其服务的贸易、运输等行业，相关就业人员达10 万人以上。③

通过实地调研，笔者对广东省再生资源的来源和数量有了初步的了解，广东省加工利用的再生资源来源包括国外进口和国内回收两个方面（图 3-4），2008 年加工利用量超过了 3500 万 t，这里仅统计了废旧金属、报废电子产品、报废机电设备及其零部件、废纸和废塑料等再生资源，不包括废木料、建筑废物、餐饮废物、废纤维和动物毛发。

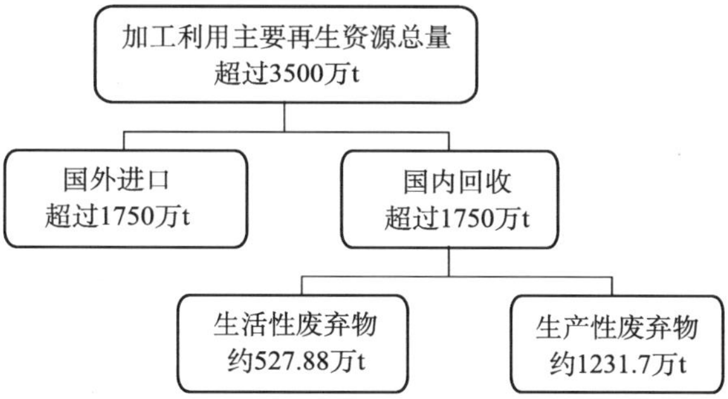

图 3-4　广东省再生资源来源及数量

① 胡灵敏．循环经济永康破题．浙江在线永康频道：http：//china. zjol. com. cn/06yk/system/2007/09/12/008789318. shtml，2012-06-16

②③ 佚名．五金制造带动废品回收．百业网：http：//blog. 100ye. com/info/341467. html，2012-06-16

3.3 生活性再生资源回收分析

通过实地考察等方式，笔者调查了广州、清远、惠州、佛山、韶关、东莞、汕头、茂名、深圳和揭阳10个地级市的废品回收站。各地回收站的调查对象以工商数据库的资料为依据，以证照基本齐全的回收站为主，在每个地级市随机选择10~15家回收站作为调查对象，主要是小区内回收生活性废品的回收站，以各种再生资源的回收量和价格为主要调查内容。

在实地调研过程中，于2009年暑假开展了“广东省再生资源回收网点调查”活动，招募了多名热心于环保事业的中山大学本科生，利用暑假时间调查家乡的再生资源回收网点的情况，以尽可能多地获得广东省各个地市再生资源的第一手资料。

调查结果显示（表3-7），每个回收站年生活性废品回收量为105.62~433.86t，平均282.38t，清远市回收站的平均年回收量最高，惠州市最低，仅为清远的1/4；各地回收的废品以废纸为主，占到主要再生资源回收总量的65.44%；其次是废旧金属，占23.06%；废塑料和玻璃分别占7.57%和3.92%。

表3-7　广东省部分地级市废品回收站年回收量　（单位：t/a）

市别	废钢铁回收量	废铜回收量	废铝回收量	其他废旧金属回收量	废塑料回收量	废纸回收量	废玻璃回收量	总量
广州	95.91	0.82	1.66	3.22	8.49	182.84	6.76	299.70
清远	9.22	0.55	1.02	0.00	8.81	408.00	6.26	433.86
惠州	26.60	0.06	0.28	0.71	14.00	72.00	5.20	118.85
佛山	114.00	0.00	1.68	9.00	28.80	105.60	32.40	291.48
韶关	72.00	0.24	0.12	0.12	38.40	46.56	1.20	158.64
东莞	140.00	2.00	2.00	2.00	104.00	100.00	40.00	390.00
汕头	64.50	0.02	0.30	0.30	4.50	36.00	0.00	105.62
茂名	21.80	0.37	0.50	4.02	14.20	128.80	10.40	180.09
深圳	44.00	8.70	13.09	6.40	18.00	64.00	83.20	237.39
揭阳	88.80	0.00	0.00	1.20	0.00	30.24	0.00	120.24
广东省各地平均	61.02	0.54	1.08	2.49	21.38	184.80	11.07	282.38
占回收总量的比例/%	21.61	0.19	0.38	0.88	7.57	65.44	3.92	

注：由于揭阳市的问卷填写不完整，因此计算各地平均和所占比例时舍弃了揭阳市的数据。

上述调查结果反映的生活性废物回收量在准确性保障方面有不少制约因素，具体表现如下。

（1）由于该行业的敏感性，各地回收站对问卷调查的配合程度不同。例如，笔者在广东某市进行走访时，大部分回收站都以“老板不在家”、“负责人不在”这类理由谢绝调查，即使一开始配合调查的回收网点，在回答回收量和利润等问题时，也表现出不合作的态度，甚至下了“逐客令”；而广州、惠州和清远等地级市的配合程度较好。回收站对调查的配合程度，在一定程度上也反映了该地区对再生资源回收行业的管理成效和为该行业创造的生存环境。

（2）再生资源回收行业在过去较长一段时间内属于免税行业，虽然国家有要求，但大部分回收站缺少台账制度，很多经营者并未记录各种废品的具体回收数量，提供的数字只是估计的数字，而且估计的数字偏保守。

（3）各回收站的规模和主要回收的废品种类有差异。大的生活性废品回收站占地几百平方米，而小的回收站只有三四十平方米左右。在回收废品的种类方面，有的回收站只收废纸，有的回收站只收废塑料或废旧金属。

（4）广东省再生资源回收网点数量庞大，受时间和人力的限制，每个地级市只能随机抽样调查10～15家回收站，调查的样本量略微偏小，有效问卷也偏少。

（5）韶关、汕头、深圳和茂名的调查结果由参与的志愿者提供，由于种种原因，有部分问卷没有填写完整或未按照规范填写，也给统计带来了一定困难。

由于从工商数据库中筛选获得的再生资源回收网点中存在一定比例的生产性废品回收站，且部分回收站存在逐级交售废品的情况，即由小规模的回收站卖给大规模的回收站，而不是直接出售给用废企业，因此，根据现场考察情况以及与各地主管部门的沟通，全省生活性废物的基础回收网点约为数据库调查结果的50%。在此基本判断的基础上，根据表3-7的调查结果，估算广东省生活性废弃物的回收数量（表3-8）。笔者采用两种估算方法，一是按照全省每个网点覆盖人口推算的人均年回收量（0.056t），乘以各地级市2008年年末的常住人口。二是按回收网点数量推算总回收量，用全省每个回收站的平均年回收量（282.38t）乘以各地生活性废物回收网点的数目。按网点推算的总回收量与按人口推算的总回收量很接近，前者为533.70万t/a，后者为522.06万t/a。计算二者的平均值即为广东省生活性废弃物年回收量的估算值，计算结果为527.88万t/a。其中，废纸为345.44万t/a，废旧金属为121.73万t/a；废塑料和玻璃分别为39.96万t/a和20.69万t/a。

表 3-8　广东省各地生活性废弃物数量测算

市别	2008 年年末常住人口/万人	占全省总人口的比例/%	生活性废品回收网点数/个	按人口推算的总回收量/（万 t/a）	按网点推算的总回收量/（万 t/a）
广州	1 018.20	11	3 994	56.94	112.77
深圳	876.83	9	248	49.03	6.99
珠海	148.11	2	808	8.28	22.82
汕头	505.60	5	405	28.27	11.44
佛山	595.29	6	1 526	33.29	43.08
韶关	295.16	3	371	16.51	10.46
河源	286.91	3	694	16.04	19.58
梅州	412.54	4	1 025	23.07	28.93
惠州	392.71	4	1 331	21.96	37.58
汕尾	290.22	3	435	16.23	12.27
东莞	694.98	7	612	38.86	17.28
中山	251.09	3	683	14.04	19.29
江门	414.27	4	1 168	23.17	32.97
阳江	236.80	2	444	13.24	12.54
湛江	690.24	7	979	38.60	27.65
茂名	612.37	6	969	34.24	27.35
肇庆	380.29	4	820	21.27	23.14
清远	373.19	4	1 169	20.87	33.01
潮州	256.66	3	85	14.35	2.40
揭阳	573.73	6	351	32.08	9.91
云浮	238.81	3	376	13.35	10.62
合计	9 544.00	100	18 493	533.69	522.08

通过现场和问卷调查得到的广东省生活性废弃物的回收率低于北京市的回收率。2007 年北京市环卫部门清运生活垃圾 619 万 t，物资回收部门从居民和单位中收购的废品达 374.72 万 t，回收率达 37.7%（回收量占回收量和清运量之和的比例），如果广东省生活废品的回收率和北京市相同，那么 2008 年全省清运生活垃圾 1868.36 万 t，应从居民和单位中回收 1131 万 t 废品。2004 年北京全市废旧物资回收量 4484 万 t，废旧物资回收的主要品种及数量为：废金属 218.7 万 t、废玻璃 36.6 万 t、废纸 79.7 万 t、废塑料 54.4 万 t、其他 59.0 万 t。对比广东省回收的主要废旧物资的数量，说明广东省在废金属、废玻璃、废塑料方面的回收应该加强。

本研究在设计调查问卷时考虑了废旧家电的回收，但超过半数接受调查的回收站的反馈情况较为模糊，获得的数据不具备统计意义，因此只能通过广东统计年鉴中的数据进行推算。1998～2009 年广东省城镇居民和农村居民的主要家用电器和电子产品的平均每百户家庭拥有量如表 3-9 和表 3-10 所示，根据这些年份广东省户籍人口家庭户数量（表 3-11）的变化可以估算广东省农村居民和城镇居民主要电子电器产品的拥有量，结果如表 3-12 和表 3-13 所示。

表 3-9　1998～2009 年广东省农村居民家庭平均每百户主要电子电器产品年末拥有量

年份	洗衣机数量/台	电冰箱数量/台	黑白电视机数量/台	彩色电视机数量/台	空调机数量/台	家用电脑数量/台	移动电话数量/部
1998	20.27	11.02	43.95	55.43	1.29	—	—
1999	22.07	11.88	42.07	63.09	1.48	—	—
2000	25.00	15.12	29.22	73.20	3.05	1.95	14.49
2001	26.56	16.17	25.27	79.45	3.28	4.96	24.88
2002	28.24	18.32	21.84	84.57	4.73	6.99	38.79
2003	28.28	18.95	16.95	92.27	7.07	5.04	55.82
2004	29.02	20.35	12.70	96.13	9.30	6.33	79.30
2005	29.49	24.73	8.28	103.91	18.13	9.26	116.41
2006	31.88	27.54	5.70	108.44	20.27	10.23	132.58
2007	34.77	31.68	4.02	111.72	24.49	12.46	149.73
2008	37.07	34.88	2.30	114.18	27.77	14.26	162.81
2009	40.55	41.33	1.80	116.60	30.98	16.21	184.38

表 3-10　1998～2009 年广东省城镇居民家庭平均每百户主要电子电器产品年末拥有量

年份	洗衣机数量/台	电冰箱数量/台	彩色电视机数量/台	空调机数量/台	移动电话数量/部	家用电脑数量/台
1998	97.05	78.59	123.21	71.05	14.66	12.34
1999	97.06	81.03	130.34	83.47	30.88	17.20
2000	97.5	81.87	135.58	98.04	57.94	25.78
2001	97.89	82.87	139.66	107.92	85.67	34.59
2002	97.81	89.90	151.23	129.11	129.12	47.16
2003	97.71	92.56	152.52	141.99	150.66	56.02
2004	97.36	93.42	154.69	155.95	170.86	64.28
2005	97.23	93.90	155.26	168.66	187.39	70.34
2006	97.76	94.09	160.07	174.79	205.51	74.45
2007	98.88	94.33	154.20	184.00	206.41	78.79
2008	94.85	94.39	143.07	187.52	210.35	83.23
2009	96.65	95.54	142.77	196.21	215.28	91.54

表 3-11　1998～2009 年广东省人口基本情况

年份	农村居民平均每户常住人口/人	城镇居民平均每户家庭人口/人	户籍年末总人口/人	非农人口比例/%
1998	5.15	3.55	7115.65	31.19
1999	5.08	3.55	7298.88	31.19
2000	5.15	3.57	7498.54	31.18

续表

年份	农村居民平均每户常住人口/人	城镇居民平均每户家庭人口/人	户籍年末总人口/人	非农人口比例/%
2001	5.1	3.52	7565.33	31.61
2002	5.08	3.39	7649.29	36.18
2003	5.04	3.31	7723.42	47.67
2004	5.01	3.28	7804.75	48.66
2005	5.00	3.27	7899.64	51.67
2006	4.98	3.29	8048.71	51.55
2007	5.00	3.27	8156.05	52.02
2008	5.00	3.27	8267.10	51.99
2009	4.99	3.25	8366.0	52.09

表 3-12　估算 1998～2009 年广东省农村居民家庭主要电子电器产品年末拥有量

年份	洗衣机数量/万台	电冰箱数量/万台	黑白电视机数量/万台	彩色电视机数量/万台	空调机数量/万台	家用电脑数量/万台	移动电话数量/万部
1998	192.71	104.77	417.85	526.99	12.26	—	—
1999	218.20	117.45	415.93	623.74	14.63	—	—
2000	250.51	151.51	292.80	733.49	30.56	19.54	145.20
2001	269.45	164.04	256.36	806.02	33.28	50.32	252.41
2002	271.38	176.05	209.88	812.70	45.45	67.17	372.76
2003	226.78	151.96	135.93	739.93	56.70	40.42	447.63
2004	232.10	162.76	101.57	768.84	74.38	50.63	634.24
2005	225.18	188.83	63.22	793.44	138.44	70.71	888.88
2006	249.64	215.65	44.63	849.14	158.72	80.11	1038.17
2007	272.13	247.94	31.46	874.38	191.67	97.52	1171.87
2008	294.26	276.88	18.26	906.37	220.44	113.20	1292.40
2009	325.71	331.98	14.46	936.57	248.84	130.20	1481.01

表 3-13　估算 1998～2009 年广东省城镇居民家庭主要电子电器产品年末拥有量

年份	洗衣机数量/万台	电冰箱数量/万台	彩色电视机数量/万台	空调机数量/万台	移动电话数量/万部	家用电脑数量/万台
1998	606.73	491.33	770.28	444.19	91.65	77.15
1999	622.42	519.62	835.84	535.27	198.03	110.30
2000	638.54	536.18	887.93	642.08	379.46	168.84
2001	665.04	563.00	948.82	733.18	582.02	235.00
2002	798.50	733.92	1234.60	1054.02	1054.10	385.00
2003	1086.84	1029.56	1696.50	1579.37	1675.81	623.12
2004	1127.30	1081.68	1791.10	1805.69	1978.33	583.91
2005	1213.66	1172.10	1938.02	2105.28	2339.08	878.01
2006	1232.88	1186.60	2018.69	2204.33	2591.74	938.91
2007	1282.95	1223.92	2000.72	2387.37	2678.14	1022.29
2008	1246.70	1240.66	1880.50	2464.75	2764.83	1093.97
2009	1295.96	1281.07	1914.37	2630.93	2886.64	1227.44

按照电视机平均使用寿命为 8 年，洗衣机和电冰箱平均使用寿命为 10 年，空调机平均使用寿命为 11 年，电脑平均使用寿命为 5 年，手机平均使

用寿命为 3 年计算①，2009 年广东省的户籍人口至少淘汰了 251 万台电视机（含黑白电视机和彩色电视机）、84 万台洗衣机、64 万台电冰箱、41 万台空调机、127 万台家用电脑和 1209 万部手机。假设电视机和洗衣机的平均质量为每台 20kg，电冰箱和空调每台平均重 30kg，家用电脑平均重 5kg②，手机平均 0.1kg，则上述淘汰的电子电器产品的质量超过 10.6 万 t。当然，不能排除有相当数量的淘汰电子电器产品会流通于相对低端的市场，但目前缺乏相关统计资料。

表 3-14 反映了各地再生资源的收购价格。在实地调查中可以发现，各地区之间和同一地区不同的回收站之间价格差距都很大，再生资源的种类复杂是一个原因。以塑料为例，塑料的组成有 300 多种，仅回收站经常回收的种类就有十几种，不同种类的塑料之间价格相差很大。废纸也可以分为废旧报纸、废纸板、纸碎、铜版纸等不同类型。另一个原因是再生资源的价格取决于该地区用废单位的收购价，在供求信息不透明的情况下，再生资源回收和供应往往会交替出现供小于求和供大于求的情况，波动较大，因此有人形象地用“期货”比喻再生资源回收行业所回收的废旧物资。国家商务部对再生资源回收网络提出的“七统一”（统一规划、统一标识、统一着装、统一价格、统一计量、统一车辆、统一管理）中有一条为统一价格，即使不考虑上下级再生资源网点之间的利润问题，实现这一点也非常困难。

表 3-14　广东省部分地区回收站各种再生资源收购价格（单位：元/kg）

市别	废钢铁	废铜	废铝	其他废金属	废塑料	废纸	废玻璃
广州	1.0～2.2	20～38	4～10	4～10	1～4	0.4～1.0	0.1～0.4
清远	1.2～2.0	24～40	6～7	4～9	1～3	0.4～1.0	0.1～0.2
佛山	1.8～2.3	34～40	6～10	3～10	1.6～3.7	0.6～0.8	0.1
惠州	1.0～2.0	20～34	6～7	3.6～4	2	0.7–1.0	0.1～0.2
深圳	1.5～2.0	32～36	6～7	4～8	1.8～3.4	0.6～1.0	0.15～0.2
揭阳	1.0～2.3	25～26	15～16	4～10	6	0.7	—
茂名	1.6～2.0	20～34	4～6	2～8	1～2	0.4～1.0	0.06～0.1
汕头	1.6～2.0	34	7～9	4～8	1.4～3.0	0.5～1.0	0.1～0.2

背景资料

金融危机对再生资源回收行业的影响③

受全球金融危机影响，2008 年 8～10 月下旬，北京的废品回收价格一路

① 耿海玉，余宏，张倩，等．上海市静脉产业发展研究．北京：中国财政经济出版社，2009

② 高欣．固体废物循环管理研究：基于上海市循环经济发展．北京：中国环境科学出版社，2008

③ 李斌．2008-10-23．金融危机波及废品回收价格　部分回收价格跌幅过半．京华时报第 48 版

大跌，部分废品回收价格甚至跌幅过半。矿泉水废旧塑料瓶由 8 月份的 0.15 元/个降到 0.05 元一个，废报纸由 2 元/kg 跌到 0.8 元/kg，废铁皮由 3.4 元/kg 跌到 1.2 元/kg，红铜由 60 元/kg 跌到 35 元/kg，黄铜由 30 元/kg 跌到 20 元/kg，铝由 15 元/kg 跌到 6 元/kg。有些废品回收商贩高价位积压了一批废品，眼看价格回落却犹豫未决，导致至今未能脱手，造成不同程度的亏损，有些商贩嫌目前回收价格太低、利润空间太小，不愿继续回收废品。

实地调查结果表明，除汕头市以外，各地生活性再生资源回收网点的平均从业人数（表 3-15）在一定程度上呈现出该地区回收网点密度（图 3-1）越大，各网点的从业人员越少的趋势。以每个网点平均 2.9 人计算，广东省近 18 500 个生活性废品回收网点直接解决了 5 万多人的就业问题，生产性废旧物资回收网点因为回收量大，需要的劳动力更多。再生资源回收行业的从业人员往往是学历较低的人群，因此，再生资源回收行业为就业困难群体提供了就业机会，具有良好的社会效益。

表 3-15　各地单个回收站从业人员平均人数　　（单位：人/站）

广州	清远	佛山	惠州	深圳	揭阳	茂名	汕头	平均
4.5	1.6	5.5	2.0	3.3	2.2	2.8	1.6	2.9

另外，城市中的再生资源回收网点往往对应着相当数量的流动回收人员，笔者曾经跟踪调查了广州市海珠区某中等规模的再生资源回收站，平均一天有 70 名流动回收人员上门出售废品。而针对流动回收人员的调查表明，他们每天大约回收 25～75kg 废品，会去 1～2 次废品回收站。说明广州市区内一个中等规模的再生资源回收站至少可以对应 50 名左右的流动回收人员，解决了他们的生存问题。

3.4　生产性再生资源回收分析

3.4.1　广东省进口固体废弃物分析

由于我国矿产、石油等资源紧缺，国家允许从境外进口部分可作为资源利用的固体废物，并实行极为严格的管理。以有色金属为例，根据国家海关总署的统计（表 3-16）①，2007 年中国共从 120 多个国家和地区进口废旧有色金属 771.2 万 t，含铜废料 558 万 t、含铝废料 209 万 t，含锌废料 4.2 万 t，折合金属量分别为铜 87 万 t，铝 167 万 t、锌 2.5 万 t，而且每年从国外进口的有色金属废料总量仍然在不断增加。

表 3-16　2002～2007 年中国进口废有色金属实物量　（单位：万 t）

年份	总量	含铜废料	含铝废料	含锌废料
2002	358	308	45	5.1
2003	388	316	65	6.7
2004	523	396	120	7.0
2005	658	482	168	7.6
2006	678	494	177	7.2
2007	771	558	209	4.2
总计	3376	2554	784	37.8

国家环境保护部批准进口的再生资源分为限制类和自动类。近几年这两类废物目录的更改较为频繁，目前《国家限制进口的可用作原料的废物名录》（2009 年 8 月 1 日起执行）中，共列出 10 类允许进口的废物原料，包括：动植物废料、矿产品废料、金属熔化、熔炼和精炼产生的含金属废物、硅废碎料、塑料废碎料及下脚料、橡胶、皮革废碎料及边角料、回收（废碎）纸及纸板、废纺织原料、金属和合金废碎料（金属态且非松散形式的）、混合金属废物（包括废汽车压件和废船）。从事境外固体废物进口的企业均必须获得国家环保部审批认定。表 3-17 是部分省市经批准具有进口废五金、废电机和废电线资格的企业数。从 2008 年到 2010 年略有增加，广东省 2009 年获得进口许可的企业 131 家，占全国的 23.1%，位居第一。肇庆亚洲金属资源再生工业基地是全国第三个废旧金属资源再生加工“圈区管理”试点园区，该园区成立于 2006 年，2008 年底被国家环保部认定为“广东肇庆进口废物圈区管理园区”，2009 年广东省新增的具有进口废五金、废电机和废电线资格的企业基本是肇庆亚洲金属资源再生工业基地的入园企业。

表 3-17　几个省（自治区、直辖市）获得第七类废物进口许可的企业数（单位：家）

省（自治区、直辖市）	2008 年	2009 年	2010 年
广东	113	131	139
浙江	120	129	127
天津	48	74	85

① 资料来源：中国有色金属协会再生金属分会提供的相关资料

续表

省（自治区、直辖市）	2008 年	2009 年	2010 年
江苏	46	45	46
山东	33	48	45
河北	25	41	44
辽宁	31	31	31
全国	508	587	603

可见，广东省是进口固体废弃物的大省，根据海关公布的数据，广东省2007～2009 年进口的主要再生资源的数量如表 3-18 所示。广东省 2007～2009 年主要再生资源的进口总量不断攀升，从 2007 年的 1689. 66 万 t 增长到 2009 年的1970. 6 万 t，金额则从 75. 36 亿美元增加到 90. 27 亿美元。

表 3-18　2007～2009 年广东省进口主要再生资源情况　（单位：万 t）

年份	废纸	废塑料	废钢	废铜	废铝	合计
2007	841. 66	351. 01	184. 48	165. 76	146. 75	1689. 7
2008	857. 51	399. 19	155. 94	192. 13	156. 07	1760. 8
2009	1015. 8	364. 53	221. 85	179. 41	188. 98	1970. 6

笔者根据环保部固体废物管理中心的资料整理了 2007 年广东省企业申请进口、利用限制类固体废物的情况（表 3-19）。2007 年广东省企业申请进口限制类固体废弃物 808. 3 万 t，申请利用限制类固体废弃物 821. 6 万 t，显示了广东省在加工利用再生资源方面的巨大需求。广东省进口的限制类固体废物以废塑料以及废五金、废电机和废电线为主，其中申请利用废塑料（含 PET、苯乙烯聚合物、氯乙烯聚合物、乙烯聚合物和其他塑料）的总量达到 388. 7 万 t（海关数据为实际进口351. 01 万 t），申请利用废五金、废电机和废电线的总量达到 407. 6 万 t。

表 3-19　2007 年广东省申请进口、利用限制类固体废弃物情况（单位：t）

固体废弃物类型	广东企业进口量	广东企业利用量
PET 的废碎料及下脚料	84 470	71 470
苯乙烯聚合物的废碎料及下脚料	150 683	157 683
氯乙烯聚合物的废碎料及下脚料	1 033 256	1 091 926
乙烯聚合物的废碎料及下脚料	1 004 835	1 030 023
其他塑料的废碎料及下脚料	1 491 198	1 536 208
纺织材料制其他碎织物	18 500	22 500
纺织材料制碎织物	9 500	13 500
不锈钢废碎料	216 000	216 000
废船（不含废航空母舰）	45	123
钨废碎料	300	300
以回收钢铁为主的废五金电器	1 081 262	1 081 262
以回收铝为主的废电线等	1 311 856	1 312 856

续表

固体废弃物类型	广东企业进口量	广东企业利用量
以回收铜为主的废电机等	1 681 168	1 682 168
合计	8 083 073	8 216 019

根据清远再生金属行业商会提供的资料（表 3-20），2009 年广东省进口第六类含铜废物超过 20 万 t，第七类含铜废物超过 287 万 t，主要集中在佛山、肇庆和清远三地，这两类含铜废物分别占到了全省总量的 84.6% 和 82.8%，显示部分再生资源回收利用行业具有区域性集中分布、成行成市的特征。

表 3-20　2009 年广东省第六类、第七类废物进口情况统计表（单位：t）

市别	第六类废物进口统计	第六类含铜废物进口统计	第七类废物进口统计	第七类含铜废物进口统计
佛山	180 090	96 530	2 267 532	1 012 890
肇庆	95 180	43 130	1 178 898	741 938
清远	112 020	30 780	1 393 818	624 923
其他	581 700	31 075	1 116 349	493 156
合计	968 990	201 515	5 956 597	2 872 907

3.4.2　国内来源生产性废物回收、利用情况

根据惠州市经贸局和东莞市供销社提供的调研资料，生产性废弃物与生活性废弃物的比例通常在 7∶3 左右，广东省生活废弃物按照全省再生资源回收网点调查的结果为 527.88 万 t，因而推算国内来源的产业废弃物的数量约为 1231.7 万 t，则国内回收再生资源超过 1750 万 t。据调查，2005 年浙江省全省回收各类再生资源 1536 万 t。其中废旧金属 850 万 t，废纸 511 万 t，废塑料 79 万 t。① 同为再生资源加工利用的大省，广东省的再生资源回收量与浙江省的回收量基本处于同一水平。

由于生产性废物的用废单位往往是有一定规模的企业，很多企业自身具有回收网点，本研究对广州市万绿达集团有限公司、东莞市的废纸回收利用企业群、广州广汽丰绿资源再生有限公司、广东省钢铁工业协会和惠州市的两家废品中转站进行了调查和分析，一并考虑了生产性再生资源的回收情况和利用情况。

① 章和杰，陈威吏. 浙江省资源再生产业的现状、问题及对策. 中国环保产业，2007，（1）：44-48，2007

广州市万绿达集团有限公司主营大型企业废旧钢铁、废塑料、废纸、废木料等工业性废料的回收服务和再生加工，公司现有加工场地总面积26万m^2，员工总人数1000多人，再生加工产品400多种，回收处理废弃物能力达到日均1800t，其总回收加工量每年达到60万t左右。

作为广东省的三大造纸基地之一，东莞市各废品回收公司一般兼收工厂企业生产性废品和居民生活废品，其中90%以上生产性废品通过上门收购、委托收购和设点收购等方式从生产企业直接购进。以中堂镇为例，该镇到2008年底造纸行业总体建筑规模超过500万m^2，厂房面积超过300万m^2，年产机制纸500万t以上，从业人员近1.8万人，从事废纸及其他造纸原材料贸易的商家及个体户超过1200家，2008年国内废纸贸易额已达24亿元人民币，以1200元/t作为平均价格，则中堂镇每年回收国内来源的废纸超过200万t。

广州广汽丰绿资源再生有限公司（简称广汽丰绿）是广州市南沙开发区内一家工业固体废弃物回收、处理企业，主要对南沙汽车产业园区内汽车整车和零部件生产企业所产生的废钢、金属切屑物、废纸等进行回收、处理、加工及销售，其客户包括广汽丰田汽车有限公司、广汽丰田发动机有限公司、广州丰铁汽车部件公司、广汽丰通钢业公司、广州双叶汽车部件公司等20余家企业。2008年，仅5个主要客户公司的金属类固体废物回收量已近4.9万t（表3-21）①。

表3-21　广汽丰绿2007年、2008年主要客户的金属类固体废物资源化处理情况

（单位：t）

废物来源	废物名称	2007年处理量	2008年处理量
广州丰田汽车公司	冲压边角料、报废零部件	22 223	22 881
广汽丰田发动机公司	切屑	3 044	2 675
广州丰铁汽车部件公司	冲压边角料、报废零部件	11 643	11 068
广汽丰通钢业公司	冲压边角料	5 088	5 159
广州双叶汽车部件公司	冲压边角料	7 000	7 552
合计		48 998	49 335

根据广东省钢铁工业协会提供的资料，广东省2008年钢材消费量达4500万t，占全国钢材消费量的1/4，废钢资源（包括钢厂自产废钢和社会性废钢）数量庞大；2008年广东省粗钢产量1067万t，几家大型钢铁公司的废钢用量分别为广州珠江钢铁有限责任公司200万t；韶关钢铁集团有限公司80万t；广州联众不锈钢有限公司（台资）40万t；民营企业利用废钢铁的量保守估计超过100万t，以上

① 廖聪，曾文胜，蔡国浩．广汽丰绿废钢资源最大化回收处理系统分析．广东科技，2009，（7）：34-35

合计至少达到 420 万 t，所产钢铁量约为全省钢铁总产量的 40%。

惠阳市金属物质回收公司水口第一站（水口分拣中心）占地面积超过2 万 m^2，是独立的企业法人，周边工厂四五十家，主要回收生产性废物，不收生活小区的废品。调查时发现其生产场地内堆放了大量的废纸和废金属，一般铜的去向为佛山，纸的去向为东莞，铁的去向为河源和韶关，危险废物则交由惠州奥美特集团公司处理。惠州市物资回收公司中转站是奥美特会员单位中最大的中转站，集中了全市约 20% 的废铁，2007 年处理废铁为 5 万～6 万 t，但由于金融危机对基础原材料价格的影响，2008 年只处理了 3 万多吨。

3.5　再生资源回收经营者分析

通过对广东省 10 个地级市再生资源回收经营者的实地访问调查，可以发现这一群体存在很多共性。

广东省的再生资源回收从业人员通常来自粤西、粤北地区和湖南、四川、河南等省份，有一定的地域性。流动回收人员通常在固定的区域内回收废品。社区回收站的经营者往往以家庭为单位从事再生资源回收活动。小型再生资源回收网点和流动回收人员的文化程度普遍不高，被调查的人员中，基本上没有高中和高中以上学历人员，很多人只有小学学历。

背景资料

深圳拾荒人群调查：自认对城市发展作出贡献①

根据 2006 年 3 月至 2007 年 3 月深圳当代社会观察研究所（ICO）与深圳中华职业教育社联合开展的“‘守望相助，走出贫困’——深圳拾荒人群互助网络建设项目计划”调查结果，深圳的城市拾荒者保守估计不少于 20 万。他们缺乏基本的职业技能和自我保护能力，面临三种困境：一是居无定所，无依无靠；二是缺乏法律和权利意识，遇到危急不知如何获得法律保护和紧急救援，而因为法制观念相对淡漠，又容易触犯法律；三是缺乏卫生健康知识，易受有毒垃圾伤害，感染疾病、传播疾病。与其他弱势群体渴望媒体关注形成鲜明的对比，拾荒者往往非常反感媒体的曝光，因为一旦曝光，他们在当地的日子就过不长了。在媒体的压力下，城管往往会在最短的时间内采

① 陈岳鹏，刘开明．深圳拾荒人群调查：自认对城市发展作出贡献．南风窗，2007，(16)：54-56

取行动撵人，这也是造成拾荒者与城管矛盾加深的外部因素。另外，社会为拾荒者预设的文化道德特质也逐渐内化到拾荒者对自身的认识当中来。他们不轻易向别人提及自己的职业，他们的孩子耻于承认自己的父母是拾荒者。这种内化的“自贱”的亚文化，是阻碍拾荒者融入城市生活的文化性障碍，他们自觉不自觉地将自己与其他市民隔离开来，对于外界的任何动作都保持着高度警惕。

很多经营者对于调查十分警惕，尤其是一些对再生资源回收行业管理比较严格的地区的经营者，或者来自外地、外省份的经营者，通常以各种理由回避调查，调查人员经常被下“逐客令”。再生资源回收行业从业人员对调查存在抵制情绪的原因可归纳为以下几点。

（1）个别再生资源回收网点会在一定程度上给犯罪分子的购销赃提供条件，如收购盗窃的家用电器、下水道井盖和电线电缆，所以政府部门对于该行业往往以规范为主，扶助不足。

（2）该行业的从业门槛较低，存在大量无证照、超范围经营的网点，因此从业人员惧怕政府部门的检查，虽然在调查时基本避开了无证照的回收站，但无法核实其是否超范围经营。

（3）部分从业人员对自身职业存在自卑感，以学历不够为由拒绝调查。

（4）由于部分再生资源回收网点在卫生环境上做不到干净整洁，有的城市在大型活动或者检查期间都会采取关闭废品回收站的政策，在客观上也造成了从业人员对调查的抵触情绪。

在问及希望政府提供的政策帮助时，很多经营者希望减免一定的费用，或者政府不要插手该行业的管理，保持入行低门槛的现状。部分回收网点，尤其是大型再生资源回收公司的经营者认为，自身没有得到应有的尊重，这部分经营者已经认识到再生资源回收在给个人带来经济收益的同时，也为社会的发展作出了贡献，但是人们对再生资源回收存在偏见，认为他们只是“收破烂的”，使他们得不到社会认同。

以下是再生资源回收行业从业人员对于行业发展和监管的部分建议、意见摘录。

（1）行业地位方面：“不要小看这个行业！”“政府要宣传该行业。”“为什么有活动就要关闭废品回收站？”“希望政府重视该行业，这个行业有前途。”

（2）税费方面：“为什么要交治安费？”“上缴的管理费用不要太高。”“减免税。”“场地租金方面给予优惠。”“执照费用太高。”“政府的收费要透明些，收费不合理，负担太重。”

（3）网点管理方面：“网点不要开太多，容易造成恶性竞争。”“坚决清理无证照收购点。”“降低五金牌的入行门槛，可以扩大经营范围。”“取缔无牌无照。”“规范市场，保证有序。”“办证之后才能年审，而办证要收取管理费。”“供销社的管理力度不够，政府的监管力度要加大。”“制止城管突袭拉货。”

（4）政策方面：“提供信息服务。”“市场保价。”“为出售提供方便。”“政策要有连续性。”“给予一定的补贴。”“油价降低一些，降低运输成本。”

以上意见虽然平白无华，但直接反映了该行业从业人员所面临的主要问题，需要政府行业主管部门关注和解决。

3.6　我国再生资源产业制度性安排中有待改善的突出问题

3.6.1　海关的规定对再生资源产业的影响

由于我国很多再生资源加工利用龙头企业都以国外进口的废弃物为原料，所以海关的规定对以进口废弃物为原料的再生资源加工利用企业影响很大。2009 年 5 月，海关部门要求进口再生金属废料按成分比例分装、分批报关，否则不接受申报，对企业造成了较大的影响。以清远市为例，由于新指引没有给企业足够的适应期，造成了“现场关员不会验放，企业不懂申报”的局面，直接造成大量货柜积压，经营链条断裂。从事再生资源分解、拆解的 2500 家小企业和 100 多家深加工企业有一半以上停产。

背景资料

清远市再生资源行业对海关部门的建议①

（一）科学制定申报规则

再生资源产业的原料主要来源于西方发达国家工业、生活领域的淘汰物、废弃物，具有金属成分不确定、外观形态不规则、品种多样的特点。各国政府基于成本和环保考虑，以法律的形式规定固体废物集中堆放，集中装柜出售；批发商只能批量估价销售，混合装箱运输。当前，受金融危机的影响，

① 调研资料：再生资源行业当前面临的主要困难及建议

境外废物产量剧减，分类销售与分类装载更难做到。因为，在实际贸易中，为了降低运输成本，装载时必须考虑货柜配重，供货商很少有能凑够20t重的单一废料再行销售。例如，废电线、电缆的销售，供应商必须要装一些铝线或废电机、变压器等其他废金属才能凑够一条标准货柜。因此行业建议科学制定申报规则，做到：

(1) 科学分类。建议按照商品的外观分类，如电线、变压器、马达、水箱等，这样查验关员凭肉眼就能分清，既简单又方便。

(2) 合理定价。参考废金属的境外成交价来确定海关估价。

(3) 科学征税。对再生金属资源实行“从量税”或“从价税”模式，对于同一税号下的废料，不论含量高低，一律按照折中价格计税；对于不同税号混装的货柜，不论每种废料的多少，一律按照货柜内最高价货物计税。

(二) 坚持以企业为本，加快通关速度

2009年，广东省再生金属批文数量约600万t，折合货柜约30万条，仅南海关区就有10万条再生金属货柜进口量，按当前的速度和验放方式，需要400个工作日才能完成。当前货柜积压的既成事实客观上要求海关采取有力、有效的通关措施支持企业经营。因此，行业建议：

(1) 取消放柜数量的限制。协会认为，在统一标准指引下，通关慢的码头不能说明关员的认真负责，通关快的码头也不见得有问题，如果货物符合监管要求，应当及时通关放行，人为限制数量是对企业不负责任的消极行为。

(2) 提高查验效率。建议对企业申报时单一品种的货柜采取随机抽查、过X射线的查验办法；对需要拆卸的货柜，坚持能看通的坚决不拆，能半拆看通的绝不全拆，对有问题的货柜严厉查处，这将有效提高查验速度，降低企业码头费用，因为拆装一条货柜需要约800元的费用。

(3) 延长验放时间。在当前货柜严重积压的情况下，建议监管部门适当加班验放。

(4) 加强与商检部门的协调。尽量做到同时查验，减少企业重复开拆货柜的成本。

(三) 强化服务意识，优化经营环境

在新的规定面前，行业遇到的“不会申报、不敢申报、难以分类”等困难，亟须监管部门的具体指导并采取得力措施，给行业营造一个宽松的通关环境。

(1) 强化对企业的信任，辩证对待企业经营中的问题。由于废品易找、便宜、隐蔽性强，客观存在不法分子利用它夹藏走私的可能性，监管部门也查获了一些这类走私案件。但这些不法分子绝不是真正的再生资源经营者，行业绝大多数都是遵纪守法的诚信企业，行业非常担心监管部门因为违法违规个案而改变对整个行业的信任，也把行业当成潜在的“走私者”。建议海关加强对再生资源进口正面监管的同时，依靠企业自律自管、行业协会也愿意发挥作用，积极配合监管部门，杜绝夹藏走私的违规违法行为。

（2）加强对行业的指导。再生资源产业的发展离不开海关的指导和支持，辉煌的背后凝聚着各级海关的辛勤劳动，行业愿意配合海关，共同规范行业的运营，实现“海关监管、企业自管、社会共管”。

（3）努力提高服务质量。新规则给企业带来困难的同时，也给海关的服务带来一些阻力。建议上级职能部门加强业务指导，更好地为企业服务。

3.6.2　财税政策对再生资源行业的影响

2008 年，财政部和国家税务总局联合发布了《财政部国家税务总局关于资源综合利用及其他产品增值税政策的通知》（财税〔2008〕156 号）和《财政部国家税务总局关于再生资源增值税政策的通知》（财税〔2008〕157 号），取消了对再生资源回收行业的免税政策，改为先征后退，即对符合退税条件的纳税人 2009 年销售再生资源实现的增值税，按 70% 的比例退回给纳税人；对其 2010 年销售再生资源实现的增值税，按 50% 的比例退回给纳税人。由于再生资源回收行业的特殊性，如回收居民的生活性废旧物资无法得到发票，不能提供进项税加以抵扣，因此这一政策不但执行难度大，而且加重了企业的负担，严重影响企业的资金周转。

背景资料

再生资源增值税政策变化对再生资源回收企业的影响[①]

（1）增值税由免税变为先征后退，2009 年实际征收 5.1%（17% ×30% = 5.1%），2010 年变为 8.5%（17% ×50% =8.5%），增值税的增加对企业的影响是显而易见的。另外，免征增值税时，城市建设附加费及教育附加费等费用也是免征的，改成先征后退时，增值税的附加费不退，也就是说再生资源回收企

① 施克水．再生资源增值税新政策对回收和利废企业的影响及建议．再生资源与循环经济，2010，7：30-32

业还需在计税额上再按7%计缴城市建设附加费，按3%计缴教育费附加费，如果回收企业不提高再生资源的售价，会影响企业的利润，如果提高售价，会影响产品的销售。

(2) 回收的资源通常不能提供进项税加以抵扣，给回收企业带来了较大的负担。

以广州市金属回收公司为例：2008年该公司不含税购进额为3703万元，进项税629万元；不含税销售额为5974万元，销项税1016万元，按增值税环环抵扣的合理计算，该公司应交增值项税387万元。但由于无法取得629万元的进项税凭证，没有任何抵扣，使该公司只能以销项税1016万元全额缴付增值税（即使返还70%，仍要负担305万元)，不合理地增加了629万元的税务支出。2009年一月份，企业按销项税额全额缴付增值税，负担一下子大大增加，经营马上显现赤字。

(3) 先征后退的做法不利于企业流动资金的周转，回收企业的毛利率通常较低，依靠资金的周转速度获利。退税周期过长会加剧企业流动资金周转困难，如果各地在执行过程中退税不及时，企业的流动资金出现脱节，企业发展就会受到严重影响。

(4) 退税手续通常较为繁琐，根据甘肃、浙江、江西和湖南四省的执行办法，退税手续要上报十来种材料。

(5) 一旦不法企业偷税漏税，会对守法的企业造成冲击。

附：甘肃、浙江、江西、湖南四省配套的执行办法

甘肃省按照季度退税，且每次退税需要向所在市（州）财政局（“省直管县”向县财政局）报送11项材料。

浙江省规定“经核准认定的退税企业一般按季向当地财政部门提出退税申请。退税企业月度缴纳的增值税在500万元以上（含500万元)，可按月提出退税申请”，也需报送11项材料。

江西省规定“纳税人在2009年和2010年第一次申请退税时，需携带退税申请文件原件、《增值税退税申请表》、完税凭证复印件、营业执照复印件等15种资料。第一次退税以后则仅需提供部分材料。为加速企业资金周转，减少资金占用，纳税人申请退税金额20万元以上的（含20万元)，可按月申请退税；其余纳税人一般按季申请退税。负责审核的相关部门将在原来需要25个工作日完成的退税审批工作压缩到13个工作日里完成，高效服务于企业”已经算比较人性化。

湖南省规定“企业退税申请办理时限：暂定季度内累计实缴增值税额度达50万元以上（含50万元）即可申请办理退税，季度内累计实缴增值税未达到50万元（不含50万元），按季度申请办理退税。初审机关集中办理退税审核的具体时间由市（州）财政局确定。为提高退税审核工作效率，加快审核流程，企业退税申报材料原则上由市（州）财政部门初审后分批集中报省厅及专员办复审和终审”，需报送9项材料。

背景资料

2009年广东省再生资源增值税退税审批统计①

根据财政部、国家税务总局《关于再生资源增值税政策的通知》（财税〔2008〕157号）、财政部《关于明确办理再生资源增值税退税程序的补充通知》（财监〔2009〕7号）、《财政监察专员办事处一般增值税退税行政审批管理程序暂行规定》（财监〔2003〕110号）、《广东专员办一般增值税退税申报管理暂行办法》（财驻粤监〔2008〕94号）、财政部及国家税务总局《关于再生资源增值税退税政策若干问题的通知》（财税〔2009〕119号）等规定，广东省专员办截至2009年12月31日办理再生资源增值税退税情况如下：

共办理了全省153户企业207户次退税申请，共批复211 635 240.60元。其中惠州市2户共5次申请，批复799 096.13元；潮州市1户共3次申请，批复777 838.15元；东莞市38户共53次申请，批复120 606 711.81元；佛山市12户共16次申请，批复12 145 426.58元；广州市25户共30次申请，批复16 528 614.3元；河源市1户共1次申请，批复180 455.99元；江门市23户共32次申请，批复10 630 886.84元；梅州市16户共23次申请，批复3 428 140.8元；揭阳市3户共3次申请，批复20 326 660.37元；汕头市6户共8次申请，批复1 044 222.26元；茂名市3户共3次申请，批复2 280 002.58元；阳江市8户共9次申请，批复3 982 379.27元；湛江市3户共5次申请，批复9 793 138.32元；中山市8户共11次申请，批复8 237 698.3元；珠海市2户共3次申请，批复222 209.17元；肇庆市2户共2次申请，批复651 759.69元。

① 内部文件相关数据

3.6.3 进口配额对再生资源行业的影响

广东省相当比例的再生资源加工利用企业的原材料都从国外进口，所以废旧物资的进口配额制约着这些企业的发展。废旧物资，尤其是废旧金属的配额是由国家严格控制的，进口配额是在每年的年初核发给进口废五金电器废物国家定点加工利用单位，如果用不完当年的配额，第二年的配额就会减少；如果当年的配额不够用，又不能在年内再申请，使得再生资源加工利用企业难以真正通过市场化运作来调节资源配置。同时，配额制定的不合理，也为指标倒卖和“寻租”留下了空间。

第4章

不可替代的效益：突破资源环境瓶颈的重要途径

再生资源产业的资源和环境效益已经越来越被重视，但是不同的资料和文献中出现的再生资源利用效益的参数存在很大差距，给计算带来了一定的困难。本章对上述参数进行了筛选、甄别和评价，去伪存真，并针对废纸、废金属、废塑料三大类主要再生资源，根据本研究调查获得的广东省再生资源的年回收利用量，估算出广东省再生资源产业在节能降耗和环境保护方面的贡献，作为评价该行业资源环境效益的依据。另外本章还讨论了再生资源产业的经济和社会效益，以综合评估该行业在国民经济生产和人民生活中的地位。

4.1 各类再生资源回收效益的计算依据

4.1.1 废纸利用的资源节约和污染物减排量

回收利用废纸对造纸行业能耗、物耗降低的作用主要体现在制浆环节，由于各种文献资料对再生纸降低能耗、物耗的计算差别很大，因此本书采用国家清洁生产标准二级标准（代表国内先进水平）中的数值计算废纸的自然资源替代效应和节能减排量。由表4-1可以知道，用废纸制造1t纸浆与生产1t化学木浆相比，相当于节约新水 32 m^3，节约标准煤 0. 17 t，节约绝干纤维（含水率为 0，不带皮的原木或木片）2. 15 t，减排废水 29 m^3，减排 COD_{Cr}17 kg。在南方，木材的平衡含水率在 18%左右①，2. 15 t 不带皮的绝干纤维至少可以折算木材 2. 62 t。造纸用木材要求密度不能太大，平均密度为 0. 35～0. 48 g/$cm^3$②，以 0. 48g/cm^3 计算，则 2. 62 t 木材的体积约为 5. 46 m^3。1 t 废纸平均可以生产 0. 8 t 的废纸浆，因此，回收利用 1 t 废纸相当于节约新水 25. 6 m^3，节约标准煤 0. 136 t，节约木材 4. 34 m^3，减排废水 23. 2 m^3，减排 COD_{Cr}13. 6 kg。

表 4-1　用废纸生产纸浆的自然资源补偿效应和节能减排效应

项目	本色硫酸盐化学木浆	废纸制浆（非脱墨浆）	节约量
新鲜水用量/（m^3/t）	45	13	32
综合能耗（折合标准煤）/（kg/t）	450	280	170
绝干纤维原料消耗量/（t/t）	2. 15	1. 31	2. 15
废水产生量/（m^3/t）	40	11	29
COD_{Cr}产生量/（kg/t）	50	33	17

4. 1. 2　废金属利用的资源节约和污染物减排量

按照现行的开采技术条件，我国铁矿石的开采期只有 20～40 年。钢铁从钢材—制品—使用—报废—回炉炼钢，一般每 8～30 年为一个轮回，且自然耗损率很低，重复利用率极高。据统计，利用 1 t 废钢铁可节约铁矿石 2. 5 t，节约标准煤 0. 4 t，节约新水 2. 62 t③，减排 CO_2 2 t④。

生产 1 t 再生铜与生产 1 t 精炼铜的节能减排效应如表 4-2 所示。与生产 1 t 精炼铜相比，再生铜平均可减少能耗 7564. 2×10^4 kJ，折合标准煤 2. 58 t（1kg 标准煤＝29 307 kJ），减排 CO_2 13. 55 t、SO_2 1. 27 t、废水 353. 6 t、固体废弃物 227. 68 t。

---

① 邓学才．木材含水率——一个应重视的问题．建筑工人，2009，（5）：17-19

② 周志春，李建民，陈炳星，等．几种亚热带速生乡土阔叶树种的制浆特性评价．中国造纸，2003，22（2）：8-12

③ 窦彬．中日韩钢铁工业能源强度的比较研究．中国人口、资源与环境，2008，18（3）：130-134

④ 冉锐，翁端．中国钢铁生产过程中的 CO_2 排放现状及减排措施．科技导报，2006，24（10）：53-56

表 4-2　生产再生铜与精矿铜的节能减排效应

	1t 精炼铜①	1t 再生铜②	节约量
能耗/10^4kJ	10 756.4	3 192.2	7 564.2
CO_2/kg	18 381.8	4 830	13 551.8
SO_2/kg	1 298.1	25.4	1 272.7
废水/t	403.7	50.1	353.6
固体废弃物/t	228.3	0.616	227.684

背景资料

各种文献中对再生资源产业节能减排量的计算参数

（1）有关研究表明，每利用 1t 废钢铁，可生产新钢 0.85t，节约铁矿石 2t，节能 0.4t 标准煤，少产生 1.2t 矿渣；利用 1 万 t 废纸，可生产纸浆 8000t，节约木材 3 万 m^3，节能 1.2 万 t 标准煤，节水 100 万 m^3，少排放废水 90 万 m^3，节电 600 万 kW · h。2006 年我国回收利用各类废物相当于节能 11 484.19 万 t 标准煤（1.12t/t），占当年能耗（24.6 亿 t）的 4.6%；减少 SO_2 排放 239.71 万 t（0.023 33t/t），占排放总量（2594 万 t）的 9.24%；减少化学需氧量（COD）排放 125.8 万 t（0.01224t/t），占 COD 排放总量（1431 万 t）的 8.8%。③

（2）据测算，回收 1t 废钢铁，可炼钢 0.8t，节约铁矿石 2～3t，节约焦炭 1t；回收 1t 废铜，可炼电解铜 0.85t，节约矿石 1500t、电能 260 度；回收利用 1t 废纸，相当于木浆造纸节约纯碱 40kg，节约电能 512 度，节约水 47m^3。如果目前全国 1400 万 t 废纸都可回收利用，就能生产 1120 万 t 好纸，少砍 2.38 亿棵大树，节省 4200 万 m^3 的垃圾填埋场空间……据测算，目前我国每年约有 500 万 t 废钢铁、超过 20 万 t 废有色金属、1400 万 t 废纸及大量的废塑料、废玻璃等没有回收利用，等于每年扔掉 1000 多亿元人民币……据不完全统计，目前全国再生资源回收企业 5000 多家，回收网点 16 万个，回收加工厂 3000 多个，从业人员 140 万人。如果把农民工进城参与废旧物资的拾捡、收购、初加工等回收利用过程计算在内，从业人员可达 1000 万人以上。④

① 姜金龙，戴剑峰，冯旺军，等. 火法和湿法生产电解铜过程的生命周期评价研究. 兰州理工大学学报，2006，32（1）：19-21

② 姜金龙，徐金城，吴玉萍. 再生铜的生命周期评价. 兰州理工大学学报，2006，32（3）：4-6

③ 周宏春. 我国再生资源产业发展现状与存在问题. 再生资源与循环经济，2008，1（1）：5-8

④ 商务部办公厅. 商务部办公厅关于印发姜增伟副部长在再生资源回收体系建设工作会议上的讲话的通知. 商务部网站：http：//ltfzs. mofcom. gov. cn/aarticle/sczn/200604/20060401846388. html，2012-06-16

(3) 每回收1t废纸可以造好纸850kg，节约木材300kg，比等量生产减少污染75%；每回收1t塑料饮料瓶可获得0.7t二级原料；每回收1t废钢铁可炼好钢0.9t，比用矿石冶炼节约成本47%，减少空气污染75%，减少97%的水污染和固体废弃物。①

铝的原料来源主要有两大途径，一是铝矿生产电解铝，即“长流程”原生铝工业；二是用废铝料生产再生铝，即“短流程”再生铝工业。② 再生铝比原生铝可节能92%以上③，原生铝锭的平均能耗为8.078t标准煤④，因而生产1 t再生铝可节约标准煤7.432 t，同时还至少节约铝土矿3.5 t⑤，节约新水10.05 t，减少固废排放11t，少排放$CO_2$0.8 t、$SO_2$0.06 t⑥。废铝的含铝量在70%左右，在煅炼和熔铸过程中会有5%的损耗，则1 t废铝可以折合0.67 t再生铝⑦。

4.1.3 废塑料利用的资源节约和污染物减排量

废塑料的种类繁多，计算也较为复杂，计算废塑料量时一般以五大通用树脂（PE、PP、PVC、PS、ABS）为基数进行分析，因为五大通用树脂在合成树脂中占绝对主导地位，国内五大通用树脂产量占合成树脂总产量的94%⑧。由于塑料生产过程的能耗、物耗计算较为复杂，废塑料的加工利用的争议较大，本研究仅计算废塑料裂解的资源效益。根据已有文献，废塑料裂解燃料油的收油率在70%～80%⑨。

---

① 耿海玉，余宏，张倩，等．上海市静脉产业发展研究．北京：中国财政经济出版社，2009

② 张传秀，陆春玲，万江．对我国再生铝工业环境问题的认识．上海有色金属，2007，28（2）：80-85

③ 2050中国能源和碳排放研究课题组．2050中国能源和碳排放报告．北京：科学出版社，2009

④ 张伦和．我国再生铝产业现状及发展对策．轻金属，2009，(6)：3-6

⑤ 顾松青．我国的铝土矿资源和高效低耗的氧化铝生产技术．中国有色金属学报，2004，14（1）：91-97

⑥ 翁利民，康军伟．再生铝-循环经济的亮点．有色金属加工，2009，38（4）：7-9

⑦ 熊慧．未来五年我国废铝供应预测．资源再生，2009，(9)：23-26

⑧ 马占峰．2006中国塑料回收再生利用年度报告．国外塑料，2007，25（8）：20-33

⑨ 石葆莹，揣成智．聚丙烯塑料及其废料裂解制燃料油的研究．化工科技，2008，16（2）：29-32

4.1.4　经济效益计算依据

1. 资源经济效益

以废钢铁、废铜、废铝、废纸和废塑料的再生利用替代矿石、木材、石油、煤炭和新鲜水的价值计算，各种自然资源的价格采用2008年的商品价。

(1) 节约新鲜水的资源效益：节约新鲜水带来的效益用广东省21个地级市工业用水价格①（表4-3）的平均值1.39元/t计算。

(2) 节约标准煤的资源效益：按2008年广东进口煤的平均价格583元/t计算。

(3) 节约木材的资源效益：按2008年广东进口原木平均价格1796元/ m^3计算。

(4) 节约矿石的资源效益：按2008年广东进口铁矿石的平均价格1127元/t、2008年1～10月铜金属平均含税价格61 603元/t②、国内铝土矿的进口价格448元/t计算。

(5) 节约石油的资源效益：按2008年广东进口原油的平均价格4985元/t计算。

2. 环境经济效益

以废钢铁、废铜、废铝和废纸的再生利用减排废水、固体废物、CO_2、SO_2、COD_{Cr}和减少矿山开采、木材砍伐的环境效益计算。

(1) 处理废弃物的成本：对固体废弃物的处理成本采用广州市兴丰垃圾场填埋的成本23元/t③。

(2) 减排废水的效益：使用21个地级市工业污水处理费（表4-3）的平均值0.51元/t计算。

(3) 减排CO_2、SO_2和COD_{Cr}的环境效益：采用广东省排污费的征收标准，SO_2和COD_{Cr}的排污费分别为1.26元/kg和1.4元/kg④。CO_2的治理成本按照

---

① 广东省物价局. 广东价格信息网：http：//www.gdpi.gov.cn/detail.jsp? id=1182

② 刘文健. 恭城瑶族自治县矿产公司回头山铅锌铜矿采矿权评估报告书（老山矿段铜矿）. http：//gxdlr.gov.cn/uploads/20090831fj1-1.doc

③ 许蕾，吴艳珑. 2008-12-04. “填埋为主”转向“焚烧为主”. 南方日报GC02版

④ 徐艳，游星宇. 2010-03-18. 二氧化硫排污费广东下月涨一倍. 南方都市报第AA09版

表 4-3　广东省各地级市工业水价和污水处理费　（单位：元/t）

市别	工业水价	污水处理费	市别	工业水价	污水处理费
广州	1.83	0.63	梅州	1.50	0.10
深圳	2.25	1.05	揭阳	1.30	0.27
珠海	1.64	0.59	潮州	1.15	0.50
汕头	1.20	0.50	汕尾	1.40	0.20
佛山	1.36	0.77	河源	0.76	0.18
湛江	1.48	0.55	阳江	0.80	0.41
韶关	1.28	0.40	清远	1.30	0.45
肇庆	1.30	0.60	云浮	1.58	0.30
江门	1.35	0.70	东莞	1.30	0.72
茂名	1.75	0.54	中山	1.38	0.72
惠州	1.20	0.54	平均	1.39	0.51

90 元/t[①] 计算。

（4）节约煤炭的环境效益：由于广东省已在全省清退煤炭行业，目前缺乏当地的相关参数，因此节约标准煤的环境效益采用煤炭大省山西省试行的矿山生态环境治理恢复保证金 10 元/t 为标准[②]。

（5）节约木材的环境效益：按照我国森林生态效益新造林的补偿下限 4300 元/hm^2计算，木材产量取 53.25m^3/hm^2[③]，则节省 1m^3木材的生态价值为 80.75 元。

（6）节约矿石的环境效益：按单位质量矿石的矿山复垦费 5.28 元/t 计算[④]。

4.2　再生资源产业的资源环境效益

根据上述系数和各种再生资源的节材量，计算出利用 1t 废钢铁、废铜、废铝和废纸的资源效益和环境效益的货币价值如表 4-4 所示。

① 王小伍，华贲．从电解铝工业生命周期评价看能源、环境对产业结构的制约．冶金能源，2005，24（2）：3-6

②③④ 中国生态补偿机制与政策研究课题组．中国生态补偿机制与政策研究．北京：科学出版社，2007

表 4-4 1t 再生资源加工利用的资源效益和环境效益 （单位：元/t）

再生资源	资源效益	环境效益
废钢铁	3 054.34	273.55
废铜	19 079.59	2 642.90
废铝	3 962.93	334.17
废纸	7 909.51	323.06
废塑料	3 489.50	

2008 年广东省国内回收的 1750 万 t 主要再生资源如果完全按照广东省生活性再生资源回收网点回收的比例计算，折合废钢铁、废铜，废铝、废纸、废塑料分别为 378.18 万 t、3.33 万 t、6.65 万 t、1145.20 万 t 和 132.48 万 t，其中由于对生产性废弃物的比例把握不足，可能出现废纸量偏高，废金属量偏低的问题。因此参考浙江省全社会回收再生资源的比例（废旧金属∶废纸∶废塑料=0.53∶0.40∶0.08）进行修正，获得广东省主要再生资源国内回收部分的回收量矫正结果，即废钢铁 640.92 万 t、废铜 5.64 万 t、废铝 11.27 万 t、废纸 922.60 万 t、废塑料 136.24 万 t。

加上广东省进口废旧金属、废纸和废塑料的数量，2008 年广东省加工利用主要再生资源的量为废钢铁 796.86 万 t、废铜 197.77 万 t、废铝 167.34 万 t、废纸 1780.11 万 t、废塑料 535.43 万 t。

按照单位再生资源回收利用量产生的资源效益、环境效益和广东省 2008 年各种再生资源的回收利用量，计算得广东省 2008 年利用再生资源的资源效益至少为 2281.85 亿元，环境效益至少为 137.17 亿元，分别相当于 2008 年广东省 GDP（36 796.71 亿元）的 6.20% 和 0.37%。

按照《广东省经济和信息化委关于促进再生资源产业健康发展的意见》的目标，到 2012 年，广东省废金属、废纸、废塑料等再生资源的综合利用总量超过 4600 万 t，其中全省废金属综合利用量超过 1300 万 t，废纸综合利用量超过 2400 万 t，废旧塑料和橡胶综合利用量超过 900 万 t（根据广东省石油和化学工业协会提供的数据，广东省是橡胶加工大省，每年都有 40% 以上的回收废旧橡胶补充，到 2012 橡胶的综合利用量可以达到 25 万 t）。

对于废旧金属，按照 2008 年的比例计算 2012 年广东省的目标废钢铁回收利用量达 877.2 万 t，废铜 229.3 万 t，废铝 193.5 万 t。根据各种主要再生资源的资源效益和环境效益计算出 2012 年广东省加工利用再生资源的资源效益和环境效益货币价值分别达到 2985.72 亿元和 168.60 亿元（可比价）。

由于替代自然资源和节能减排的基础资料来自各种文献、资料，不同文献统计的数据有差异，本研究均采用已有文献的最低数值，估算的资源效益和环境效益较保守。受时间和资料限制，低值再生资源的资源和环境效益没有被计算。国家的循环经济体系指标层（宏观）中，就有关于“废钢铁回收利用率”、“废有色金属回收利用率”、“废纸回收利用率”、“废塑料回收利用率”和“废橡胶回收利用率”等指标，为了未来更客观、科学地评价再生资源产业的资源和环境效益，有必要制定有权威性的评价体系和相关参数，并依据市场变化和资源环境价值变化进行不断调整。

4.3 再生资源产业的经济效益和社会效益

再生资源产业具有良好的经济效益，在广州市再生资源行业协会的协助下，本研究针对部分行业内的企业进行了调查，所获得的以下数据具有一定的说服力。

企业 A：民营企业，年回收利用废金属 50 600t，废纸 5500t，产值 16 650 万元。

企业 B：国有企业，年回收利用废金属 42 391t，废纸 1509t，废塑料（橡胶）492t，产值超过 1.4 亿。

企业 C：民营企业，年回收废纸 18 000t，废塑料（橡胶）1000t，产值 2100 万元。

企业 D：民营企业，年回收废五金 4800t，产值 111 万元。

企业 E：年回收处理废金属 7.2 万 t、废纸 3.6 万 t、废塑料 1.8 万 t、废电子电器 360t，产值 10 亿元。

另外，企业下属的回收网点的经济效益也是不容忽视的，2、3 人的回收网点，仅金属的年回收量就可以达到 100～150t，产值 30 万～50 万元。

在广东兵库循环型城市建设合作技术专业委员会第一次工作会议上，来自兵库环境创造协会环境技术部的林建佑先生介绍了以广州万绿达集团有限公司为核心在广州经济技术开发区内建立废塑料循环利用示范区的评估结果。尤其对建设年产 10 万 t 处理设备的收支情况进行了计算。

（1）产品销售价格：以塑料平均价计算，回收费取平均价格的中间值。

（2）运输费用：以每辆 5t 卡车 425 元计算，装载 50%，为 170 元/t，如回收和销售时的运输情况相同，则运费为 340 元/t。

（3）设备费用：新厂建设费用为 3 亿元，年处理 10 万 t 废塑料，假设设备折旧期限为 15 年，则废塑料的折旧费为 200 元/t。

（4）人工费：以 90 名工人（最低工资 25 元/8 小时，每月工作 25 天），15 名技术人员（工资 60 元/8 小时，每月工作 25 天）计算，每天三班制工作，则每年的人工费为 945 000 元，平均处理每吨废塑料的人工费为 10 元左右。

将每吨再生塑料的平均销售价格定为 7544 元，平均回收价格定为每吨 5750 元，扣除运费、设备折旧和人工费之后，每吨废塑料的利润为 1244 元，按照年处理 10 万 t 计算，一年的利润为 1. 24 亿元。当然，这些计算未考虑纳税、土地使用费、经营成本、废弃物处理费等。以上计算显示了再生资源产业投资回报的诱人前景。不过，由于该行业容易受到国际原材料市场变化的冲击，近年来人员费的大幅攀升也会压缩其利润空间，因此该行业经营者需要建立充分的风险意识，加强经营管理，降低成本，提高竞争力。同时，鉴于该行业所具有的资源环境属性，政府给予大力扶持不仅合情合理，同时也是该行业健康发展的重要保障。

在欧、美、日等发达国家和地区，在购买电子及家电产品时消费者一般要同时支付一定的费用，用于补贴电子废物的无害化处理，并实行生产者责任延伸制度。例如，日本在 2001 年 4 月开始实施《家电回收再利用法》，明确了回收者的产品“责任制”：制造者除回收义务外，还有“再利用”义务，即不能简单出口或掩埋；而消费者将承担一定范围内的搬出、转交并支付回收、再商品化等相关费用：空调为 3500 日元、电视为 2700 日元、冰箱为 4600 日元、洗衣机为 2400 日元（视制造商而定）。欧盟也在 2003 年 2 月公布了《废弃电器及电子设备指令》，实施对象包括所有的电子电器设备，共有 10 大类 100 多小类，根据该指令的要求，报废电子电器产品的回收处理费用由生产者承担。但在我国，居民已经习惯了有偿出售旧家电，所以规范化合法经营的再生资源企业不得不与小的拆解作坊和二手家电回收个体户竞价回收旧家电，严重影响了企业的经济效益，部分企业甚至出现处理越多亏损越大的局面。在调研中发现，有的再生资源回收利用龙头企业消极回收处理电子废弃物，只要完成了国家下达的任务就停工，投入大量资金引进的生产线常处于“吃不饱”的状态。

表 4-5 显示的是杭州某再生资源回收利用企业估算的处置废家电的成本和利润①，可以看到无害化处理多数类型的旧家电，如黑白电视机、洗衣机和台式电脑，本身就无利润可言，而某些处理处置过程本身有利可图的家电种类如空调、

① 调研资料：杭州某再生资源回收利用企业循环经济项目介绍

电冰箱，由于回收成本过高，最终也处于亏损状态。

表 4-5　处置废家电的成本和利润　　（单位：元）

废家电类型	市场收购价	运输、仓储等费用	处置成本	收入	税（以6%计）	利润
黑白电视机 12 寸	18	12	51.7	17.8	1.068	-64.968
黑白电视机 14 寸	21	12		19.9	1.194	-65.994
黑白电视机 17 寸	24	12		22.9	1.374	-66.174
彩色电视机 14 寸	25	12		21	1.26	-68.96
彩色电视机 18 寸	33	13		29.5	1.77	-69.97
彩色电视机 20 寸	38	13		31.4	1.884	-73.184
彩色电视机 21 寸	42	13		34.1	2.046	-74.646
彩色电视机 25 寸	63	14		47	2.82	-84.52
彩色电视机 29 寸	70	15		58	3.48	-82.18
空调（窗式）	220	15	60.1	245	14.7	-64.8
空调（分体式）	350	16		373	22.38	-75.48
空调（柜式）	820	16		790	47.4	-153.5
冰箱［150L（含）以下］	130	16	79	96	5.76	-134.76
冰箱（150L 以上）	150	17		102	6.12	-150.12
双缸洗衣机	90	15	68	54	3.24	-122.24
全自动和滚筒式洗衣机	120	15		65	3.9	-141.9
台式电脑	100	16	53	45	2.7	-126.7

对惠州奥美特集团的调研结果也证实了这个问题，据该集团废旧电子电器处理技术研发实验基地的技术人员介绍，由于电冰箱的回收费用过高，每处理一台电冰箱就要亏损 50 元，如果电冰箱可以免费回收，则可以实现盈利。需要说明的是，这些调研资料均来自企业，目前缺乏经核实和第三方测算的数据或研究资料。

改革开放以来，广东省的制造业发展迅速，为经济发展作出了重要贡献。现阶段，广东着力打造先进制造业基地，原材料的保证至关重要，发展再生资源产业一方面可以保障原材料的供给，缓解资源紧缺的形势；另一方面由于再生资源较原生资源价格低廉，能够降低生产成本，可以给“广东制造”带来价格竞争优势。其他工业大省也有依托再生资源产业带动区域经济发展的例子，如浙江省再生资源的回收利用对该省工业的快速发展功不可没。浙江台州以废旧金属拆解业为主，2008 年拆解回收企业的销售额超过 255 亿元，占全市工业总产值的 8%。拆解回收得到铜资源 60 万 t，铝资源 30 万 t，钢铁、硅钢片、不锈钢等资源超过 160 万 t，为台州工业提供了廉价的原材料，带动了区域内汽摩配件、水道配件、卫生洁具、阀门、装潢五金、电线。电缆、电机、空压机水泵等制造业的发展，促进了区域经济快速增长。永康市传统手工业为依托，充分利用再生金属，不断发展和提升本地传统产业，年利用再生铝 30 万 t、废铜超过 111 万 t、废钢铁超过 35 万 t，打造出“中国五金之都”。再生塑料则为慈溪的化纤和家电行业提供了大量的原材料，促进了两大行业的发展。

再生资源产业的社会效益主要体现在提供就业岗位上。商务部姜增伟副部长 2006 年 2 月在再生资源回收体系建设工作会议上的讲话中指出：“据不完全统计，目前全国再生资源回收企业 5000 多家，回收网点 16 万个，回收加工厂 3000 多个，从业人员 140 万人。如果把农民工进城参与废旧物资的拾捡、收购、初加工等回收利用过程计算在内，从业人员可达 1000 万人以上。”①

据广东省就业“十一五”规划测算，“十一五”期间，广东省城镇每年需解决就业的劳动力达 140 万人左右，而每年经济增长能够提供的就业岗位约 100 万个，供求缺口约 40 万个，就业困难群体增多，长期失业人员增多，除下岗失业人员外，就业转失业人员、复退军人、被征地农民、残疾人员和刑满释放人员等成为新的就业困难群体。同时，就业结构性矛盾越来越突出。主要表现在劳动力素质与岗位需求不相适应、地区和行业发展不平衡。农村劳动力中初中以下文化程度的占 80% 左右，79.3% 的农村劳动力没有接受过职业技能培训，无法适应产业结构调整升级的需要，导致“招工难”与“就业难”现象并存。

再生资源产业作为劳动力密集型产业，可以提供大量的就业岗位，在一定程度上解决就业困难群体的就业问题。如第 2 章所述，广东省内在工商部门注册的生活性再生资源回收网点已经能够提供超过 5 万个就业岗位，再加上生产性再生资源回收网点和流动回收人员的数量，仅回收环节就可以解决几十万人的就业问题。而再生资源的加工利用也需要大量的劳动力。例如，2008 年清远市石角镇有个体拆解户超过 2500 家，约有 8 万人从事再生资源行业。江门市新会区占全国拆船能力的 60%，从业人员超过 1 万人。东莞中堂镇的造纸行业基本上以废纸为原料，造纸业从业人员达 1.8 万人。佛山市杏坛镇从事废旧塑料行业的人员超过 2.5 万人。

鉴于再生资源产业的环境、资源、经济和社会效益，笔者认为，一个文明的城市是不应该排斥这个行业的，加强对资源循环利用事业的宣传，改变人们对废品回收利用行业的看法，将有利于提升市民素质和整个城市的文明程度。青岛的再生资源行业龙头企业承接中小学生的参观活动，以培养学生节约资源

---

① 商务部办公厅．商务部办公厅关于印发姜增伟副部长在再生资源回收体系建设工作会议上的讲话的通知．商务部网站：http：//ltfzs. mofcom. gov. cn/aarticle/sczn/200604/20060401846388. html，2012-06-16

和环保意识，这种做法值得广泛推广。

背景资料

成都启动再生资源回收利用培训创业就业项目①

2006年，成都市被确定为全国再生资源回收体系建设试点城市。2008年，成都启动再生资源回收利用培训创业就业项目，根据计划，成都将力争在3～5年内，免费培训3万名再生资源社区回收从业人员持证上岗，培训3000名再生资源回收利用创业小老板，培训2000名再生资源企业中高级管理人员。力争在2010年完成再生资源体系建设，实现成都全域网络覆盖，建成“以社区回收为基础，集散市场为核心，加工利用为目的”的再生资源回收利用体系。成都完善再生资源回收体系的过程，可新增5万～10万个就业岗位，提供3000～5000个创业机会。

4.4 保卫战略金属之战

4.4.1 国际战略金属贸易及其存在的问题

经济技术发展水平较高的国家已经把稀有金属确定为战略物资。稀有金属指在地壳中含量较少、分布较分散、提取较困难的金属，一般包括：钛，难熔金属中的钨、钼、钽、铌、锆、铪、钒，贵重金属中的金、银、铂、钌、铑、钯等，稀散金属（镓、铟、铊、锗、硒、碲和铼）和稀土金属等。这些稀有金属中，一般确定为战略金属的主要指钨、钛、钒、锰、钴、镍、钼和稀土金属。②

既然称之为“战略金属”，无疑对国计民生和国防具有重要作用。遗憾的是，目前我国对很多战略金属的保护并没有提升到“战略高度”，造成了资源的流失，对资源的无序过度开采则导致了严重的环境污染。

通过近几年国际稀土贸易之争，就可以看出战略金属对于一个国家的重要

① 刘友莉，王冕．成都再生资源回收利用培训创业就业项目启动．新增5万～10万岗位．新华网四川频道：http：//www. sc. xinhuanet. com/content/2008-12/17/content_ 15205513. htm，2012-06-16

② 姬生，许雅周．浅谈战略金属的保护．科技情报开发与经济，2007，17（29）：161-162

性。稀土资源在世界上的分布很不均匀，我国稀土金属的储量和产量均居世界第一，不但储量丰富，而且还具有矿种和稀土元素齐全、稀土品位及矿点分布合理等优势，主要稀土矿有白云鄂博稀土矿，四川冕宁稀土矿，山东微山稀土矿，江南七省的离子吸附型稀土矿，广东、广西、江西的磷钇矿，湖南、广东、广西、海南、台湾的独居石矿，贵州含稀土的磷矿，长江重庆段淤砂中的钪矿以及漫长海岸线上的海滨砂矿等。[①] “中东有石油，中国有稀土。”这就是邓小平同志在 1992 年南巡时说的一句名言，既形象地体现了稀土资源的战略意义，也说明了稀土资源保护的重要意义。

背景资料

我国稀有金属的储量和全球供应量[②]

铟：储量居世界第一，占全球供应量的 80%。主要用于平板显示器、合金、半导体数据传输、航天产品制造。

钨：储量居世界第一，占全球供应量的 85%。主要用于硬质合金、特种钢等产品，并被广泛用于国防工业、航空航天、信息产业，被称为“工业的牙齿”。

钼：储量居世界第二，占全球供应量的 24%。用于炼制各类合金钢、不锈钢、耐热钢、超级合金，在军事工业中应用广泛，被称为“战争金属”。

稀土：中国储量居世界第一，供应量占全球总量的 80% 以上。用于制造复合材料，镁、铝、钛等合金材料，被形象地比喻为“工业味精”。

锗：储量居世界第一，产量占全球的 50%。主要用于夜视仪、热成像仪、石油产品催化剂、太阳能电池等生产，并被广泛用于光纤通信领域。

此外，钽、锶、锑、镉、铱、铋、铑、钛、镍、锆、铬、钴等及镍铬、镍铬硅、镍铝、钛铝、铁镍等矿产资源储量也很丰富。

虽然稀土金属已于 1991 年被列为国家保护性资源，但是近年来对稀土的管理松散，已经造成了大量资源流失和严重的环境污染问题。国家对采矿权下放之后，各种稀土金属矿和煤矿一样陷入了开采一哄而上的混乱局面，加之无证开采、乱采滥挖、越界开采和采易弃难现象的频繁出现，致使资源利用率低下，

① 王国珍．中国稀土资源开采现状及发展策略．四川稀土，2009，(3)：4

② 葛传红．中国稀有金属暗站：中国一年出口额达 40 亿美元．证券之星：http：//finance.stockstar.com/SS2010042930022494_ 1. shtml，2012-06-16

导致大量稀土资源受到破坏。包头稀土矿开采量占白云鄂博矿每年开采量的10%，另有90%以上的稀土资源进入尾矿坝堆存，虽未流失，但利用率低下，仅有6%左右。四川稀土矿由于选矿设备和工艺粗放，选矿收率一般不足50%，轻稀土资源浪费严重。① 部分稀土金属行业的经营者目光短浅，廉价竞售，加之稀土出口秩序混乱，使我国在很多稀土金属领域拥有资源绝对份额却没有调控国际市场供求和价格的能力，丧失了定价的“话语权”，让外国企业有机会以不合理的极低价格大量攫取到稀有战略资源。

除了恶性竞争之外，国人对于稀土作为有限资源的价值认识的缺位以及对于开采过程中造成严重环境污染的外部成本的忽视是导致我国稀土管理各种问题的重要原因。

4.4.2 稀土开采过程中环境污染

可以说国内大部分稀土企业的发展是以破坏环境为代价的。矿石的乱堆乱放、尾矿的扩散、植被的破坏……造成的生态损失难以估量，而由于稀土矿多位于边远山区，监管有难度，在一定程度上也为稀土企业破坏环境的行为提供了可乘之机。稀土不规范开采和冶炼活动会向大气和土水环境释放放射性元素、重金属、氟、氨氮等污染物，浸矿化学药剂硫酸铵、碳酸氢铵的大量使用也造成生态系统和环境的破坏。按照“矿山池浸工艺”，每生产 1 t 稀土氧化物将产生 1000～1200t 废水，伴随大量尾砂污染环境、破坏生态系统；同时还破坏160～200 m^2植被，剥离表土 300 $m^3$②。2005 年南方都市报报道的广东省兴宁市邹陶村稀土开采活动对当地环境和生态系统造成严重影响，并导致当地生存环境极端恶化的事件③是国内较早暴露稀土开采造成严重的区域性环境影响的新闻报道，对包头、赣州、太湖流域等地稀土无序开采活动的环境影响研究已经引起了人们的关注。

自 2010 年起，中国政府出台的一系列政策说明相关部门已经逐渐认识到稀土行业存在的各种问题已经妨碍了该行业的健康、可持续发展。2011 年 5 月，国务院发布了《关于促进稀土行业持续健康发展的若干意见》（国发

① 程建忠，车丽萍．中国稀土资源开采现状及发展趋势．稀土，2010，31（2）：65-69

② 高志强，周启星．稀土矿露天开采过程的污染及对资源和生态环境的影响．生态学杂志，2011，30（12）：2915-2922

③ 南方都市报记者．谁为生存环境埋单——广东省兴宁市邹陶村 20 年饱受稀土开采污染之苦．稀土信息，2005，（4）：34-45

〔2011〕12 号），确立了“用 1～2 年时间，建立起规范有序的稀土资源开发、冶炼分离和市场流通秩序，资源无序开采、生态环境恶化、生产盲目扩张和出口走私猖獗的状况得到有效遏制；基本形成以大型企业为主导的稀土行业格局，南方离子型稀土行业排名前三位的企业集团产业集中度达到 80% 以上；新产品开发和新技术推广应用步伐加快，稀土新材料对下游产业的支撑和保障作用得到明显发挥；初步建立统一、规范、高效的稀土行业管理体系，有关政策和法律法规进一步完善。再用 3 年左右时间，进一步完善体制机制，形成合理开发、有序生产、高效利用、技术先进、集约发展的稀土行业持续健康发展格局”的目标。① 中国政府加强稀土开采活动的管理的核心目的是保护生态系统以及人民基本生存环境，完全符合世界贸易组织的基本原则。

4.4.3　稀土资源环境属性的良性回归改善了国际战略金属管理格局

中国加强稀土的资源环境管理引起了国际战略金属市场的极大变化，也使世界更加重新认识其作为资源的重要性，纷纷采取各种措施以保障本国战略金属的需求。具体的应对措施如下。

1. 重新开启国内稀土矿

作为稀土储量的大国，美国为保护稀土资源，于 1998 年封存了其最大的稀土矿芒廷帕斯矿，钼资源采掘也基本停止，代之以从中国大量进口稀土产品，不断加大自己的库存量。面对中国限制稀土出口的状况，美国稀土生产商表示，计划在 2012 年年底前，大幅提升美国的稀土年产量，并以中国价钱的一半，抢占 1/6 市场。

2. 在海底寻找稀土矿

日本从 2009 年度开始对其周边海域的石油、天然气等能源资源以及稀土等矿物资源进行调查，目的是减少对中国稀有资源的严重依赖。美国着重研究从海底矿物锰结核提取稀土金属，有报道称：“几十年来，企业家们一直在考虑利用遍布海底的锰结核矿石提炼各种金属的可能性，但由于采集矿

① 国务院．国务院关于促进稀土行业持续健康发展的若干意见（国发〔2011〕12 号）．中央政府门户网站：http：//www. gov. cn/zwgk/2011-05/19/content_1866997. htm，2012-06-16

石的机器造价太高，一直认为经济上并不划算。然而近年来随着各种金属价格的大涨，和中国强化对稀土出口的限制，锰结核矿石的利用再次引起各国科学家的重视。”

3. 加强涉稀土资源的国际合作

德国经济部长布鲁德雷表示，德国大多数工业材料依赖进口，该国工业基地正感受到稀土供应短缺的影响。德国工业联合会主席凯特尔说，原材料已不再仅是采购问题，已逐渐成为地缘政治问题。该联合会原材料政策小组主席格里洛则表示，中国对德国的货品和技术均感兴趣，德国可以通过加强技术合作以换取中国稀土。日本和印度声明加强稀土合作，2010 年 10 月 25 日，印度总理辛格与日本首相菅直人发表联合声明，宣布两国将加强稀土和核能等方面的合作，具体包括开发和再利用稀土及稀有金属资源；启动两国有关核能的协商，尽快达成符合双方期待的决议；举行部长级经济对话等。①

4. 寻找稀土的替代材料

日本为了摆脱稀土进口严重依赖中国的现状，将在与更多国家合作开发稀土，实现稀土的多渠道供应的同时，提前实施开发稀土替代材料的计划，要在一年内开发出铈的替代材料并达到实用化。铈常被用于玻璃添加剂和汽车尾气净化催化剂。此外，在总计 17 种稀土元素中，日本此前仅针对 6 种稀土元素开发替代材料，今后将进一步为更多种类的稀土开发替代材料。②

5. 通过“城市矿山”途径从电子废弃物中回收稀土

自 2001 年以来，日本制定并实行了《家用电器回收法》，金属的回收再利用得到社会的广泛认可并已经持续实施。不断探寻“城市矿山”等资源的回收利用是日本摆脱“进口依赖”的有效途径。

4.4.4 加强稀土管理推动了“城市矿产”事业

日本对于中国控制稀土贸易颇为忧心，加快了从废旧电子电器产品回收

① 佚名.2010-10-29.“稀土牌局”美欧围攻中国.城市晚报第 A10 版

② 蓝建中.日本将提前开发稀土替代材料摆脱对华依赖.环球网：http：//world.huanqiu.com/roll/2010-10/1145435.html，2012-06-16

战略金属的步伐，除了原有已经运行的废旧大型家电、电脑等的回收利用体系外，日本政府近年来开始重视从手机、微波炉、数码相机、DVD、传真机等小家电中回收稀有金属的组织实施工作，由环境省和经济产业省于2008年12月设立了“废旧小型家电稀有金属回收及处理处置研究会”，重点围绕构筑适用、高效的稀有金属回收体系，联合相关自治组织和企业，在一些地区开展废旧小型家电高效回收方法的试点示范，把握废旧小型家电中稀有金属的含量情况，并评价稀有金属回收的环境风险（有害性）。①

在企业界，日本日立集团宣布已研发出从硬盘驱动器（HDD）的马达及空调的压缩机中对稀土进行回收再利用的技术。据称，从一个硬盘中可回收稀土金属2～3 g，从压缩机中可回收20～30g，主要回收种类为钕与镝，该集团计划在2013年正式启用循环利用设施，力争回收量可满足日立集团稀土金属总需求量的10%。日本国家材料科学研究所曾指出，在日本，废旧电子产品约含有30万t稀土物料，日本分析家认为，这将有助减少日本对中国的依赖。

但是，从“城市矿山”中提取稀土元素也存在一定困难，如用于强力磁铁的钕虽然存在于手机的话筒部位，但极其微量，不易提取汇聚。此外，要回收到足够的电子产品零件来实施有经济效益的再资源化也存在着较大的困难，需要构筑强有力的电子电器产品的回收体系。尽管如此，已经有越来越多国家（如日本、美国等）认识到废旧电子产品的再资源化对于回收战略金属的重要价值。

可见，回收和利用废旧电子电器产品是确保战略金属供应的重要途径之一。许多战略金属，如钛、钨、钴、镍、钼、锰等，都是可以从废旧物资中提取再生的。在稀有金属资源日益紧缺的今天，再生稀有金属的经济价值、资源环境价值和国防意义不可忽视。2010年5月12日，国家发改委、财政部联合发布了《关于开展城市矿产示范基地建设的通知》，将“城市矿产”定义为“工业化和城镇化过程中产生和蕴藏在废旧机电设备、电线电缆、通信工具、汽车、家电、电子产品、金属和塑料包装物以及废料中，可循环利用的钢铁、有色金属、稀贵金属、塑料、橡胶等资源，其利用量相当于原生矿产资源”，并估计“2008年，我国10种主要再生有色金属产量约为

---

① 日本环境省和经济产业省．使用済小型家電からのレアメタルの回収及び適正処理に関する研究会とりまとめ. http：//www. env. go. jp/recycle/recycling/raremetals/conf_ ruca. html，2012-06-16

530万t，占有色金属总产量的21%，其中再生铜约占铜产量的50%”，明确指出开展“城市矿产”示范基地建设是缓解资源瓶颈约束的有效途径；是减轻环境污染的重要措施；是发展循环经济的重要内容；是培育新的经济增长点的客观要求。两部门根据资源循环利用产业发展现状及循环经济试点成效，首批选择天津子牙循环经济产业区、安徽界首田营循环经济工业区、湖南汨罗循环经济工业园、广东清远华清循环经济园、四川西南再生资源产业园区、宁波金田产业园、青岛新天地静脉产业园7家区域性资源循环利用园区开展“城市矿产”示范基地建设。到2015年，这7家示范基地将形成具有年加工利用再生铜190万t、再生铝80万t、再生铅35万t、废塑料180万t的能力。①

2011年10月17日，国家发改委和财政部公布了第二批城市矿产示范基地共15家，包括上海燕龙基再生资源利用示范基地、广西梧州再生资源循环利用园区、江苏邳州市循环经济产业园再生铅产业集聚区、山东临沂金升有色金属产业基地、重庆永川工业园区港桥工业园、浙江桐庐大地循环经济产业园、湖北谷城再生资源园区、大连国家生态工业示范园区、江西新余钢铁再生资源产业基地、河北唐山再生资源循环利用科技产业园、河南大周镇再生金属回收加工区、福建华闽再生资源产业园、宁夏灵武市再生资源循环经济示范区、北京市绿盟再生资源产业基地、辽宁东港再生资源产业园。

在一些再生资源回收利用企业中，“城市矿产”作为经济增长点，已经显示出强大的生命力。深圳市格林美高新技术股份有限公司为国内规模最大的采用再生钴镍资源直接生产超细钴镍粉体的企业，在再生钴镍资源的循环利用领域具有国际先进水平。该企业通过采用电子废弃物、废旧钴镍资源、废旧电池等废弃资源再生超细钴粉、超细镍粉等高附加值产品，年产量超过1500t，占中国市场的15%以上，是中国超细钴镍粉末的核心供应商，也是国家级循环经济试点单位。

有“世界钨都”之称的江西省赣州市于2010年发布了《赣州市钨产业发展指导意见》，明确指出，钨作为不可再生的战略资源，对国民经济持续稳定发展有着紧密的关联作用，随着开采量的不断增加，战略储备越来越少，资源危机已不遥远。目前，国外钨回收率已达30%以上，而我国在20%以下。因此要建设钨废料回收与处理中心，支持和鼓励废杂钨等二次资

① 冯雅．国家发改委、财政部计划5年建成30个“城市矿产”示范基地．国家发改委网站：http：//www.sdpc.gov.cn/hjbh/hjjsjyxsh/t20100531_352088.htm，2012-06-16

源回收加工，提高资源综合利用水平。赣州聚集了龙南京利有色金属有限公司、赣州晋通新材料有限公司、全南晶环科技有限公司等一批以钐、铕、钆富集物为原料的氧化铕专业厂和以各类稀土富集物、磁材厂废料为原料的资源二次综合利用企业，已成为全国稀土资源二次综合利用企业最多、产量最大的产业聚集区，其中磁性材料加工废料处理能力已达 15 000t/a 左右，年回收稀土氧化物 3000t 左右。①

《湖南郴州有色金属产业园区"十一五"发展规划纲要》中提出要大力发展钨、钼、锡、铋等贵金属再生利用的循环经济，在钨钼行业形成"钨资源—APT—蓝钨—超细钨粉—钨的优质硬质合金—再生钨"、"钼资源—钼酸铵—钼盐—钼粉—钼材—再生钼"两条产业链，促进钨和钼的二次再生利用。②

作为世界最大的钨制品企业——厦门钨业股份有限公司（以下简称厦钨）不仅拥有巨大的产能，而且拥有先进的废钨回收技术。从一个单一钨制品小厂到一家拥有从矿山、冶炼到深加工完整产业链的大型国有控股上市公司，厦钨在产品生产、工艺生产、废品回收循环利用等方面居世界先进水平。目前，厦钨不但回收了部分国内钨废料，而且回收了国外的钨废料。厦钨已建成世界最大的废钨回收工厂，依靠废钨回收技术的创新，使钨资源得以循环使用确保涉钨产业的持续发展。从 1999 年开始，厦钨集中力量研究钨废料的综合利用，逐渐形成了一套具有自主知识产权的独特工艺，处理各种含钨废料技术达国际先进水平，2005 年建成了年处理废钨量达 4000t 的环保达标工厂。2005 年年底，该企业钨二次资源回收利用项目实现销售收入 3.2 亿元，利润超过 3000 万元。这个项目投入运行 3 年来共处理废料 3000t 以上，而我国 1 座大型钨矿年开采量仅 1000t 左右，因此相当于减少了 3 座大中型钨矿山的开采。③

但值得注意的是，由于技术限制，我国在分离战略金属的种类方面还有局限，国家工业和信息化部领导在珠海考察格力电器时，就曾建议企业考虑对废旧空调压缩机进行回收，以便将其中的稀土资源进行再利用。如何建立危机意识、加强技术创新、不断推进战略金属回收利用事业的发展是政府、企业和科研机构在未来必须面临的重大问题。

---

① 赣州市工业和信息化委员会．赣州市稀土产业发展指导意见．宁都县人民政府网站：http：//xxgk. ningdu. gov. cn/bmgkxx/xjmw/fgwj/gfxwj/201107/t20110729_6278. htm. 2012-06-16

② 临武县信息化办．发展规划湖南郴州有色金属产业园区"十一五"纲要．郴州市门户网：http：//www. czs. gov. cn/sitepublish/site200/zwgk/hgjj/fzgh/content_ 34843_ 4. html，2012-06-16

③ 殷陆君．厦门钨业一年"回收"了座钨矿山．全景网：http：//www. p5w. net/news/cjxw/200607/t428364. htm，2012-06-16

第5章

公众的态度：居民生活性废弃物回收调查

居民住宅区内的生活性再生资源回收网点可以回收多少再生资源？商务部规定的“每1000～1500户城镇居民设置一个再生资源回收网点”能否满足居民交售废品的需求？其经济效益能否维持废品回收站的正常运作？居民对生活垃圾回收利用采取何种态度？多少家庭会对生活垃圾进行初步的分类并将主要种类的再生资源出售到废品回收站？

针对再生资源回收从业者的调查问卷表明，部分从业者认为自己从事的工作没有得到应有的尊重，不被社会认同。居民如何看待“收买佬”？社区的废品回收站存在哪些令居民不满意的问题？

本章试图通过分析一系列调研结果以回答上述问题。调研工作采取了问卷调查、实地访问、跟踪调查等方式，以广州市民为调查对象，围绕生活性再生资源回收的公众态度开展了研究。

5.1 生活性废品回收站跟踪调查

2009年7月至2010年3月，选择广州市海珠区某住宅区的生活性废品回收点进行跟踪调查，并向物业公司了解该小区的基本情况，调查内容如下。

（1）在周六、周日上午9：30～12：00、下午15：00～17：30两个居民交售废品的高峰时段内记录到回收点出售生活性废物的人员的性别、年龄段、出售废物种类、交易金额等信息。

(2) 在回收点收工时记录当日回收各种生活性废物的总量。

5.1.1 回收点及所在居民区的基本情况

根据被调查小区物业公司提供的资料，该小区居住总户数 4552 户，实住户数 4545 户，多为学校教师及家属，属于高学历、中高收入的群体，小区内商铺总数为 61 铺，实际签约 56 铺，包括两家小型超市。

选择的回收点为露天回收点，面积约为三个私家车停车位（约 $60m^2$），由一对中年夫妻经营，已有十余年历史，每周六、周日开放，早上 8：30 左右开始经营，下午 17：00 或晚上 20：00 有固定回收站的卡车上门清运废品，基本可以做到日收日清。平时也可以提供上门回收服务，主要回收废纸、废旧金属、废塑料、旧轮胎和废旧电器，不收玻璃、皮革、木材和纺织品等低值再生资源。按照每月 1600 元的标准向小区物业公司缴纳管理费，在距离该回收点约 250m 处有另一个属于不同经营者的回收点。同时，由于物业公司的管理问题，小区内并未完全禁止流动回收人员进入。

社区回收点的关系网络如图 5-1 所示，回收点的存在不但为居民交售废品提供了便利，还增加了环卫人员和钟点工的收入，同时，旧书书贩和旧家电维修人员也会到回收点“淘宝”。露天的社区回收点在一定程度上也起到了“跳蚤市场”的作用，经常会有居民到回收点购买纸箱、书籍等物品。

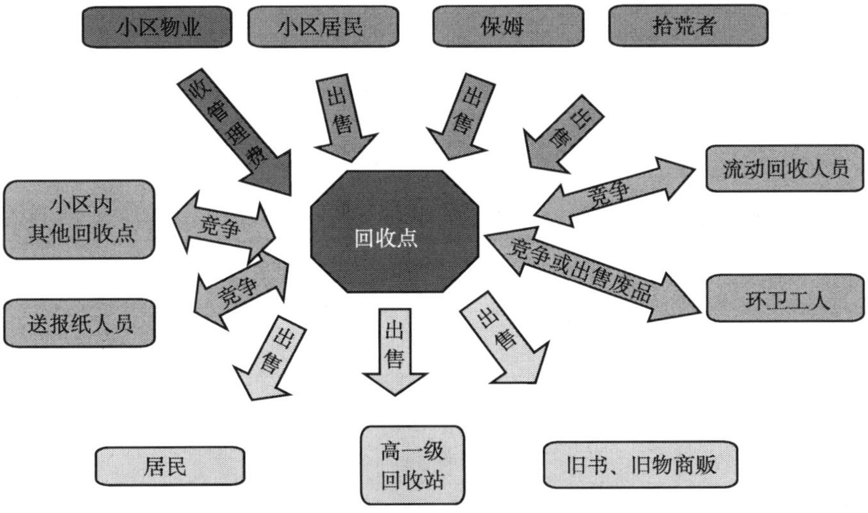

图 5-1　一个社区回收点的关系网络

5.1.2 每日回收废品数量

调查期间，该回收点每日平均回收量为 2952.7kg（图 5-2），且回收量与该回收点的营业时间、天气等因素有关，由于调查的小区为学校教工住宅区，因此 1 月和 7 月（高校开始放寒暑假的月份）的回收量比较高，秋末冬初的回收量比较低，其中回收量最低的 11 月只有回收量最高的 7 月的 55.5%。

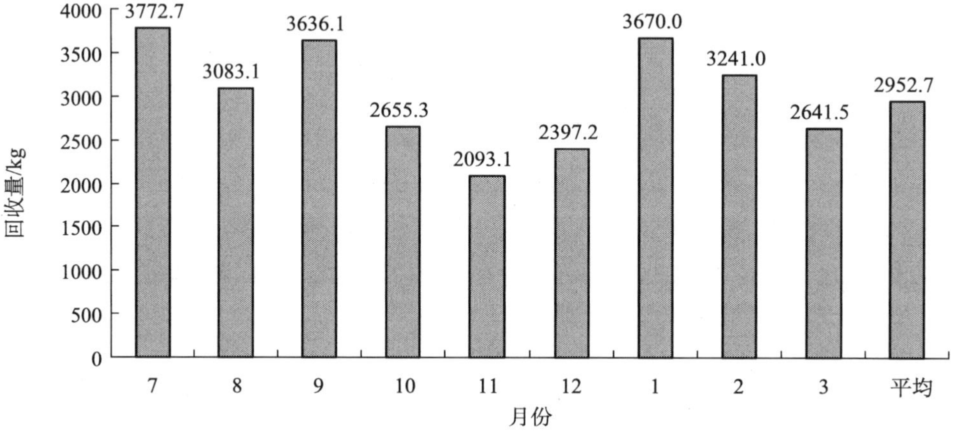

图 5-2 回收站各月平均每日回收废品数量

去除天气因素，按照每个自然月经营 7 天计算，该回收点的年回收量为 248t。考虑小区内存在另外的回收点和流动回收人员，环卫工人有时会因为价格浮动将收集的废品出售到小区外，送报纸的人员会回收旧报纸等因素，该回收点回收的废品约占该住宅区交售废品总量的 1/3，由此推算该小区生活性再生资源的年回收量为 744t。按照小区内住户 4552 户计算，户均再生资源年回收量为 0.163t。由于 2008 年广东省平均每户家庭有 3.41 人①，按此计算则广东省人均年回收量为 0.048 t，这一计算结果与按照全省每个网点覆盖人口推算的人均年回收量（0.056t）较为接近。

按照户均再生资源年回收量为 0.163t 计算，1000～1500 户居民一年可回收再生资源 163～245t，按照调查期间回收点的旧报纸的利润（受金融危机的影响，利润下降），每吨再生资源的回收和出售价格相差 140 元计算，一年的收入为 2.3 万～3.4 万。扣除场租等支出，利润不高，说明现阶段小型的废品回收点的

① 国家统计局．中国统计年鉴 2009. 北京：中国统计出版社，2009

生存情况并不乐观。

该小区的住户属于高学历人群，出售的废品中报纸和书所占的比例较大。同时，该回收站回收的废品种类有限，玻璃、木材等低值再生资源并没有得到有效回收。该回收站回收的废纸、废塑料、废旧金属三类废品的数量如图 5-3 所示。在回收的废弃物中，废纸平均占 87%，高于由回收网点调查得到的 65.44% 的比例，废金属的比例占 2% 左右，其余约 10% 为废塑料。不回收玻璃瓶的原因在于利润比较低，且在运输过程中破碎的风险较大。当然，如果居民交售的废品中有玻璃瓶，回收点声明不收，居民往往选择将玻璃瓶留下，回收点也会将这些玻璃瓶收集起来交给高一级的回收站。

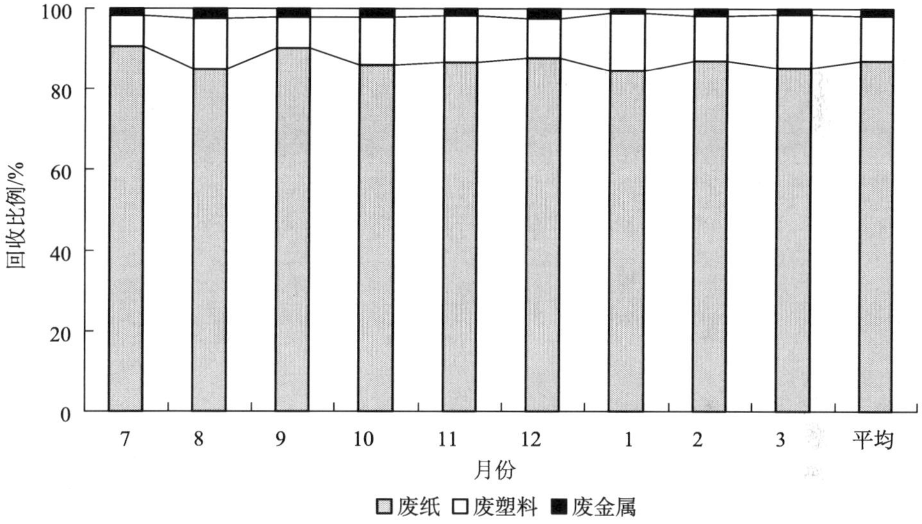

图 5-3　废纸、废塑料、废金属的回收比例

5.1.3　交售废品的人次、性别及年龄段

从图 5-4 可以看出，该回收站高峰时期每小时有 14～19 人交售废品，平均 17 人/小时。经统计发现，全天交售废品的人次为高峰时段每小时人次的 7 倍左右，因此，该回收站周末每天约有居民 120 人次交售废品，每月约 840 人次，参考问卷调查的结果，约半数居民每月出售 1 次废品，31% 的居民 2～3 个月出售 1 次废品，16% 的居民每半个月出售 1 次废品，可以推算出该回收点覆盖了850～900 户有交售废品习惯的居民。

调查期间到回收点出售废品的居民的性别比例为男∶女＝0.36∶0.67，年龄比例为少∶青∶中∶老＝0.03∶0.21∶0.36∶0.40，可见青少年参与再生资源回收活动的

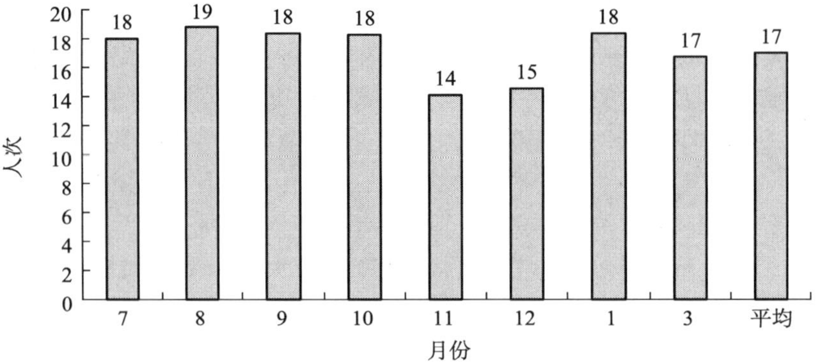

图 5-4　高峰时段交售废品的人次

注：缺 2 月的数据。

比例很低。在大多数 70 后、80 后的童年记忆中，可能都有用牙膏皮换糖、用易拉罐做手工、还啤酒瓶退押金的记忆，那时家长们习惯让孩子去卖掉家里的废品，得到的钱当做孩子的零花钱，班级里也会不定期地卖废品，补充班费。

目前，广东在“绿色学校”的建设方面还是比较有成效的，而“绿色学校”的评审标准中就有要开展资源回收社会实践的要求，应通过“绿色学校”建设以加强对青少年的教育，鼓励他们参与资源的回收利用。

5.1.4　平均每人次出售废品数量

表 5-1 显示了居民人均出售废纸、废旧塑料和废铁的质量。其他类型的废品如家电、废铜等，由于质量难以统计或数量太少等原因，不列入表内。每人次出售的废品质量为 7.96～11.63kg，平均 9.29kg，主要以报纸、纸皮和书籍为主。

表 5-1　平均每人次出售废品质量　　（单位：kg/人）

月份	出售废品质量					
	报纸	纸皮	书	塑料	铁	合计
7 月	5.56	2.43	1.18	0.29	0.06	9.52
8 月	4.19	3.33	0.66	0.37	0.80	9.35
9 月	4.85	2.09	0.94	0.24	0.30	8.42
10 月	4.18	2.26	1.15	0.25	0.12	7.96
11 月	4.90	1.64	1.09	0.21	1.01	8.85
12 月	5.44	2.14	1.20	0.25	0.16	9.19
1 月	6.50	2.05	1.99	0.22	0.88	11.64
3 月	5.34	2.64	0.99	0.27	0.34	9.58
平均	5.12	2.32	1.15	0.26	0.46	9.31

注：缺 2 月的数据。

表 5-2 显示的是居民人均出售废纸、废旧塑料和废铁的收入，每人次出售的

废品价值为 5.85~10.42 元，平均为 7.46 元，这一结果与下文的问卷调查（图 5-11）结果相符合。

表 5-2　平均每人次出售废品的收入　　（单位：元/人）

月份	出售废品的收入					
	报纸	纸皮	书	塑料	铁	合计
7 月	4.45	1.22	0.71	0.58	0.08	7.04
8 月	3.35	1.66	0.40	0.73	1.12	7.26
9 月	3.88	1.04	0.56	0.48	0.42	6.38
10 月	3.34	1.13	0.69	0.50	0.17	5.83
11 月	3.92	0.82	0.65	0.41	1.41	7.21
12 月	4.58	1.16	0.87	0.50	0.23	7.34
1 月	5.85	1.23	1.59	0.44	1.31	10.42
3 月	4.80	1.59	0.79	0.55	0.52	8.25
平均	4.27	1.23	0.78	0.52	0.66	7.46

注：缺 2 月的数据。

调查结果表明，社区回收点能够有效回收生活性废旧物品。但在跟踪调查过程中也发现了一些值得注意的问题，如桶装水送水工人从回收站购买废旧纯净水桶、回收点收购一些禁止回收的物品、流动回收人员高价从居民手中回收名贵酒品的包装等。

5.2　居民生活性废弃物回收问卷调查

居民的参与意识是实现垃圾分类和生活性再生资源回收的重要影响因素，调查人员于 2010 年 3 月派发了 700 份《广州市城市生活废弃物回收调查问卷》，回收问卷 339 份，回收率为 48.43%，其中有效问卷 311 份。在问卷的设计方面，参考了刘世伟以北京市为对象的《城市生活废弃物回收链管理对策研究》①。

5.2.1　接受问卷调查居民户基本情况

接受调查的居民家庭人数如图 5-5 所示。家庭规模以三口之家为主，占 52%；其次为四口之家，占 20%；再次为五口之家，占 16%；其余家庭规

① 刘世伟. 城市生活废弃物回收链管理对策研究. 北京：北京交通大学硕士学位论文，2006

模所占比例均在10%以下。平均家庭规模为每户3.86人，略高于《中国统计年鉴2009》中广东省平均家庭户规模3.41人，由于本次问卷调查的对象以中小学生及其家人为主，因而独居和两口之家的比例偏低。

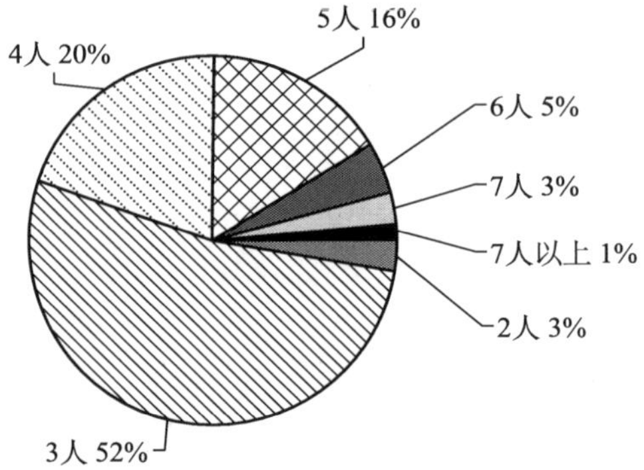

图5-5 接受问卷调查的居民家庭人数分布

接受调查的居民家庭收入如图5-6所示。本次调查的居民户收入较高，33%的家庭月收入在10 000以上，22%家庭的月收入在5000元以下，7%的居民不愿意透露家庭收入情况。对照广东省2008年按收入等级分的城镇居民家庭平均每人全年现金收入（表5-3），则本次调查中一半以上的家庭处于平均收入之上，1/3的家庭属于中等偏上水平，约7%的家庭属于低收入户。

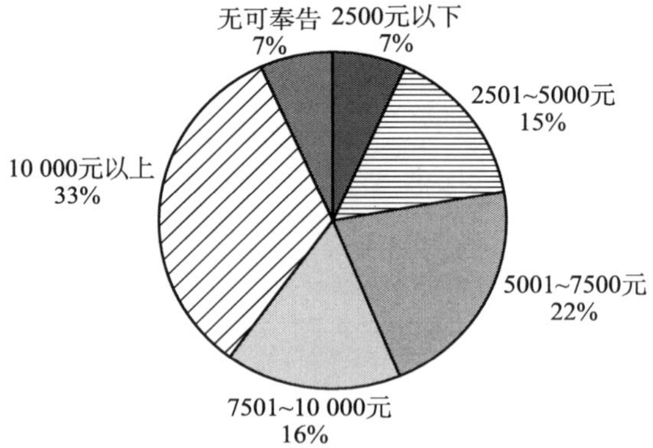

图5-6 接受问卷调查的居民家庭收入情况

表 5-3　按收入等级划分的城镇居民家庭平均每人全年现金收入（2008 年）①

（单位：元）

项　目	总平均	低收入户	中等偏下户	中等收入户	中等偏上户	高收入户
人均年收入	21 678. 51	8 533. 51	12 547. 35	19 387. 23	27 945. 05	38 902. 14
每月总收入	6 973. 25	2 744. 95	4 036. 06	6 236. 23	8 988. 99	12 513. 52

注：每户平均人口按本次调查结果 3. 86 人计。

5. 2. 2　家庭生活废弃物产生情况

家庭生活垃圾每日产生量如图 5-7 所示。57% 的家庭每日产生 500～1500g 生活垃圾，23% 的家庭生活垃圾日均产生量超过 1. 5kg。

郑曼英等于 2003 年在广州市 8 个开展垃圾分类示范点工作的小区开展调查，得出户均垃圾日产量的数据，最低的小区为 1. 85kg，最高的小区为 6. 4kg（但该小区清运的垃圾包括单位垃圾和居民垃圾），80% 受访居民自估的每日垃圾产生量为每户 1kg②，与本次调查的结果相近。

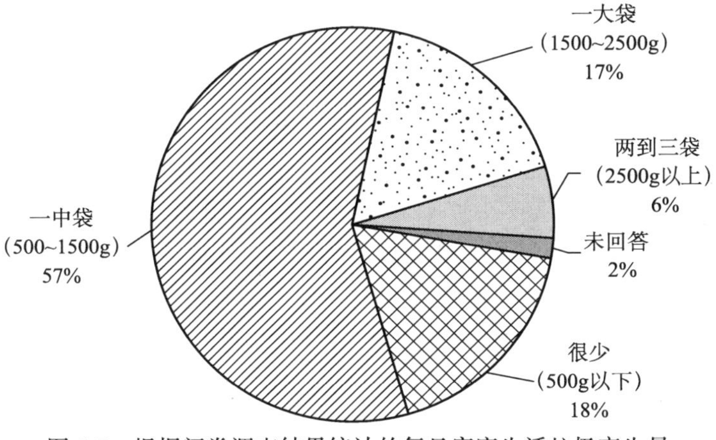

图 5-7　根据问卷调查结果统计的每日家庭生活垃圾产生量

图 5-8 反映了居民对生活废弃物中可回收种类的认知程度。可以看出废纸、废塑料在生活废弃物中的产生频率较高，大部分居民清楚废纸、废塑料和废电池可回收，选择其他选项的居民补充的答案多为厨余垃圾，说明接受调查的居

① 国家统计局. 中国统计年鉴 2009. 北京：中国统计出版社，2009

② 郑曼英，陈建芝，郭晓琪. 广州市生活垃圾分类收集跟踪调查及分析. 再生资源研究，2004，(4)：16-18

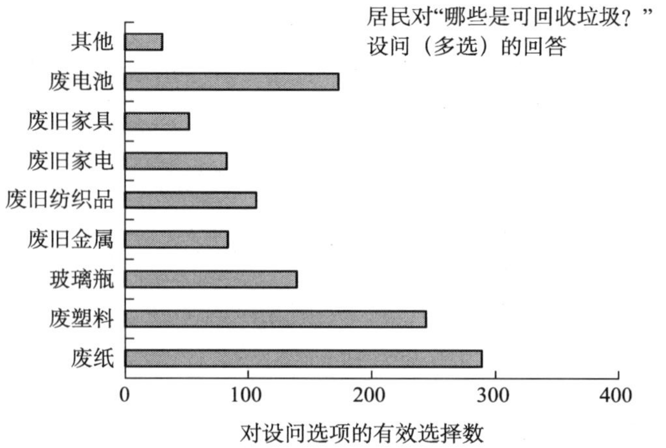

图 5-8　居民对生活废弃物中可回收种类的认知程度

民能够意识到厨余也是可回收利用的。

5.2.3　居民对废品回收的参与情况

在 311 份有效问卷中，有出售废品习惯的家庭 254 户，占 81.7%，没有出售废品习惯的家庭 57 户。这与郑曼英等在 2006 年的调查结果接近，说明大部分居民保持着回收和出售废品的习惯。

在选择直接丢弃的居民中，43% 是因为工作太忙，没时间整理；39% 是因为附近没有回收站；18% 的居民是因为废品价格太低（图 5-9），说明仍有部分城市居民对回收再生资源的意义缺乏认识，同时也说明再生资源回收网络尚不完善，部分地区居民交售废旧生活用品仍不是十分方便。根据 Martin 在英国某回收率较低的地区的调查结果，80% 的居民有参与回收的意愿，但回收服务的不便利影响了回收率①，这与广州市的调查结果是相似的。

有出售废品习惯的居民出售废品的频率如图 5-10 所示。47% 的居民习惯每个月出售一次废品，16% 的居民每半个月出售一次废品，6% 的居民每星期出售一次废品，选择其他选项的居民多为不定期或 2 ~ 3 个月出售一次废品。

居民每次出售废品的收入如图 5-11 所示。40% 的居民每次出售废品的收入

① Martin M, Williams I D, Clark M. Social, cultural and structural influences on household waste recycling: a case study. Resources, Conservation and Recycling, 2006, 48: 357-395

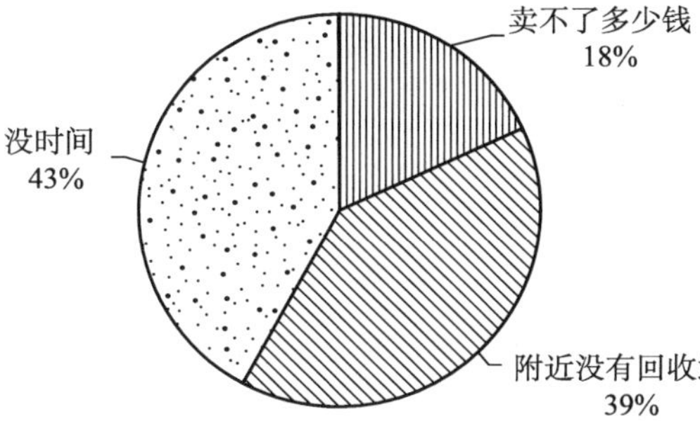

图 5-9　居民直接丢弃废品的原因

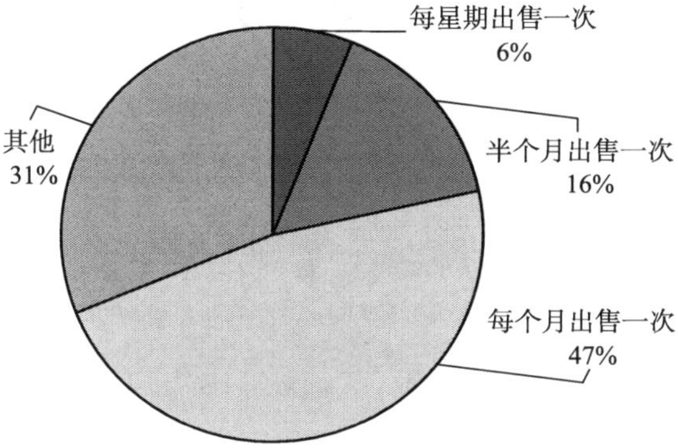

图 5-10　居民出售废品的频率

为 5～10 元，32% 的居民出售废品的收入在 10～20 元，低于 5 元的占 15%，高于 20 元的占 13%。据回收站的长期跟踪统计，废品的平均综合收购价格为 0.88 元/kg，则大部分居民每次出售废品的质量为 6～23 kg。

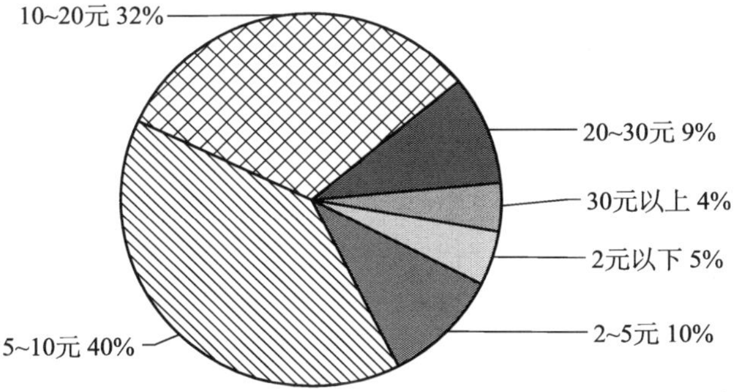

图 5-11　居民每次交售废品所获平均收入的分布

5.2.4 居民对待回收站和流动回收人员的态度

如图5-12所示，对于家庭附近的废品回收站，只有31%的居民很清楚位置，35%的居民大概知道在哪里可以找到回收站，34%的居民不清楚家庭附近回收站的位置，说明广州市社区再生资源回收网点设置可能是制约再生资源回收的重要问题。

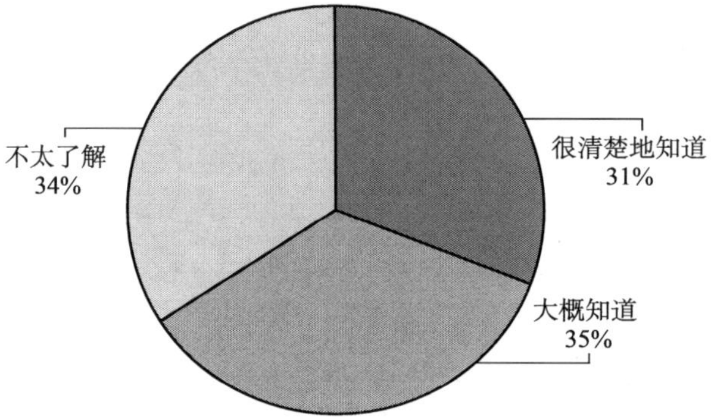

图5-12 居民对社区回收站的了解程度

值得注意的是，2010年初，广州的某些区开始设置再生资源便民回收点，这一举动的出发点是好的，统一管理可以在一定程度上解决废品回收站在治安、卫生、消防等方面的问题。但在实地调查中笔者发现，这些回收点或多或少存在一些不足之处，如回收点的开放时间与居民的上班时间重叠，不方便居民交售废品；只回收废纸等单一品种的再生资源；回收点的面积过小，摆放位置不合理等，甚至有的回收点干脆放置于立交桥下的垃圾站附近，居民难以靠近。建议相关部门积极听取居民和环卫工人的意见，合理安排便民回收点的位置和营业时间，做到真正的“便民”。

背景资料

作为广州的试点，花都区在2005年启动收编流动废品回收人员，一年多来，已有千余名“收买佬”变身“正规军”，对收编的流动收购人员，实行统一培训、统一标识、统一服装、统一计量器具、统一收购车辆、统一收购范围和规范服务项目、规范服务标准、规范服务用语、规范服务地点。①

① 成小珍，牛利华，周志远. 2007-08-05. 广州开始收编数万“收买佬”. 信息时报第A10版

2008年12月，苏州市成立再生资源回收利用网络体系建设小组，明确要求全市加快建立再生资源回收市场主体和运作机构，苏州市人民政府与省供销合作社形成了发展循环经济为主题的战略合作协议，并由相关部门先后投资5000多万元，成立了苏州市再生资源投资发展有限公司。2009年，该公司将在苏州市区着手建立300个再生资源绿色回收站点，主要分布在各个居民社区，并力争在三年内使全市80%以上约4万名非正式的废旧物资回收人员都集体收编纳入规范化管理；80%以上的社区设立规范化的绿色回收站，使市民不用出远门就可处理家中的废旧物资；80%以上的再生资源进入指定市场进行规范交易和集中利用处理，彻底杜绝非法回收废品行为，实现全市再生资源回收利用的产业化发展。①

居民对社区回收站的意见如图5-13所示。有82份问卷对社区内的再生资源回收网点表示满意，占26.4%。其余229份问卷或多或少都提出了一些问题，有110份问卷提到回收站不回收某些低值废品，说明低值再生资源的回收渠道应引起关注；105份问卷认为回收价格偏低；77份问卷认为回收站存在计量问题，说明有必要实施行业规范和监管，其中统一计量工具是很有必要的；141份问卷认为回收站离家太远和不提供上门回收这类关于回收服务便利性的问题；认为回收站影响社区卫生的回复有59份，只占有效问卷数的19%，说明大多数位于居民小区内的回收站已经主动或被动注意到公众对回收站卫生问题的关注，能够保持回收站的整洁。

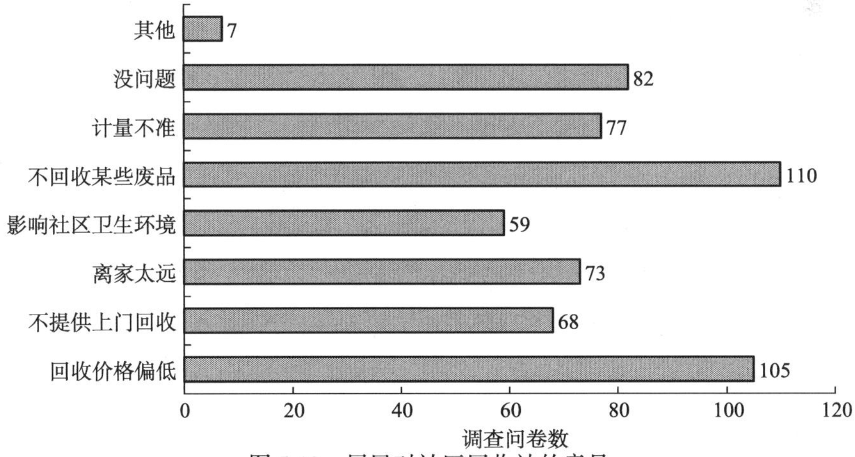

图5-13　居民对社区回收站的意见

① 王孜．苏州4万废旧物资回收人员将收编．中国江苏网：http：//jsnews.jschina.com.cn/sz/200905/t56814.shtml，2012-06-16

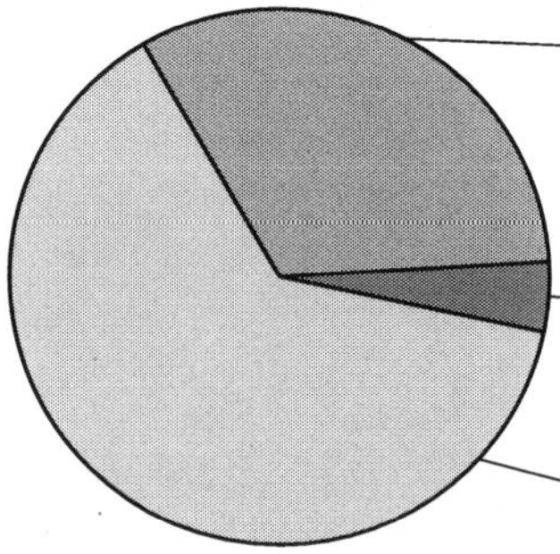

图 5-14　居民对流动回收人员的态度

居民对流动回收人员的态度如图 5-14 所示。对于流动回收人员，居民普遍表现较为友好，64% 的居民持无所谓态度，近 1/3 的居民对流动回收人员表示同情，只有 4% 的居民觉得流动回收人员影响了小区形象，比较反感。这一结果要好于刘世伟 2006 年在北京市做的调查①，该结果显示北京市居民近半数对流动回收人员持负面印象，其中 22.1% 的居民强烈反对，认为流动回收人员对治安造成隐患。在广州市的不少老城区，流动回收人员是生活废品回收的主力，据广州市供销总社 2005 年 9 月的统计结果，广州市至少有 10 万名流动废品回收人员②，他们对于广州市再生资源回收的贡献不可忽略。当然，流动回收人员所造成的社会问题也同样是不可忽视的，如何有效组织这个群体，更好地建设生活废品回收网络是摆在政府和社区面前的重要问题。

背景资料

值得借鉴的社区再生资源回收办法

大连：废品回收站变身小超市③

“这里收什么废品价格都比别人的高，像废报纸 1 元钱 1 公斤，别处才 9 角，而且就在家门口，多方便！”一大早，家住椒金山街道的孙大妈边忙着往“流动社区废品收购站”递废品过秤。

记者看到，这种新型的收购站像“超市”一样，回收箱内分类摆放的各

① 刘世伟．城市生活废弃物回收链管理对策研究．北京：北京交通大学硕士学位论文，2006

② 游星宇，黄熙灯．广州将建立可再生资源社区回收网络．广州市政府官网：http://www.guangzhou.gov.cn/node_2190/node_2215/2005/09/09/112624645068779.shtml，2012-06-16

③ 韩顺兆，井惠群，徐晶．2010-01-09．政府支持连锁经营废品收购站变身“小超市”．新商报第 33 版

种可收购的废品都明码标价，旁边还摆着可用来换购的洗衣粉、手套、盆等商品。如果一些散户将走街串巷收来的废品卖到这里，还可得到商品奖励。

据了解，该集团像这样的废品收购连锁站点，在甘井子区的椒金山、泡崖街道各社区内已试点设立了22个，都按照商务部、省市政府的相关要求实行了统一规划管理、统一形象标志、统一价格认定、统一人员着装、统一计量器具、统一车辆运输的废旧物资回收连锁经营模式。同时，对于公共设施护栏、马葫芦盖、有色金属、电缆等易被偷盗的物品，则要求必须出具相关单位的合法手续才可收购。

广州：小区垃圾分类“绿卡行动”攒积分可兑礼品①

2009年12月27日起，只要在活动时间内将相应的垃圾投放到指定的分类垃圾箱内，便可获得一定的积分，积分积累到一定数量，可兑换相应礼品……昨天上午，酝酿1个多月的保利花园垃圾分类“绿卡”行动正式启动，并计划每周日在小区内开展一次活动。

上午9点，保利花园会所前空地上，五名小区志愿者设点举行绿卡活动志愿者一字排开，收集业主递来的垃圾。“我有一袋喝过的益力多瓶”、“花生油瓶子行不行”……活动区的业主反响热烈，带着家里小孩拎着一袋袋搜集的垃圾。

“环保绿卡积分可以兑换奖品。”保利花园志愿者服务队队长李必桃介绍，业主可通过垃圾分类投放和参与绿卡行动宣传活动积分，累积200分兑换环保袋，累积300分则可兑换垃圾专用袋一卷。而这些回收的垃圾志愿者将分类卖给废品回收站，收入作为志愿队活动经费。

广州青年志愿者协会副秘书长马发腾现场展示了垃圾专用回收袋，袋分三种颜色，蓝色是可回收垃圾，红色是有害垃圾，黑色是其他垃圾，袋子上还详细写明垃圾的种类以便于识别。赠送的垃圾分类袋由团市委出经费，一共印了6万份。

---

① 李春花. 小区垃圾分类“绿卡行动”攒积分可兑礼品. 大洋网：http：//news.dayoo.com/guangzhou/200912/28/73437_11640126.htm，2012-06-16

第 6 章

双刃剑：再生资源回收利用活动的环境和社会影响

第 4 章已经简述了再生资源产业的资源、环境、经济和社会效益，在明确认可该产业的重要地位的同时，人们也应该清醒地认识到，由于技术、资金、管理等多方面的因素，我国再生资源产业也存在一系列必须引起重视的对环境和社会秩序的不良影响，如果不加强对该行业的监管，解决存在的问题，必将对该行业的良性发展带来很多负面影响。本章将分析再生资源的回收和加工利用环节，评价其对环境和社会的影响，考虑到电子废物回收利用行业的环境污染问题受到了特别的关注，本书对此行业着墨较多。

背景资料

“洋垃圾”的教训

汕头市贵屿镇是国内乃至世界最大的电子废物拆解处理集散地，也是有毒电子产品对环境造成不可逆污染影响的最明显的受害地之一。在 20 世纪 80 年代末期和 90 年代初，贵屿开始涉入旧五金电器的拆解生意，由于获利丰厚，整个行业规模逐渐扩大。而就在此时，国外的电子垃圾通过深圳、广州和南海的转运点，开始大规模地进入贵屿。传统的收旧利废行业在 90 年代初真正发展为贵屿人的主业：大面积的土地开始抛荒，贵屿镇区 80% 的家庭参与到这个行业中来，并通过这个行业迅速积累财富。知识的缺乏与出于节约成本的考虑，贵屿的家庭作坊往往采用最直接和最原始的方式进行电子垃圾的拆解，电子产品中的大量有毒物质得以肆意地污染环境。于是在给贵屿镇的居民带来丰厚利润的同时，电子垃圾拆解行业不可避免地导致了严重的污染——尤其对于空气、土壤和地下水的污染：贵屿的空气已经非常污浊，而饱受重金属污染的地下水更是早已不能饮用。这些电子垃圾污染在21世纪初引起了媒体的关注，并且很快就把原本不为人所知的贵屿推向了世界关注的前台。①

汕尾市碣石镇，一个粤东海边乡镇。自20世纪80年代，一些不法分子开始从香港等地走私旧服装进行非法加工经营，逐步蔓延扩大，2002年最高峰时当地有2000多家居民参与。2009年10月25日，广东省政府决定在陆丰市碣石镇开展为期两个月的整治非法经营走私“洋垃圾”旧服装专项行动。行动内容包括集中清理整治、继续严打海上偷运、开展面上查堵、扩线深挖团伙和加大宣传力度等；同时要求汕尾市人民政府立即组织协调本市监察、公安、工商、海关等部门，抽调精干力量组成工作组进驻陆丰市，指导督促当地政府集中清理整治非法经营“洋垃圾”旧服装市场和各类地下交易窝点。②

2006年年底，英国天空电视台报道，素有“欧洲垃圾箱”之称的英国，正在每年向中国倾泻大量的垃圾废物，已经对一些地方的环境造成了严重污染。2006年末加拿大政府公开一份调查报告，发现当地27家公司从2005年11月起至2006年底的一整年内，拟将50万kg有毒电子废品非法运往中国内地及香港弃置。企图暗中从温哥华港运往中国内地及香港的“垃圾”包括含铅的电脑银幕、铅酸电池、带多氯联苯（PCBs）的荧光灯镇流器。经过多方求证，中国的媒体找到了洋垃圾的入侵地——广东省佛山市南海区联滘村，这是当地比较有名的一个废旧物资回收集散地，由于缺乏管理，当地的环境已经受到了极大的破坏。③

① 中山大学人类学系——绿色和平组织合作项目．汕头贵屿电子垃圾拆解业的人类学调查报告．绿色和平组织：http：//www. greenpeace. org/china/zh/publications/reports/toxics/2003/guiyu-report/，2012-06-16

② 贺林平．广东碣石洋垃圾服装调查：803家店铺参与经营．环球网：http：//china. huanqiu. com/roll/2009-10/612701_ 2. html，2012-06-16

③ 卢小波．珠三角转变经济发展方式：结构调整．央视网：http：//jingji. cntv. cn/20100612/103516. shtml，2012-06-16

6.1　再生资源产业的环境影响及其治理概况

由于重视不够，投入较少，资源再生技术开发能力弱，我国过往的废旧物资加工处理工艺落后，技术及装备水平较低，与资源综合利用和环境保护的要求相差甚远。特别是对环境影响较大的蓄电池、干电池以及电脑、电视机、电冰箱、线路板等电子废物的回收利用技术还比较落后，导致大量的“电子垃圾”在回收利用过程中产生严重的环境污染。

20 世纪 80 年代以来，湖南省汨罗市再生资源产业规模的急剧扩大，二次污染的危害开始显现，环保压力与日俱增。一是再生资源回收活动产生的污染物成分复杂。废旧物资来源广、种类复杂，其污染物成分也相当复杂，几乎涵盖了所有的污染物类型，甚至不能排除放射性污染的可能。二是水源污染问题突出。再生资源产业主要分布在汨罗市饮用水源保护区范围内，对饮用水安全构成较大隐患，加之汨罗江水流量不大，自净能力差，水源污染问题日渐突出。三是环保基础设施建设严重滞后。因环保工程投资巨大，受地方财力所限，很多重要环保基础设施，如污水收集管网和回用水系统、污水处理厂、固体废弃物处置工程、环境监测系统建设等不能适应环境治理的需求。①

江苏省宿迁市耿车镇的再生资源产业也对环境产生了不良影响，具体表现在以下几个方面：①废旧塑料的再生利用主要集中在造粒阶段，这一阶段污染严重，而且经济回报率低，产品附加值较高的粒料再加工利用及制成品环节却不在本地区。②废旧铅蓄电池资源每年回收量虽然巨大，但只有 1/3 左右在本地用来回收粗铅，其余部分流通到邻近地区进行冶炼。而且本地区回收铅的工艺简单，技术落后，铅的回收率很低，在炼制过程中有一部分铅流失到周围环境中，既污染了环境，又损失了产值。③资金投入少，先进适用的技术难以推广，加工设备、生产工艺落后。技术及装备水平低，导致一些与再生资源加工处理相伴的环境污染物未能得到妥善处理。行业的环境污染问题已严重影响到当地再生资源产业的可持续发展。②

近年来，四川再生资源回收体系建设取得一定成效，但仍不能应经济社会

---

① 蔡吉跃．湖南再生资源发展对策研究．区域经济与产业经济，2008，17

② 高良敏，路根法，刘宁，等．循环经济理念下再生资源业发展途径研究——以宿迁市耿车镇为例．生态经济，2005（5）：62-64

快速发展的要求，当前全球性金融危机的影响等突显了当地再生资源回收行业所存在的突出问题。一是企业规模小，现代化水平低。近年来，由于行业准入条件低、资金和技术投入少，四川省再生资源回收企业普遍规模小，市场集中度低，多数企业缺乏应有的收储、拆解、加工利用等设备，经营管理粗放。二是回收率低，污染环境。受利益驱使，普遍存在对废钢铁、废铜、废铝、废纸等利大的品种积极回收，废玻璃、废塑料等利小的品种少收或不收的现象，导致大量低效益再生资源流失为垃圾，既浪费资源，又污染环境。①

针对我国再生资源产业对环境造成的影响，部分省市已经提出以综合治理为主的应对措施。江苏省加强再生资源产业环境管理的主要政策、措施和制度包括：①加强政策引导。根据《国家鼓励的资源综合利用认定管理办法》（发改环资〔2006〕1864 号）加强再生资源产业发展的法制建设，对废物回收、拆解、加工利用提出市场规范、技术标准、特许经营制度、监管机制和无利用价值废物无害化处理标准，规范产业竞争行为，构建充分有效利用资源的产业链，实现资源在工业体系中的循环利用。②加大扶持力度。一是免征城市废物储存设施、危险有害废物处理设施建设的各种税费；对排除或减少公共环境危害的产品免征营业税和降征所得税；对再生资源回收、拆解、加工和无害化处理设施视为公害防治设施，增加 10%～25% 的特别折旧率。二是加强再生资源产业的技术创新，对实现无害化转化的产品和再生资源深度加工利用，取得环境、社会、经济三方面显著绩效的企业和人员予以重奖。③建设两个功能体系。一是以专业市场为龙头，重点区域设场、收购网点为支架的废旧物资回收网络体系；二是社会化的再生资源交易、拆解利用系统和废弃物无害化处置系统体系。对再生资源按照其物理、化学性能、用途、有无人身和环境危害等要素进行分类管理。指定专门机构进行有效监管，确定专业定点企业进行分类拆解和无害化处理。④建设三个重点载体，即建设再生资源工业园、再生资源产业化促进中心和资源循环利用技术中心，作为再生资源产业化的重点载体。按照国家“相对集中，统一管理，规范发展”原则和江苏省产业布局，重点建设一批再生资源工业园，集回收、加工、交换利用和无害化处理于一体，实行再生资源深度加工、高效利用和规模化经营，作为带动再生资源产业化的示范工程。在省会和条件较好的市成立资源

① 佚名．再生资源回收行业发展现状与对策建议．四川省人民政府网：http：//www.sc.gov.cn/zwgk/swzc/gzyj/200812/t20081226_ 458025.shtml，2012-06-16

循环利用促进中心和技术服务中心，作为政府与企业间的纽带和桥梁，开展废弃物加工利用技术的开发、推广、咨询、信息交流，为再生资源产业化企业服务。

浙江省台州市路桥区在大力发展金属资源再生产业的同时，十分注重以最小的环境负担争取金属资源的最大利用，有效控制产业环境污染，实现了环境影响的最小化。具体措施包括：①持续开展专项整治。彻底清理取缔场外拆解散户，并通过在重点地段设立巡查卡点、建立责任追究制度及区人大、政协、新闻媒体和社会大众"四位一体"的监督机制等途径和方法，实现可持续的有效监管。②实行半封闭式管理。对 32 家定点企业全面推行公司化的半封闭式管理。成立专门的管理公司，配备 40 多名工作人员，投资 100 多万元建立基地视频监控系统，实行统一的物业、治安、环保管理。所有再生资源一律在标准厂房内堆置、加工，产生的垃圾统一清运、安全填埋；线路板等电子废物按要求进行年度申报，委托有资质企业进行回收处置，避免了电子废物的二次污染。③加快技术水平提升。每年安排一定额度的技改贴息资金，鼓励企业改进生产工艺流程，淘汰落后设备，尽量通过机械拆解技术以减少焚烧环节，少数必须二次焚烧的采用热解炉处理，基本不对环境造成污染。投资 700 多万元建成垃圾填埋场二期和污水集中处理系统，每家企业配备小型隔油池等环保设施，并实施水污分流。① 虽然这些措施有利于加强再生资源回收利用的环境管理，但仍然难以避免由于技术落后所带来的环境污染。

6.2 再生资源回收网点的重金属污染调查

自然界约有 80 多种金属元素，其中重金属是指密度大于或等于 5 g/cm^3 的元素，原子序数一般在 23 以上。大多数重金属在自然状态下以微量或痕量的形式存在于地壳中。重金属包括不具有生物学功能且生物毒性显著的元素，如汞、铅、镉等，同时也包括那些具生物学功能的金属，如锌、铜、钴、镍等。重金属属于典型的优先控制污染物，许多废物都因含有重金属元素而被列入国家危险废物名录。重金属在环境中难降解，在生物体内积累过程中往往通过食物链逐步富集，进入人体后，当积累到一定程度时造成危害，因而被称为"生物定

① 台州市发展和改革委员会．路桥区着力控制金属资源再生产业环境污染．台州市发改委网站：http：//www.tzdrc.gov.cn/info.asp？id=869，2012-06-16

时炸弹”，是危害人类最大的污染物之一。

生产性再生资源回收网点通常堆积了大量的金属材料，而废旧金属是再生资源回收环节中价格变动较大、利润也较可观的部分，因此一些回收站经营者习惯存储废旧金属。另外，对于小型的生活性再生资源回收点，因为居民每天交售的废品中废旧金属的比例相对较低，所以回收的废旧金属也做不到当日收购，当日清运。堆积的废旧金属对周围环境是否带来重金属污染的风险？这是一个过去较少受到关注的问题。2010 年，笔者对广州市的再生资源回收网点进行了随机抽样调查，以澄清上述问题。

调查方法：试验尘土分别采自广州市的 8 家废品回收站，其中以收购生活性废品为主的回收站 4 家，以收购生产性废品为主的回收站 4 家，用塑料毛刷收集距离回收站 5m 以内的地表尘土样品，并在距离各回收站 15～50m 处收集地表尘土作为对照。采集的尘土样品自然风干，剔除玻璃、石块、毛发等杂物，用研钵研磨，过 100 目筛后备用。

准确称取过筛后的尘土 0.50～1.00g（废品回收站采集的尘土称取 0.50g），加入 7.5mL 盐酸、2.5mL 硝酸和 1.0mL 过氧化氢，微波消解仪（上海屹尧，WX-8000）消解后，用去离子水定容至 25mL，过滤。

使用原子吸收光谱仪（日本 HITACHI，Z-Z2300）分别测定过滤液中 Cu、Zn、Cd、Pb、Cr、Ni 六种重金属的浓度，并按以下公式分别计算样品中各种重金属的含量：

$$\text{重金属含量（mg/kg）} = \frac{\text{测样值（mg/L）} \times 25\text{（mL）} \times \text{稀释倍数}}{\text{称样量（g）}}$$

表 6-1 描述了与再生资源回收活动相关的重金属污染调查样点的基本情况。共有回收生活性废品和生产性废品的回收站各 4 个，其中生产性废品回收站 A 和回收站 B，回收站 C 和回收站 D 由于距离较近，共用一个对照点。生活性废品回收站的对照样点与回收站样点之间均有有效的地理隔离，对照样点不受废品回收站样点的直接影响。另外还测量了海珠区一处闲置空地（零星污泥临时存放点）尘土中重金属含量作为对照。

表 6-1　重金属污染调查样点的基本情况

编号	回收废品类型	是否露天	是否临近交通干道	对照点距离	对照点情况
生活 A	生活性废品为主	否	否	约 30m	靠近茶叶店
生活 B	生活性废品为主	是	否	约 15m	靠近小花园
生活 C	生活性废品为主	否	否	约 30m	靠近烟酒商店
生活 D	生活性废品为主	是	否	约 30m	靠近书店和变电站

续表

编号	回收废品类型	是否露天	是否临近交通干道	对照点距离	对照点情况
生产 A	生产性废品为主	是	是	距离生产 A 约 30m，生产 B 约 15m	靠近马路，旁边有五金加工店
生产 B	生产性废品为主	否	是		
生产 C	生产性废品为主	否	是	距离生产 C 约 50m，生产 D 约 50m	靠近马路
生产 D	生产性废品为主	否	是		

各回收站及对照样点地表尘土中 Pb（铅）含量如图 6-1 所示。除生产 A、B 的对照样点外，其他所有样点的尘土中 Pb 含量均显著高于零星污泥存放点（$p<0.05$），说明城镇生活和生产活动均会带来一定程度的 Pb 污染。除生活性废品回收站 D 之外，各回收站样点尘土中的 Pb 含量均高于附近的对照样点，且差异显著（$p<0.05$），说明废品回收活动在一定程度上增加了周围环境 Pb 污染负荷。各个生活性废品回收站样点尘土中的 Pb 含量为 169.5～660.4mg/kg，除生活 D 样点外，其余样点均显著高于生产性废物回收站样点尘土中的 Pb 含量（$p<0.05$），其中生活 A 样点尘土中 Pb 含量高达 660.4mg/kg，是对照点的 1.85 倍。生活 B、生活 C 样点也分别是各自对照点的 1.73 倍和 1.55 倍。生产性废品回收站表面尘土的 Pb 含量为 187.4～265.5mg/kg，生产 A、生产 B、生产 C 和生产 D 样点分别是各自对照点的 2.38 倍、1.68 倍、1.44 倍和 1.63 倍。

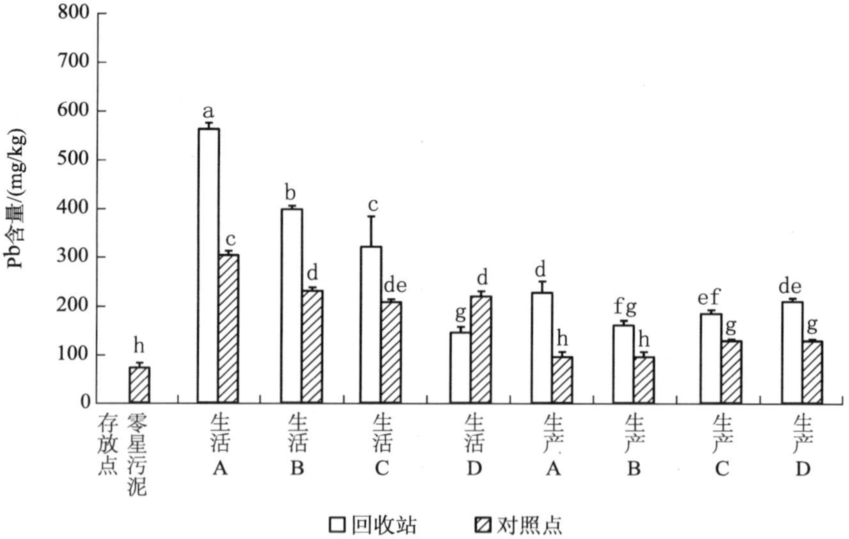

图 6-1　各取样点尘土中的 Pb 含量

注：不同小写字母表示有显著性差异（$p<0.05$），本章下文图同此。

张菊等在 2004 年调查了上海市区街道尘土中 Pb 的含量，结果为 28～4443mg/kg，平均含量为 264 mg/kg，污染中心主要位于商业区和交通干道，平均含量分别为 642 mg/kg 和 520 mg/kg。① 广州市废品回收站尘土中的 Pb 含量除生活性废品回收站 A 样点外，其余均低于上海市商业区和交通干道的 Pb 污染程度。

各回收站及对照样点地表尘土中 Cd（镉）含量如图 6-2 所示。除生产 A、B 的对照样点外，其他所有样点的尘土中 Cd 含量均显著高于零星污泥存放点（$p<0.05$），说明城镇生活和生产活动均会带来一定程度的 Cd 污染。除生活性废品回收站 D 和生产性废品回收站 C 外，各回收站样点尘土中的 Cd 含量均高于附近的对照样点，且除了生活 A 样点之外，均差异显著（$p<0.05$），说明废品回收活动也在一定程度上增加了周围环境的 Cd 污染负荷。各个生活性废品回收站样点尘土中的 Cd 含量为 1.05～3.64 mg/kg，生活 A、生活 B、生活 C 样点分别是各自对照点的 1.01 倍、1.35 倍和 1.28 倍。生产性废品回收站地表尘土的 Cd 含量为 1.15～2.54 mg/kg，生产 A、生产 B 和生产 D 样点分别是各自对照点的 1.31 倍、1.43 倍和 1.54 倍。

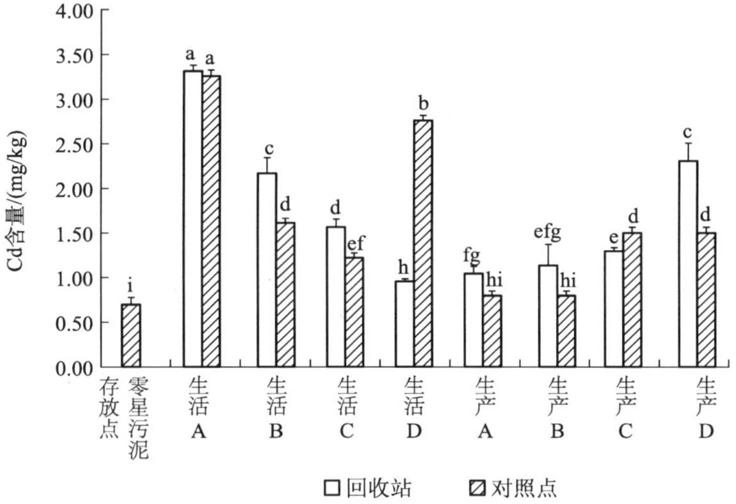

图 6-2　各取样点尘土中的 Cd 含量

周开胜等（2009）对城市街道尘土中 Cd 污染情况进行了分析，发现城市街道尘土中的 Cd 来源通常与汽油、润滑油、工业和焚烧炉的排放物有关。经济发

① 张菊，陈振楼，许世远，等．上海城市街道灰尘重金属铅污染现状及评价．环境科学，2006，27(3)：519-523

达的地区，如纽约（8.00mg/kg，1984 年）、伦敦（6.25 mg/kg，1992 年）、香港（3.61 mg/kg，2001 年）等城市，其街道尘土中 Cd 污染物含量普遍较高，而经济欠发达的城市街道尘土中 Cd 含量较低。[①] 本研究测得的再生资源回收活动区域附近尘土的 Cd 含量大多低于上述大城市的调查结果，但生活 A 及其对照样点与香港 2001 年的调查结果相近。

各回收站及对照样点地表尘土中 Zn（锌）含量如图 6-3 所示。所有样点的尘土中 Zn 含量均显著高于零星污泥存放点（$p<0.05$），说明城镇生活和生产活动均会带来一定程度的 Zn 污染。生活性废品回收站和对照点之间的差异并无明显规律，说明生活性废品回收站可能不是影响周围环境 Zn 含量的主要因素。各生产性废品回收站样点尘土中的 Zn 含量均高于附近的对照样点，且均差异显著（$p<0.05$），说明生产性废品回收活动在一定程度增加了周围环境 Zn 污染负荷。各个生产性废品回收站表面尘土的 Zn 含量为 780.0～1270.3mg/kg，生产 A、生产 B、生产 C 和生产 D 样点分别是各自对照的 2.68 倍、1.72 倍、1.68 倍和 1.22 倍。

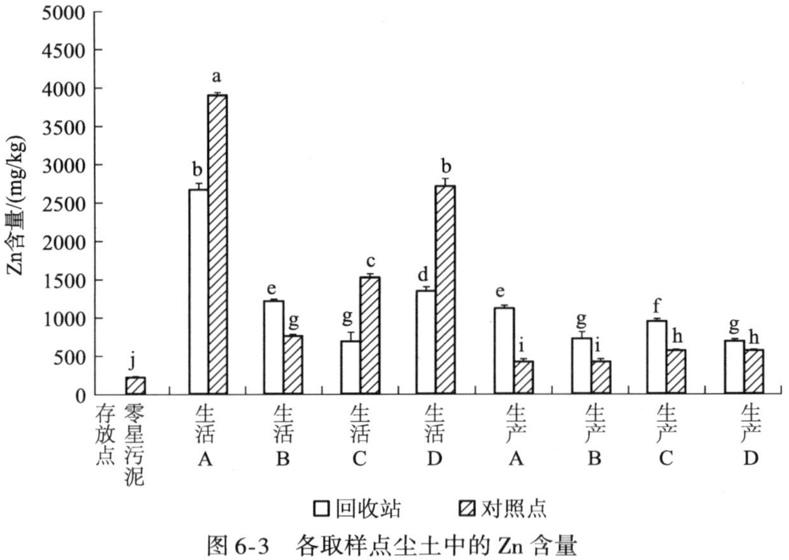

图 6-3　各取样点尘土中的 Zn 含量

各回收站及对照样点地表尘土中 Cu（铜）含量如图 6-4 所示。所有样点的尘土中 Cu 含量均显著高于零星污泥存放点（$p<0.05$），说明城镇生活和生产活动均会带来一定程度的 Cu 污染。除了两个露天的生活性废品回收

① 周开胜，潘尤虎，吕超田，等．城市街道灰尘重金属类环境激素镉污染及防治对策．合肥工业大学学报（自然科学版），2009，32（3）：310-313

站（生活 B、生活 D）之外，各回收站样点尘土中的 Cu 含量均高于附近的对照样点，且除了生产 A、生产 D 样点之外，均差异显著（$p<0.05$），说明废品回收活动在一定程度上增加了周围环境 Cu 污染负荷。露天的生活性废品回收站的 Cu 含量低，可能与取样前一段时间的连日降雨有关。各个生活性废品回收站样点尘土中的 Cu 含量为 246.7～734.1mg/kg，生活 C 样点尘土中 Cu 含量高达 734.1mg/kg，是对照的 5.01 倍，生活 A 样点是对照的 2.25 倍。生产性废品回收站表面尘土的 Cu 含量为 167.6～274.2mg/kg，生产 A、生产 B、生产 C 和生产 D 样点分别是各自对照点的 1.27 倍、1.82 倍、1.80 倍和 1.39 倍。

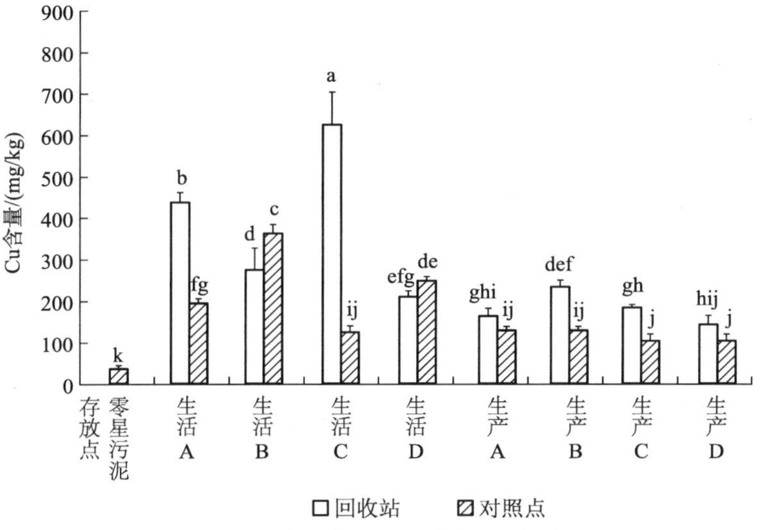

图 6-4　各取样点尘土中的 Cu 含量

各回收站及对照样点地表尘土中 Ni（镍）含量如图 6-5 所示。所有样点的尘土中 Ni 含量均显著高于零星污泥存放点（$p<0.05$），说明城镇生活和生产活动均会带来一定程度的 Ni 污染。除生活 D、生产 A 和生产 B 外，各回收站样点尘土中的 Ni 含量均高于附近的对照样点，且差异显著（$p<0.05$），说明废品回收活动在一定程度增加了周围环境 Ni 污染负荷。各个生活性废品回收站样点尘土中的 Ni 含量为 43.0～189.8mg/kg。除生活 D 样点外，其余样点均显著高于生产性废品回收站样点尘土中的 Ni 含量（$p<0.05$）。生活 A、生活 B、生活 C 样点分别是各自对照点的 3.02 倍、2.07 倍和 1.72 倍。生产性废品回收站表面尘土的 Ni 含量为 39.4～79.7mg/kg，生产 C 和生产 D 样点分别是各自对照点的 2.39 倍和 1.69 倍。生产 A、生产

B 的对照点 Ni 含量格外高，可能与该样点附近有一家五金加工店有关，Ni 为不锈钢氧化膜的组分之一，该五金加工店的生产活动可能导致了该样点的 Ni 含量增高。

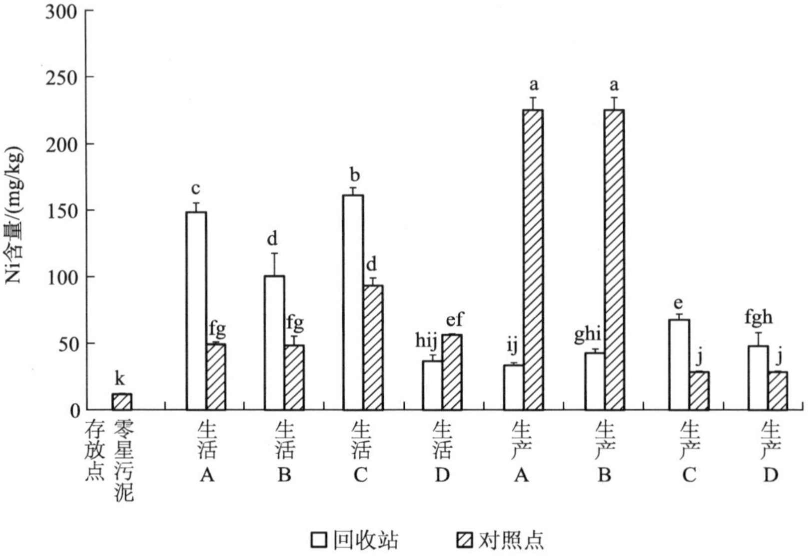

图 6-5 各取样点尘土中的 Ni 含量

各回收站及对照样点地表尘土中 Cr（铬）含量如图 6-6 所示。所有样点的尘土中 Cr 含量均显著高于零星污泥存放点（$p<0.05$），说明城镇生活和生产活动均会带来一定程度的 Cr 污染。两个非露天的生活性废品回收站（生活 A、生活 C）和生产 C、生产 D 样点尘土中的 Cr 含量高于附近的对照样点，且差异显著（$p<0.05$）。两个露天生活性废品回收站（生活 B、生活 D）样点的 Cr 含量与对照点接近，可能与取样之前广州市连日阴雨有关。各个生活性废品回收站样点尘土中的 Cr 含量为 97.7～472.6mg/kg，其中生活 A、生活 C 样点分别是各自对照的 3.27 倍和 1.86 倍。生产性废品回收站表面尘土的 Ni 含量为 58.6～182.6mg/kg，生产 C 和生产 D 样点分别是各自对照的 1.95 倍和 1.71 倍。生产 A、生产 B 的对照点 Cr 含量格外高，可能同样与该样点附近的五金加工店有关，因为 Cr 也是不锈钢氧化膜的组分之一，五金加工店的生产活动有可能导致该样点的 Cr 含量增高。

表 6-2 显示了 6 种重金属含量之间的相关性，除 Cr 与 Pb、Cd、Zn、Cu 以及 Ni 与 Cd 之外，其余重金属之间的含量均极显著相关（$p<0.01$），其中 Pb 与 Cd、Zn、Cu 之间、Cd 与 Zn 之间以及 Ni 与 Cr 之间的相关系数达到了 0.5 以上，

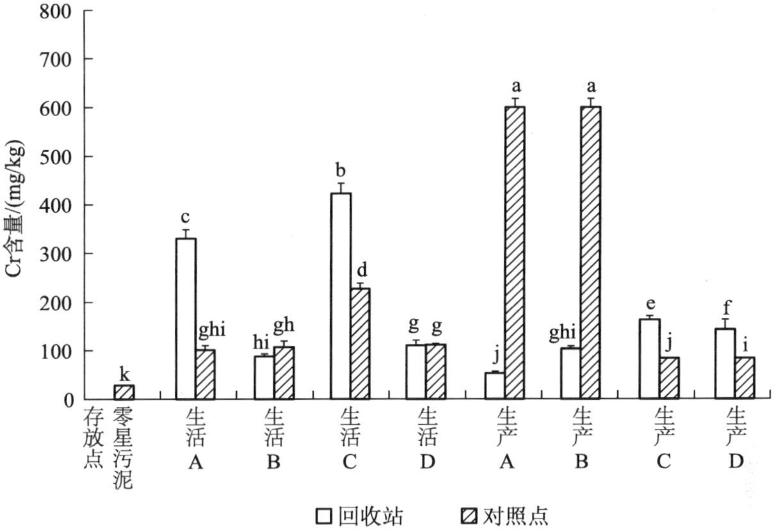

图 6-6　各取样点尘土中的 Cr 含量

说明这几组重金属两两之间具有明显的同源性。

表 6-2　6 种重金属含量的相关性

	Pb	Cd	Zn	Cu	Ni
Cd	0.600 **				
Zn	0.636 **	0.507 **			
Cu	0.521 **	0.372 **	0.372 **		
Ni	0.345 **	0.200	0.349 **	0.343 **	
Cr	0.125	0.117	0.202	0.196	0.699 **

注：** 表示显著性水平为 0.01。

6.3　再生资源利用企业的重金属污染调查

在对广东省部分再生资源龙头企业进行调研时也进行了地表尘土的取样分析，希望了解这些管理规范的龙头企业能否降低资源再生利用过程对环境的影响。当然，在取样过程中也遇到了一些阻力，这在一定程度上也说明企业对于自身的环保状况缺乏自信。

再生资源加工利用企业重金属污染情况见表 6-3。企业 A 注册于 2005 年，调查取样时已运行三年多，年拆解废五金 3 万 t，其中进口 0.35 万 t。企业 B 于 2008 年试运行，调查取样时企业运行半年，设计的年处理能力为 15 万 t。两个企业内尘土中的重金属含量均显著高于企业外的表土，其中企业A尘土中6种重金属的总浓度分别为该企业厂区门口表土（土壤Q1）和花坛表土（土壤Q2）的27.83倍和30.64倍；企业B尘土中6种重金属的总浓度分别为该企业厂区门口表土（土壤Z1）和花坛表土（土壤Z2）的3.88倍和7.14倍。

表6-3　再生资源加工利用企业重金属含量　　（单位：mg/kg）

采样地	样品编号	Pb含量	Cd含量	Zn含量	Cu含量	Ni含量	Cr含量
广东再生资源利用龙头企业A	土壤Q1	71.44	0.35	107.44	165.06	24.19	23.58
	尘土Q	1 215.15	6.50	1 331.53	8 183.46	80.67	92.14
	土壤Q2	71.50	0.26	8.42	240.95	12.95	22.01
广东再生资源利用龙头企业B	土壤Z1	96.02	0.11	52.97	75.96	6.63	4.33
	尘土Z	140.24	0.53	157.08	584.7	11.83	20.38
	土壤Z2	51.50	0.07	47.49	16.10	7.32	5.65
佛山市顺德区大气降尘①	尘土	502	0.31	899	379	91	420
浙江省台州市路桥区下谷岙村②	土壤	81.08	—	137.01	435.67	28.22	52.53
清远市石角镇③	土壤	943.7	21.3	2 044.8	4 000.7	—	—
国家土壤质量标准（一级）	土壤	35	0.2	100	35	40	90

注：土壤Z1、Q1为企业门口的土壤，土壤Z2、Q2为企业内的花坛土。

企业A门口、花坛表土中6种重金属的总含量分别是企业B门口、花坛表土的1.66倍和2.79倍。企业A尘土中Pb、Cd、Zn、Cu、Ni、Cr的浓度分别为企业B尘土中6种重金属浓度的8.66倍、12.26倍、8.48倍、14.00倍、6.82倍和4.52倍，显示出企业运营时间越长，重金属污染越严重的趋势。

对比国家土壤环境质量标准，企业B门口土壤的Cd、Zn、Ni、Cr含量符合一级土壤标准，Pb和Cu含量则为一级标准的2.74倍和2.17倍，说明该企业生产活动所造成的重金属污染虽然仍未严重扩散到企业外部，但从Pb和Cu可以看出这种扩散已经开始。企业A门口土壤的Ni、Cr含量符合国家一级土壤标

① 吴国平，王丰基，梁志锋，等．顺德大气降尘中重金属污染特征分析．环境保护，2009，（4）：46-48

② 潘虹梅，李凤全，叶玮，等．电子废弃物拆解业对周边土壤环境的影响——以台州路桥下谷岙村为例．浙江师范大学学报（自然科学版），2007，30（1）：103-108

③ 罗勇，罗孝俊，杨中艺，等．电子废物不当处置的重金属污染及其环境风险评价．Ⅱ．分布于人居环境（村镇）内的电子废物拆解作坊及其附近农田的土壤重金属污染．生态毒理学报，2008，3（2）：123-129

准，Pb、Cd、Zn、Cu 为一级标准的2.04倍、1.75倍、1.07倍和4.72倍，说明重金属污染已经扩散到企业外部，其中Pb和Cu的扩散比较严重。

比对已有研究结果可以发现，企业B尘土中的Cd和Cu超过了佛山市顺德区大气降尘中Cd和Cu的含量，企业A尘土中的Pb、Cd、Zn、Cu都严重超过了顺德区的大气降尘中的含量，分别为其重金属含量的2.42倍、20.97倍、1.48倍和21.59倍。浙江省台州市路桥区下谷岙村和清远市石角镇均是具有较长的废电器、废金属拆解回收历史的区域，本研究选择的两家企业则都在工业园区内受到了较严格的管理，在该两家企业门口土壤中测得的重金属含量均低于上述两个地区土壤中测得的含量，说明了推动再生资源加工利用企业入园管理对于降低再生资源回收利用活动造成的环境污染具有重要意义。

6.4　电子废物不当拆解行为的遗留性区域环境与生态影响调查*

电子废物最初引起世人关注源自有人在曾经处理和焚烧过电路板的池塘里采集了一个水样，经检测此水样的Pb含量水平超过了世界卫生组织饮用水标准的2400倍！2002年2月，巴赛尔行动网络（Basel Action Network，BAN）和硅谷防止有毒物质委员会（Silicon Valley Toxics Coalition，SVTC）领导的调查委员会组成了一个调查小组前往中国，对广东省贵屿镇电子废物回收污染状况进行现场调查，并取样和分析了沿贵屿镇的河流——连江河的环境样品（包括水、沉积物、土壤）。在这条河流的两岸，被酸处理过然后焚烧的电路板废渣随处可见乃至堆积成小山。样品分析的初步结果令世人惊讶！所采集的沉积物和土壤样品中，18种被检测的重金属元素都属于高度污染，尤其是Cu、Zn、Cr和Pb等重金属。其中一个沉积物样品的Pb浓度超过荷兰统一质量标准的212倍，被认为极度危险。随后一些样品的持久性有毒物质（persistent toxic substances，PTSs）也被检测出。调查小组结合当时调查的照片与录像，加上实验数据，撰写成了一个调查报告 *Exporting Harm*，随后被新闻媒介广为披露，之后，由于危害的严重性，新闻机构一直在陆续地报道电子废物的非法进口、立法和处理等

* 本节部分内容已发表在《生态毒理学报》

行为。电子废物的危害也因此从阴暗的角落走进了人们关注的视线并成为焦点。2007年1月，中国环境与发展国际合作委员会发布了《中国经济发展的外部环境影响——国际法分析》报告，指出中国电子废物集散处理地有广东贵屿镇、龙塘镇、大沥镇、浙江台州地区、河北黄骅等地，广东和浙江的污染最为严重。

电子废物不当处理很容易造成有毒有害物质的污染，包括重金属和持久性有机污染物，即POPs（persistent organic pollutants）。其中重金属对人体和生物的危害在前文已经介绍过，POPs包括12类毒害有机污染物，其对生态系统和人类健康的影响也是十分严重的，可以在环境中长期滞留并可长距离迁移。它们易在有机体的脂肪组织富集，并可能通过食物链的蓄积和放大作用在生物体内积累，最终会对生物体和人体产生不利的影响，POPs不仅仅是区域性的问题，也是一个全球性的问题。本书基于已经发表的文献，以广东省汕头市贵屿镇、清远市龙塘镇和石角镇等典型电子废物回收拆解地区为代表性区域，归纳了电子废物不当处理处置所造成的环境风险、生态风险和人体健康风险。

广东曾经是我国进口电子废物的重要集散地和处理处置区，汕头市贵屿镇以及清远市龙塘镇、石角镇是最受关注的地区。清远龙塘、石角地区电子废物拆解回收业的发展已有20多年历史，每年拆解的废旧物资（过去曾经以进口电子电器、家电为主）总量约150万t，占广东全省进口物资拆解量的60%，从业人员达8万多人，年加工产值约180亿元，约占全市工业总产值的30%。① 贵屿镇则有21个村从事电子废物拆解，家庭作坊5 500户，从业人员达3万多人，占全镇劳动力的60%以上，还包括外来工2万多人，年拆解加工废旧电子电器及塑料155万t，2005年废旧电子电器及塑料回收、拆解、加工行业创产值近10亿元，占全镇工业总产值的90%以上，上缴税收1000多万元，成为当地经济的支柱产业和农民的主要收入来源。②

6.4.1 广东省汕头市贵屿镇

贵屿镇历史上有电器拆解专业村5个，电子及线路板拆解专业村6个，电线电缆拆解专业村2个，塑料、五金加工利用专业村7个。虽然现在已经采取了较

① 清远市质量技术监督局．清远市申报国家循环经济综合标准化示范区规范废旧物资拆解回收加工业发展．清远市质量技术监督局网站：http：//www. qyqts. gov. cn/html/20076148533-1. html，2012-06-16

② 杨应森．广东汕头市贵屿镇：电子“垃圾镇”走上双赢路．人民网：http：//politics. people. com. cn/GB/1026/4120686. html，2006-06-16

为先进的拆解、回收工艺，环境管理也明显加强，但过去这些地区大多数的拆解活动是在露天进行，拆解洗涤废水、废油、甚至废酸液等未经处理就直接排放，一些无法利用的废塑料、废橡胶等被随意丢弃、焚烧，致使电子废物中所含的有毒有害物质［如 Pb、Cd、Hg、Cu 等重金属，多氯联苯（PCBs），多溴联苯醚（PBDEs）等有机物］直接进入当地环境介质产生污染。电子废物的随意焚烧还产生一些具有更强毒性的“三致”物质［如二噁英、溴代二噁英和多环芳烃（PAHs）等］。

1. 环境介质的重金属污染

Cu、Pb 是电子废物中含量比较高、又有较强生物毒性的重金属，一台典型台式电脑中 Cu、Pb 含量均超过 6%，其中 Cu 的可回收率往往超过 90%①；Zn 和 Ni 通常占一台典型台式电脑材料的 0.8%～2%，其可回收率则在 60%～80%②，但在粗放、原始的处理处置过程中，即便是 Cu 可能也很难保证高的回收率。而 Pb 的可回收率则在 10% 以下，因此，电子废物中所含的铅往往遗留在环境介质中。③ Cr 和 Cd 在电子废物中含量很低，在一台典型台式电脑中仅占不到 0.01%，两者也都未被作为可回收的重金属④，且均具有一定的生物毒性。其中，Cd 的生物毒性很大，各种标准对于其进入环境介质的限制非常严格。因此，这两种重金属对电子废物处理处置活动区域的环境污染是不容忽视的。

研究人员发现贵屿镇大气 PM2.5 中 Cu 和 Pb 浓度高达 126 mg/m^3 和 392 mg/m^3，是已有亚洲城市数据中含量最高的。⑤ 由此可见，电子废物焚烧活动对大气造成了重金属污染，由此引发的重金属迁移性污染不可忽视。对贵屿镇电子废物处理场附近农田土壤的调查结果表明，Cd、Cr、Cu、Pb 和 Zn 的含量分别为 54.1～

①②④⑦　清远市质量技术监督局．清远市申报国家循环经济综合标准化示范区规范废旧物资拆解回收加工业发展．清远市质量技术监督局网站：http：//www.qyqts.gov.cn/html/20076148533-1.html，2012-06-16

③　Puckett J，Byster L，Westervelt S，et al. Exporting harm：the high-tech trashing of Asia. Prepared by The Basel Action Network（BAN）and Silicon Valley Toxics Coalition（SVTC）. http：//ban.org/E-waste/technotrashfinalcomp.pdf，2012-06-16

⑤　Deng W J，Louie P K K，Liu W K，et al. Atmospheric levels and cytotoxicity of PAHs and heavy metals in TSP and PM2.5 at an electronic waste recycling site in Southeast China. Atmospheric Environment，2006，40：6945-6955

57.1mg/kg、278～320 mg/kg、93.5～116 mg/kg、382～415 mg/kg 和 46.2～68.1 mg/kg①，Cd 的污染相当严重。

贵屿镇电路板回收处置作坊表土中 Pb 含量平均值为 110 000 mg/kg，其中最大值高达 206 000 mg/kg⑦，应该只有排放的废渣才有如此高的 Pb 含量，显示了不作为主要回收对象的 Pb 所致污染的严重程度。该类作坊表土中 Cu 含量平均值也很高，为 8360 mg/kg，作坊附近道路表土的 Cu 和 Pb 含量平均值则分别为 6170 mg/kg 和 22 600 mg/kg，分别是 30km 外非电子废物处理处置活动区的 155 倍和 371 倍；Zn 和 Ni 含量平均为 4420 mg/kg 和 1500 mg/kg，附近道路的尘土中则为 2370 mg/kg 和 304 mg/kg②，均远远超过了 GB 15618—1995 三类土壤的最高限值。

关于沉积物，美国国家海洋与大气管理局（National Oceanic and Atmospheric Administration，NOAA）制订了一个推荐性的沉积物环境质量指引（sediment quality guideline，SQG）用于衡量沉积物的生态风险，其中 ERL（effect range-low）限值表示低于该值不会引起危害，而 ERM（effect range-median）限值表示高于该值很可能引起危害。③ 一项在 2002 年发表的研究较早报道了贵屿镇练江沉积物中十分严重的重金属污染④，18 种被检测的重金属元素均属于高度污染，尤其是 Cu、Zn、Cr 和 Pb 等重金属。5 个沉积物样本中 Cu 含量为 840～136 000 mg/kg，是 NOAA-SQG ERL 限值（34 mg/kg）的 24.7～4000 倍，ERM 限值（270mg/kg）的 3～504 倍；Pb 则为 300～23 400 mg/kg，是 NOAA-SQG ERL 限值（46.7 mg/kg）的 6～501 倍，ERM 限值（218 mg/kg）的 1～107 倍；Zn 和 Ni 的含量分别为 205～11 400 mg/kg 和 11～580 mg/kg，各有 3 个样点超过了 NOAA-SQG 的 ERM 限值（Zn：400 mg/kg；Ni：52 mg/kg），其中的最大值分别是 ERM 限值的 27.8 倍（Zn）和 11.2 倍（Ni）。相似的调查也发现练江贵屿段沉积物中 Cu 的含量是对照组的 3.2～429 倍，其他如 Ni、

---

① 林文杰，吴荣华，郑泽纯，等．贵屿电子垃圾处理对河流底泥及土壤重金属污染．生态环境学报，2011，20（1）：160-163

② Leung A O W，Duzgoren-Aydin N S，Cheung K C，et al. Heavy metals concentrations of surface dust from e-waste recycling and its human health implications in Southeast China. Environmental Science & Technology，2008，42：2674-2680

③ NOAA. Sediment quality guidelines developed for the national status and trends program，1999. http：//ccma. nos. noaa. gov/publications/sqg. pdf，2012-06-16

④ Puckett J，Byster L，Westervelt S，et al. Exporting harm：the high-tech trashing of Asia. Prepared by The Basel Action Network（BAN）and Silicon Valley Toxics Coalition（SVTC）. http：//ban. org/E-waste/technotrashfinalcomp. pdf，2012-06-16

Hg、Pb、Cd 和 As 含量也较对照显著为高，Cd、Cr、Cu、Pb 均超过《土壤环境质量标准》（GB 15618—1995）二级标准，其中 Cd 、Cu 污染相当严重。①另一项调查也发现练江贵屿段沉积物 Cu 含量平均值为 1070（125～4540）mg/kg，南阳河为 65.1（17.0～346）mg/kg，绝大多数样点超过了 ERL 限值，相当多的样点超过了 ERM 限值；Pb 含量平均值在练江为 230（79.5～590）mg/kg，在南阳河为 47.3（28.6～76.9）mg/kg。②

2. 环境介质的有机污染

多溴联苯醚（PBDEs）在电子产品中主要作为塑料的阻燃剂，可在塑料焚烧过程中泄露而进入环境。已有研究指出 PBDEs 具有明显的生物毒性，建议将其列入持久性有机污染物（POPs）清单并限制使用。在贵屿地区，现有研究证明电子废品回收活动已造成了 PBDEs 对大气、土壤、水体等环境介质的污染。在贵屿的大气总悬浮颗粒物（TSP）和 PM2.5 颗粒中共检测到 22 种 PBDEs 同系物，平均总 PBDEs 浓度分别为 124μg/m^3 和 62.1μg/m^3；大气颗粒物中 PBDEs 水平为两个对照城市的 58～691 倍。③ 调查还发现，贵屿地区土壤和沉积物中 PBDEs 含量为 0.26～824 ng/g④，南阳河岸边和底部沉积物中总 PBDEs 含量分别为 55～445ng/g 和 55～445 ng/g，练江底部沉积物为 51.3～365 ng/g。⑤

多氯联苯（PCBs）、多环芳烃（PAHs）、二噁英/呋喃（PCDD/Fs）和溴化二噁英呋喃（PBDD/Fs）都是列入 POPs 清单的有毒有害有机污染物，尤其是二噁英毒性非常大。虽然关于电子废物回收活动造成 PCBs、PAHs 和二噁英对环境介质的污染调查仍然十分有限，但也展示了污染的严重性。有人发现贵屿大气中的 PCDD/Fs 浓度为 6521 fg/m^3，是广州地区的 1.5 倍，香港的 3.1 倍；致癌

① Wong C S C, Wu S C, Duzgoren-Aydin N S, et al. Trace metal contamination of sediments in an e-waste processing village in China. Environmental Pollution, 2007, 145: 434-442

② Wong C S C, Wu S C, Duzgoren-Aydin N S, et al. Trace metal contamination of sediments in an e-waste processing village in China. Environmental Pollution, 2007, 145: 434-442

③ Deng W J, Zheng J S, Bi X H, et al. Distribution of PBDEs in air particles from an electronic waste recycling site compared with Guangzhou and Hong Kong, South China. Environmental International, 2007, 33: 1063-1069

④ Wang D L, Cai Z W, Jiang G B, et al. Determination of polybrominated diphenyl ethers in soil and sediment from an electronic waste recycling facility. Chemosphere, 2005, 60: 810-816

⑤ Luo Q, Cai Z W, Wong M H. Polybrominated diphenyl ethers in fish and sediment from river polluted by electronic waste. Science of the Total Environment, 2007, 383: 115-127

物质的指示物苯并［a］芘（BaP）浓度是世界卫生组织报道的亚洲其他城市的2～6倍。[①] 另一项调查也发现贵屿镇大气中PCDD/Fs的丰富度和毒性当量（TEQ）分别为64.9～2365 pg/m^{3}和0.909～48.9 pg W-TEQ/m^3，为已报道资料的最高水平，而PBDD/Fs也处于高浓度水平（8.124～61 pg/m^{3}和1.6～2104 pg I-TEQ/m^3），且已扩散到其周边城镇，使周边城镇的PCDD/Fs和2，3，7，8-PBDD/Fs浓度明显高于其他城市周边浓度水平。[②]

贵屿镇塑料焚烧迹地附近的土壤中PAHs浓度为428 ng/g，其中致癌组分占43%，一个打印机滚轴堆场的土壤和一个养鸭池沉积物中PAHs含量分别为593 μg/kg和514 μg/kg，连江河沉积物中PCBs含量高达743 μg/kg；电缆焚烧区PCDD/Fs和氧芴（DBF）的排放量比生活垃圾焚烧区的排放量高3个数量级。[③] 在露天焚烧区以及周边农田、水库表层（0～10cm）土壤中，总PCDD/Fs含量为466～599 156 pg/g，最高浓度高于韩国工业垃圾焚烧炉附近土壤（121 400 pg/g）和德国一废弃炼铜炉附近土壤（266 700 pg/g）等重度污染区；PAHs含量为44.8～3206 mg/kg，是当时已报道的中国南方城市中PAHs含量最高的样本。[④]

3. 对食物链和人体健康的影响

电子废物污染区内野生动物的污染状况比较早地见诸于对台州电子废物手工拆解区内河道中鲫鱼的一项调查，该调查结果表明，鲫鱼肌肉中PCBs的含量为691 μg/kg，比无污染源的样品中的PCBs含量高数十倍甚至上千倍。对贵屿镇两条主要河流南阳河和练江中鱼类中PBDEs含量的调查结果表明，在6条鳙鱼（南阳河）、18条罗非鱼（练江）中，罗非鱼混合肌肉样品中ΣPBDEs的平均含量为115 ng/g，来自南阳河的鳙鱼肝部则高达2687 ng/g，其腹部肌肉为1088 ng/g。而采自香港某废水池作为对照的罗非鱼样品中ΣPBDEs的平均含量仅为4.1ng/g，显示练江和南阳河中罗非鱼和鳙鱼中PBDEs浓度比已报道的同类

---

① Wong M H, Wu S C, Deng W J, et al. Export of toxic chemicals: A review of the case of uncontrolled electronic-waste recycling. Environmental Pollution, 2007, 149: 131-140

② Li H R, Yu L P, Sheng G Y, et al. Severe PCDD/F and PBDD/F pollution in air around an electronic waste dismantling area in China. Environment Science & Technology, 2007, 41: 5641-5646

③ Leung A, Cai Z W, Wong M H. Environmental contamination from electronic waste recycling at Guiyu, Southeast China. Journal of Material Cycles and Waste Management, 2006, 8: 21-33

④ Wong M H, Wu S C, Deng W J, et al. Export of toxic chemicals: A review of the case of uncontrolled electronic-waste recycling. Environmental Pollution, 2007, 149: 131-140

鱼种高出2～4个数量级。① 另外还发现贵屿镇南阳河五种淡水鱼类体内 ΣPBDEs 含量呈现草鱼<鲮鱼<鲫鱼<银鲤<鲤鱼的规律，初步判断这种差异主要是由鲫鱼、银鲤和鲤鱼的代谢活动较强造成的，各种鱼样品中 ΣPBDEs 含量明显高于比利时弗兰德斯德斯普兰斯河污染区域中的鲤鱼（18 ng/g）和一家制造厂附近河流中的鲤鱼(65 ng/g)；也高于美国弗吉尼亚州 Hyco River 鲤鱼样品中的含量（11.4 ng/g）。②

对贵屿居民的调查结果表明，电子垃圾拆解工人组和对照组总的 PCBs 暴露量（包括呼吸暴露和食物暴露）分别为2163 ng/d 和654 ng/d，其中通过呼吸暴露途径的 PCBs 量占总量的87.8%和59.6%。③ 研究人员认为，对于生活在电子废物污染地区的居民来说，呼吸以及皮肤暴露等途径要远大于食物暴露途径。但是，空气是流体，随时随地都有很大的交换量，只要提高技术水平以及改善生产环境，通过呼吸暴露途径造成的健康风险就比较容易得到有效控制。而土壤、水体沉积物等环境介质的移动性极小，长期积累遗留在电子废物处理处置区土壤和水体沉积物（甚至地下水）中的各种污染物对当地和流域人群造成的健康风险必定是长期存在的。

在人体重金属污染方面，研究人员以贵屿所辖4个以电子废物拆解为主要产业的村庄的165名1～6岁儿童血铅含量（BLLs）以及61名与贵屿相邻、生活方式类似但没有电子垃圾拆解作业（以纺织工业为主）的陈店镇的同龄小孩为对象进行了调查，发现贵屿镇的小孩 BLLs 水平显著高于陈店镇，贵屿镇儿童中 BLLs>10 μg/dL 的占81.8%，其中电子废物回收活动十分密集的贵屿镇北林村和渡头村儿童 BLLs 超过10 μg/dL 的比例分别为88.8%和100%，而对照的陈店镇仅为37.7%，我国儿童 BLLs 超过10 μg/dL 的则仅为33.8%。④ 对贵屿镇电子废物处理处置区儿童的血铅和血镉水平的调查发现，70.8%儿童的血铅含量高于10 μg/dL，20.1%儿童的血镉含量高于2 μg/L，两者均远高于对照区儿童；随着年龄的增长，贵屿镇电子废物污染区儿童的血铅、血镉含量均有明显的增长趋势，儿童的平均

---

① Luo Q, Cai Z W, Wong M H. Polybrominated diphenyl ethers in fish and sediment from river polluted by electronic waste. Science of the Total Environment, 2007, 383: 115-127

② Luo Q, Wong M, Cai Z. Determination of polybrominated diphenyl ethers in freshwater fishes from a river polluted by e-wastes. Talanta, 2007, 72: 1644-1649

③ Xing G H, Chan J K Y, Leung A O W, et al. Environmental impact and human exposure to PCBs in Guiyu, an electronic waste recycling site in China. Environment International, 2009, 35: 76-82

④ Huo X, Peng L, Xu X, et al. Elevated blood lead levels of children in Guiyu, an electronic waste recycling town in China. Environmental Health Perspectives, 2007, 115: 1113-1117

身高则明显低于对照区儿童。① 一项对贵屿镇幼儿园3～8岁儿童的研究也有基本相同的结论，并发现儿童血铅、血镉水平的升高与儿童住所周围是否存在电子废物处理场地呈正相关。② 另一项针对贵屿镇新生婴儿脐带血铬水平的研究表明，2006年贵屿镇婴儿脐带血铬浓度的几何均值为306.20 μg/L，2007年为99.9 μg/L，与对照组差异极显著。而血铬在人体血液中的正常值仅为0～0.2 μg/L，表明贵屿镇婴儿脐带血铬浓度超出正常水平的倍数，十分惊人。③

在人体有机污染水平方面，研究人员对贵屿镇电子废物拆解工人的血浆中PBDEs浓度做了调查，对象包括拆解工人（居住地区80%的家庭从事电子垃圾拆解工作），距离贵屿镇50km以内的靠近海边并以农业耕种为主要经济来源的农民和生活在广州（无职业PBDEs暴露风险）的居民。调查结果显示电子废物拆解工人血浆中PBDEs含量显著高于其他两组，大多为其他两组的11～20倍。④ 还有研究发现，贵屿镇居民血清样品中的得克隆（DP）平均浓度为42.6 ng/g（7.8～465 ng/g），显著高于对照组居民的13.7 ng/g（0.93～50.5 ng/g）。⑤ DP属于氯系阻燃剂，其在环境中的存在及其生物富集效应和健康风险在近期开始受到广泛关注。

电子废物污染对居民和从业人员造成机体损伤也已经显现出来。一项研究表明，贵屿镇3～6岁儿童的智力与其血铅含量有显著的相关性，当地儿童的智力发育在一定程度上受到了铅污染的损害，同时，贵屿镇周边地区的儿童可能也受到了影响。⑥ 研究还发现，贵屿镇受调查的儿童平均身高显著低于对照的陈店镇儿童，影响儿童血镉、血铅浓度的因子主要包括儿童的父亲是否参与电子

---

① Zhang X L, Yang F X , Luo C H, et al. Bioaccumulative characteristics of hexabromocyclododecanes in freshwater species from an electronic waste recycling area in China. Chemosphere, 2009, 76 (11): 1572-1578

② 杨辉，徐锡金，刘伟，等. 电子垃圾拆解区儿童血铅、血镉水平及相关影响因素的研究. 汕头大学医学院学报，2011，24（1）：30-31

③ Li Y, Xu X, Liu J, et al. The hazard of chromium exposure to neonates in Guiyu of China. Science of the Total Environment, 2008, 403: 99-104

④ Qu W, Bi X, Sheng G, et al. Exposure to polybrominated diphenyl ethers among workers at an electronic waste dismantling region in Guangdong, China. Environment International, 2007, 33: 1029-1034

⑤ Ren G F , Yu Z Q , Ma S T, et al. Determination of dechlorane plus in serum from electronics dismantling workers in South China. Environmental Science & Technology, 2009, 43 (24): 9453-9457

⑥ 韩岱，霍霞，郑良楷，李燕. 电子废物拆解区儿童的血铅和智力情况调查. 汕头大学医学院学报，2007，20：170-175

垃圾拆解相关活动、是否居住在贵屿镇以及在道路两旁活动的时间等。① 另外，针对贵屿镇儿童和对照地区儿童脐带血进行的单细胞凝胶电泳（彗星试验，SCGE）研究结果表明，两地之间的受损比率和彗星尾巴长度有显著差别，说明贵屿镇的严重铬污染已经对当地新生婴儿的健康造成了一定的损伤。② 对贵屿镇电子废物拆解区新生儿脐带血淋巴细胞 DNA 损伤状况的研究发现，暴露组脐带血淋巴细胞 DNA 较对照组损伤严重③，电子废物处理区居民脊椎病、痛风、甲亢、肝功能不良及骨质疏松症患病率明显偏高，这种偏高与机体中 PBDEs 含量密切相关④，且伴随有特异性细胞免疫功能减弱、淋巴细胞凋亡水平偏高等现象。⑤

由此可见，贵屿镇以往开展的极不规范的电子废物拆解、回收活动不仅对空气、水、土壤等环境介质造成了严重的重金属和有机污染物的复合污染，而且通过大气摄入和食物链途径影响到人体健康，不仅有污染物的人体暴露水平方面的证据，而且还体现在人体机能的损伤，并显示了明显的遗传毒性症状。

6.4.2　广东省清远市龙塘镇、石角镇

清远市龙塘镇、石角镇电子废物回收、拆解活动已经有二十多年的历史，由于过去曾经极度忽略了电子废物回收行业的环境影响以及缺乏有效的组织和管理，电子废物回收行业的经营和操作十分粗放和不科学，以农民庭院式拆解为主，1300 多家拆解户分散于 22 个行政村内。目前该地区的再生资源产业已经很少涉及电子废物回收，转为以废电线电缆、废电机等的处理处置为主，许多规范经营的大、中型企业也已经发展起来，小型个体拆解户也逐步进入园区实施集中管理，技术和设备水平不断，污染物也得到了有效处理和监控，整体上对环境的不良影响已大为减少。但是，由于过去曾经无序经营的电子废物回收

---

① Zheng L, Wu K, Li Y, et al. Blood lead and cadmium levels and relevant factors among children from an e-waste recycling town in China. Environmental Research, 2008, 108: 15-20

② Li Y, Xu X, Liu J, et al. The hazard of chromium exposure to neonates in Guiyu of China. Science of the Total Environment, 2008, 403: 99-104

③ 王远萍，霍霞，肖琼娜，等. 电子垃圾拆解区新生儿脐带血淋巴细胞 DNA 损伤及其相关因素分析. 汕头大学医学院学报，2011，24（1）：20-22

④ 王福彦，梁勇，陈征燕，等. 电子废物中持久性有机污染物对健康影响的调查. 中国热带医学，2010，10（3）：391-392

⑤ 程清，李克秋，李光. 某电子废弃物拆解区居民外周血淋巴细胞亚群调查. 汕头大学医学院学报，2010，27（2）：149-150

拆解行业所遗留的大量污染物尚未清理，受污染环境的修复仍未受到重视，且目前有部分个体拆解户仍在园区以外开展废旧电线电缆、废电机等的拆解活动，再生资源产业所造成的各种显在的和潜在的环境风险仍然对当地生态系统和人体健康造成严重威胁。更值得担忧的是，清远市龙塘镇、石角镇比邻珠江主要支流的北江，其下游分布着 7 个集中式饮用水源保护区（图 6-7）。

对清远市龙塘镇、石角镇电子废物污染调查始于 2004 年，近年来已经陆续有不少调研成果发表于国内外重要期刊，调查结果显示在清远市龙塘镇、石角镇测得的环境介质污染及其对生态系统、食物链和人体健康的影响并不亚于在贵屿镇发现的问题。

图 6-7　广东省清远市龙塘镇、石角镇区位及其比邻的北江下游集中式饮用水源保护区分布图

1. 环境介质中的毒害污染物

在清远市龙塘镇、石角镇电子废物处理处置场地的调查同样涉及重金属和有机污染物。在重金属方面，电子废物焚烧区土壤中测得了最高含量分别达到 14 138. 7 mg/kg 和 13 288. 6 mg/kg 的 Cu 和 Pb，11 个样点的 Cu、Pb 平均含量分别达到 4850. 6 mg/kg 和 1714. 5 mg/kg，远远超过了国家土壤环境质量标准（GB

15618—1995）规定的三级土壤 Cu、Pb 含量最大限值。① 在电子废物焚烧烟气的沉降区，土壤中 Cu 和 Pb 最大含量达到 437. 6 mg/kg 和 209. 9 mg/kg，平均值为 202. 6 mg/kg 和 106. 4 mg/kg②，分别是当地对照土壤 Cu 和 Pb 含量平均值的约 20 倍和 6 倍。由此可见，电子废物焚烧活动造成的 Cu、Pb 污染十分严重。清远市龙塘镇、石角镇电子废物拆解作坊灰尘中 Cu 和 Pb 含量分别为 996～28 095 mg/kg 和 315～5680 mg/kg。电子废物拆解活动历史较长的龙塘镇 12 个样点灰尘中 Cu、Pb 和 Zn 含量平均值分别为 6371. 5 mg/kg、1635. 4 mg/kg 和 3039. 6 mg/kg，而历史相对较短的石角镇 17 个样点平均值分别为 4000. 7 mg/kg、943. 7 mg/kg 和 2044. 8 mg/kg，呈现电子废物处理处置活动时间越长污染也越严重的趋势。③

电子废物堆场和处置作坊附近农田土壤也受到了重金属污染。研究人员根据国家《食用农产品产地环境质量评价标准》（HJ 332—2006）中菜地土壤 Cu 和 Pb 含量最大限值对拆解作坊附近 33 个农田土壤样本进行了评价④，发现有 21 个样本 Cu 含量超过 HJ 332—2006 规定的最大限值（Cu≤50mg/kg），超标率为 63. 7%，最大超标倍数达 6. 3 倍；Pb 含量有 16 个样本超标（Pb≤50mg/kg），超标率为 48. 5%，最大超标倍数 2. 1 倍。可见，电子废物处理处置活动是周边农田土壤 Cu 和 Pb 污染的重要原因，势必对当地食品安全造成威胁。

Cd 也是清远市龙塘镇、石角镇电子废物回收活动环境风险最高的元素之一。Cd 在当地电子废物堆场和拆解作坊的污染最为严重，并导致了农田土壤的污染。29 个堆场和拆解作坊灰尘样本中的 Cd 含量为 2. 39～216 mg/kg，最大值是国家土壤环境质量标准二级土壤限值的 720 倍，平均含量为 28. 8 mg/kg，是二级土壤限值的 96 倍，有 24 个样本的 Cd 含量超过日本“痛痛病”地区当地土壤的最高平均 Cd 含量（4. 01 mg/kg）。在拆解作坊附近 33 个农田土壤样本中，有 26 个样本的 Cd 含量超过了二级土壤限值，超标率为 78. 8%，平均 Cd 含量为 3. 04 mg/kg，是二级土壤限值的 3. 7 倍，最大含量为 7. 71 mg/kg，是二级土壤限值的 25. 7 倍。⑤ 在当地电子废物焚烧迹地土壤和水体中也都测得很高的 Cd 含

①② 罗勇，余晓华，杨中艺，等．电子废物不当处置的重金属污染及其环境风险评价．Ⅰ．电子废物焚烧迹地的重金属污染．生态毒理学报，2008，3：34-41

③④ 罗勇，罗孝俊，杨中艺，等．电子废物不当处置的重金属污染及其环境风险评价．Ⅱ．分布于人居环境（村镇）内的电子废物拆解作坊及其附近农田的土壤重金属污染．生态毒理学报，2008，3：123-129

⑤ 罗勇，罗孝俊，杨中艺，等．电子废物不当处置的重金属污染及其环境风险评价．Ⅱ．分布于人居环境（村镇）内的电子废物拆解作坊及其附近农田的土壤重金属污染．生态毒理学报，2008，3：123-129

量，核心区11个样点的土壤中Cd含量平均值为10.5 mg/kg，是二级土壤限值（0.3 mg/kg）的35倍，含量最大值为35.6 mg/kg，是二级土壤限值的119倍。Cd随烟气的迁移污染也比较严重，6个垂直迁移和水平迁移样点的Cd含量平均值为1.57 mg/kg，最大值为2.44 mg/kg，分别是二级土壤限值的5.2倍和8.1倍。①

在水体方面，研究人员调查了龙塘镇电子废物污染区内存在的各种水体（包括泉水、水塘、水库、农灌渠、农田和井水）中的重金属浓度②，发现接纳酸洗废水的一个水塘的水体pH低达2.05～3.17，Cu和Pb浓度分别为64.8 mg/L和0.2 mg/L，分别为国家地表水水质标准（GB3838—2002）中Ⅲ类水最大限值的64倍和4倍，其中Pb浓度是北江水Pb浓度③的100倍。Cd污染更为严重，电子废物焚烧和酸洗区6个水塘和水库水样中有4个样点检出了Cd，浓度为0.015～6.649 mg/L，是地表水Ⅴ类水限值（GB3838-2002）的1.5～664.9倍。当地泉水中也发现了较高浓度的Pb，是北江水Pb浓度的35倍。

研究人员比较系统地调查了龙塘镇电子废物污染区内各种水体沉积物中重金属的含量④，发现当地水塘和水库沉积物样点中Cu和Pb含量均在20～30 cm深度最高且呈现出随深度的减小逐渐降低的趋势，说明该深度沉积物是在电子废物回收拆解活动最旺盛的时期形成的。其后在政府环保部门的管制下，随着电子废物处理处置活动的减弱，其上层沉积物中Cu和Pb含量均明显下降。电子废物回收活动的历史性Cd污染的影响比Cu、Pb、Zn等有更明显的持久性，水塘和水库沉积物中Cd含量最大值出现在0～20cm分层，显示Cd比其他主要重金属在环境中的存留时间可能更长。在该分层中的Cd平均含量为1.60 mg/kg，高于ERL（1.2 mg/kg）而低于ERM（9.6 mg/kg）。在邻接龙塘、石角地区的大燕河沉积物中，Cu、Pb和Zn的含量分别为401.23～571.79 mg/kg、125.21～151.97 mg/kg和71.0～430 mg/kg，Cu和Pb含量均超过了ERM限值，其中Cu超出幅度很大，而Zn含量的最大值也超过了ERM限值。全河段

---

① 罗勇，余晓华，杨中艺，等. 电子废物不当处置的重金属污染及其环境风险评价. Ⅰ. 电子废物焚烧迹地的重金属污染. 生态毒理学报，2008，3：34-41

② 罗勇，罗孝俊，杨中艺，等. 电子废物不当处置的重金属污染及其环境风险评价. Ⅲ. 电子废物酸解、焚烧活动对小流域地表水和井水的金属污染. 生态毒理学报，2008，3：231-236

③ 张新华，冉东辉. 粤北地区地表水中重金属危害及防治对策. 珠江现代建设，2007，(1)：14-16，33

④ 罗勇，罗孝俊，杨中艺，等. 电子废物不当处置的重金属污染及其环境风险评价. Ⅳ. 电子废物不当回收地区流域水体沉积物的重金属污染. 生态毒理学报，2008，3：343-349

沉积物中Cd平均含量为6.15 mg/kg，最大含量为8.63 mg/kg，均远高于ERL而低于ERM。虽然大燕河与北江交汇处沉积物中Cu、Pb、Cd含量未达到高风险水平，但电子废物处理处置活动区域积累的大量重金属通过水系汇入江河的证据是明显的，这必定对北江下游分布的7个集中式饮用水源保护区造成严重威胁。

在清远市龙塘镇、石角镇的电子废物污染区也开展了较系统的有机污染调查。在大气污染方面，电子废物焚烧区大气样品中PCDD/Fs的平均含量为127.37 pg/m^3，是9 km外样区（对照区）的6倍①，而且远高于在贵屿地区有关PCDD/Fs大气污染的研究结果。土壤调查结果②显示，当地土壤样品中共有22个PBDEs单体被检出，∑PBDEs和BDE209的含量分别为0.16～3123 ng/g和1.31～6319 ng/g，其中电子废物拆解作坊表土中∑PBDEs和BDE209平均含量最高，分别为1096（116～3123）ng/g和1539（69～6319）ng/g，且已经出现从处理处置场地向农田土壤迁移的迹象，农田土壤中∑PBDEs和BDE209的含量分别为8.25～10.36 ng/g和20.24～38.20 ng/g。在该地电子废物污染区土壤中测得的PBDEs含量要明显高于汕头贵屿和浙江台州的同类地区。在PCBs污染方面，所有样点中共有83种PCBs单体被检出，污染最严重样点的总含量高达136 333.1 ng/g，其他样地为99.6～4983.8 ng/g，平均为2236.7 ng/g，远高于国内以往报道的调查结果。两个农田土壤样点的总含量分别高达3859.4 ng/g和3194.7 ng/g，表明PCBs其向农田迁移十分严重。③研究结果还表明，各土样中PCBs含量、土壤重金属Cr、Cd、Pb、Zn、Ni、Cr的全量、PBDEs、土壤总有机碳和全氮的含量间均存在极显著正相关，说明电子废物处理处置过程中重金属、PBDEs与PCBs的释放是同步的，形成明显的复合污染特征。④

在清远市龙塘、石角地区的水系中也发现了较高浓度的PBDEs，在当地山泉、水库和水井的水体样本中共检出15种PBDEs单体。其中，井水中总PBDEs的含量最高，平均为7.78 ng/L，高于水库水（5.68 ng/L）和泉水（2.16 ng/L），在其中一口水井的水样中测得了高达17.3 ng/L的总PBDEs含量，说明当地饮用水源

①④　余莉萍，李会茹，孟祥周，等．电子垃圾焚烧排放的二噁英对周围大气环境的影响．环境污染与防治，2008，30（2）：8-11

②　罗勇．电子废物不当处置环境中多溴联苯醚和重金属污染研究．广州：中山大学博士学位论文，2007

③　余晓华．电子废物不当处置环境污染风险研究．广州：中山大学博士学位论文，2010

已经受到了 PBDEs 的严重污染。[⑤]

流经清远市龙塘、石角地区并最终汇入北江的支流大燕河的沉积物中也有 15 种 PBDEs 单体被检出。其中，两镇交界处采集的样品中总 PBDEs 含量最高，达到 609. 89 ng/g[⑥]，说明 PBDEs 经水系的迁移也十分明显，将严重威胁北江下游的饮用水源保护区。与世界上其他水系相比，大燕河沉积物 ∑ PBDEs 平均含量 (22. 2 ng/g)要高于世界各地海洋、河口三角洲及湖泊中沉积物已报告的平均含量，与美国尼亚加拉河（20. 4 ng/g）[⑦] 及中国的珠江东江（20. 7 ng/g）[⑧] 的含量基本相当。BDE209 的含量水平也远远超过了绝大多数已报告的海洋、河口三角洲及湖泊中沉积物的含量，其最高值（568. 52 ng/g）在中国的东江（7341 ng/g）[⑨]、瑞典的维斯坎河（7100 ng/g）[⑩] 和英国的马瑟河（1700 ng/g）[⑤]之后居第四。

2. 对生态系统的影响

清远市龙塘镇、石角镇电子废物处理区内环境介质的重金属和有机污染也必定会体现在对当地生态系统的影响，包括动、植物乃至微生物的响应都引起了研究者的关注和调查，并发表了不少相关研究报告。

1）对野生动物的影响

调查发现，当地青蛙肌肉、肝脏和卵的 PBDEs 水平分别是 0. 63～11. 6 ng/g 鲜重、4. 57～56. 2 ng/g 鲜重和 10. 7～125 ng/g 鲜重；青蛙体内绝大部分 PBDEs 同系物都对肌肉组织表现出较高的亲和力，以 BDEs 99、153、183、209 和 47 为主，这些 PBDEs 同系物通过物理和化学作用影响着转运蛋白的亲和力，从而对青蛙的母性遗传造成影响；相对而言，雄性青蛙具有较强的

⑤ 罗勇，罗孝俊，杨中艺，等．电子废物不当处置的重金属污染及其环境风险评价．III. 电子废物酸解、焚烧活动对小流域地表水和井水的金属污染．生态毒理学报，2008，3：231-236

⑥ 罗勇，罗孝俊，杨中艺，等．电子废物不当处置的重金属污染及其环境风险评价．IV. 电子废物不当回收地区流域水体沉积物的重金属污染．生态毒理学报，2008，3：343-349

⑦ Samara F，Tsai C W，Aga D S. Determination of potential sources of PCBs and PBDEs in sediments of the Niagara River. Environmental Pollution，2006，139：489-497

⑧ Mai B X，Chen S J，Luo X J，et al. Distribution of polybrominated diphenyl ethers in sediments of the Pearl River Delta and adjacent South China Sea. Environmental Science & Technology，2005，39：3521-3527

⑨⑤ Sellström U，Kierkegaard A，Alsberg T，et al. Brominated flame retardants in sediments from European estuaries，the Baltic Sea and in sewage sludge. Organohalogen Compounds，1999，40：383-386

⑩ Sellström U，Kierkegaard A，de Wit C，et al. Polybrominated diphenyl ethers and hexabromocyclododecane in sediment and fish from a Swedish river. Environmental Toxicology and Chemistry，1998，17：1065-1072

PBEDs代谢能力。[⑥] 电子废物处理区内五种水鸟肌肉中PCBs和PBDEs浓度分别高达960～1 400 000 ng/g脂质和37～2200 ng/g脂质，显示电子废物处理活动产生的POPs污染通过食物链的富集达到了相当惊人的程度；通过进行污染物组成和来源分析发现，PCBs是鸟类PHCs污染的主要成分，占总含量的81%～92%。[⑦]

2）对野生植物的影响

对电子废物污染区内植物PBDEs含量的调查发现，植物样本中共有15种PBDEs单体被检出，其中在类芦（*Neyraudia reynaudiana*）中检出8种，铁芒箕（*Dicranopteris dichotoma*）中检出13种；植物体内PBDEs含量与土壤中的含量成正比，∑PBDEs、BDE209和PBDEs在类芦中的总含量分别为0.45 ng/g干重、4.56 ng/g干重和5.01 ng/g干重；铁芒箕则分别为8.31 ng/g干重、11.15 ng/g干重和19.45 ng/g干重。污染区内尾叶桉（*Eucalyptus urophylla*）、类芦、南洋楹（*Albizia falcataria*）、铁芒箕体内的重金属含量显著高于对照区。其中，桉树根部Zn、Cu、Pb、Cd平均含量达25.60 mg/kg、338.00 mg/kg、17.82 mg/kg和0.16 mg/kg，分别是对照区（8.25 mg/kg、5.71 mg/kg、11.60 mg/kg和0.07 mg/kg）的3.1倍、59.2倍、1.5倍和2.3倍。类芦根部上述金属在污染区的平均含量分别为57.35 mg/kg、267.86 mg/kg、44.45 mg/kg和1.45 mg/kg，分别是对照区（14.77 mg/kg、17.63 mg/kg、22.49 mg/kg、0.21 mg/kg）的3.9倍、15.2倍、2.0倍和6.9倍。[⑧]

3）对土壤微生物的影响

电子废物污染对土壤微生物的影响少有研究，但已有研究表明其影响不容忽视。对清远市龙塘、石角地区电子废物污染区域的研究表明，重金属-POPs复合污染降低了土壤细菌、真菌和放线菌的数量。其中土壤细菌数量在对照区可达6.59×10^7，严重污染土壤则只有1.72×10^5，相差2个数量级；土壤放线菌数量在对照区可达1.22×10^5，严重污染土壤则只有2.54×10^2，相差3个数量级；土壤真菌数量在对照区可达7.36×10^3，严重污染土则为1.06×10^3，相差6倍。

⑥ Wu J P, Luo X J, Zhang Y, et al. Residues of polybrominated diphenyl ethers in frogs (*Rana limnocharis*) from a contaminated site, South China: tissue distribution, biomagnification, and maternal transfer. Environmental Science & Technology, 2009, 43 (14): 5212-5217

⑦ Luo X J, Zhang X L, Liu J, et al. Persistent halogenated compounds in waterbirds from an e-waste recycling region in South China. Environmental Science & Technology, 2009, 43 (2): 306-311

⑧ 罗勇. 电子废物不当处置环境中多溴联苯醚和重金属污染研究. 广州：中山大学博士学位论文，2007

拟合回归寻优分析表明，土壤细菌数量与土壤 DTPA-Pb、-Cu、-Zn、-Cd、-Ni 含量以及 PCBs、BDE209 和 PBDEs 含量呈极显著或显著负相关；土壤 DTPA-Pb、-Cu、-Zn 与放线菌数量呈显著负相关。土壤 Cu、DTPA-Cu、BDE209 含量与微生物氮熵、Cu 含量与微生物碳熵呈显著线性负相关。严重的重金属和 PBDEs、PCBs 污染胁迫导致土壤呼吸增强，土壤基础呼吸与重金属 Cd、Pb、Zn、Cu、Cr、Ni、Mn 全量和 DTPA-Cd、-Pb、-Zn、-Cu 含量以及PBDEs、PCBs 总含量都存在极显著或显著线性正相关，表明基础呼吸可指示复合污染程度。呼吸熵（qCO_2）与 Cu、Zn、DTPA-Cu、DTPA-Zn 也呈极显著线性正相关。土壤中 DTPA-Pb、DTPA-Cu 的存在显著降低了酸性磷酸酶活性。①

基于 BIOLOG 生态盘碳源代谢的土壤微生物功能多样性研究结果②表明，部分污染严重的土壤样点中微生物功能多样性并未显著低于对照样点，而一些污染程度并非最严重的样点的功能多样性指数却显著低于对照样点，说明在污染严重的土壤中微生物功能发生了明显的分化，导致多样性增加。据此推测受严重污染样点中能够耐受重金属和 POPs 毒性的微生物类群应该大大增加，从而避免了微生物群落功能多样性的下降。上述研究还从电子废物污染环境中共筛选出 77 个具有单一重金属耐性的菌株以及 20 株具有重金属复合毒性耐受能力的菌株，并在上述菌株中筛选出 4 个可降解 Aroclor1254 的菌株，分属于铜绿色假单胞菌（*Pseudomonas aeruginosa*）、降解丁醇芽孢杆菌（*Bacillus butanolivorans*）和门多萨假单胞菌（*Pseudomonas mendocina*）。

3. 对人体健康的影响

1）食物链的污染水平

对清远市龙塘镇、石角镇电子废物污染区的农作物 PBDEs 含量调查结果显示，上海青（*Brassica campestris L.*）被检测出来的单体有 BDE47 和 BDE183，稻谷中有 BDE183、BDE203、BDE207、BDE208 和 BDE209 五种，油荬菜（*Lactuca sibirica L.*）检出的单体最多，达 12 种。油荬菜的 PBDEs 含量也最高，达到 25.64ng/g，其次是稻谷，含量为 2.08 ng/g，上海青 PBDEs 含量最低，为 0.05 ng/g。③

对清远龙塘、石角地区村民家养的鸡、鸭等家禽体内 PBDEs 含量的调查结果

①② 余晓华．电子废物不当处置环境污染风险研究．广州：中山大学博士学位论文，2010

③ 罗勇．电子废物不当处置环境中多溴联苯醚和重金属污染研究．广州：中山大学博士学位论文，2007

显示，鸡肉和鸡肝脏中 PBDEs 浓度分别为 5.7～4381 ng/g 脂重和 1.5～7897ng/g 脂重。在所统计的 33 只鸡中，有 7 只鸡的鸡肉和肝脏的 PBDEs 浓度都超过了 100ng/g 脂重，而这些鸡正是采自电子垃圾拆解作坊附近；鸭肉和鸭肝脏部位 PBDEs 含量分别为 2.4～51 ng/g 脂重和 1.9～134 ng/g 脂重，显著低于鸡体内相应部位的含量。[①] 作者的计算结果表明，当地居民通过食用鸡和鸭，日摄入 PBDEs 量为 7.8～3582 ng，中间值为 67.8 ng，这比广东地区通过食用 13 种普通鱼类途径摄入 PBDEs 的量[②]高出 10 倍。

对清远龙塘地区水域中水生物种中 PBDEs 和 PCBs 含量以及生物累积程度的调查结果[③]表明，ΣPBDEs 中位浓度的顺序为水蛇(1091 ng/g)> 鲮鱼(830 ng/g)> 乌鳢(490ng/g)>鲫鱼(316 ng/g)>草虾(254 ng/g)>田螺(67.5 ng/g)，高于华南地区鱼肉中 ΣPBDE 含量[③]近 2 个数量级；ΣPCBs 浓度在不同物种的分布与 ΣPBDE 相似，呈现水蛇(16512 ng/g)>鲮鱼(12 390 ng/g)>鲫鱼(8338 ng/g)>乌鳢(7052 ng/g)>草虾(3503 ng/g)>田螺(62.8 ng/g) 的趋势，显示食物链的高级别物种（水蛇、乌鳢）和喜食腐烂物料物种（鲮鱼）会富集更多的 PBDEs 和 PCBs。其中鲮鱼体内 ΣPBDEs 和 ΣPCBs 含量为对照区（离电子垃圾拆解区5 km 的水库）的 164 和 59 倍。

2）人体的污染水平

对清远市龙塘镇、石角镇电子废物暴露人群的头发中重金属含量水平的调查结果[④]表明，Zn、Pb、Cu、Cd、Ni 是含量最高的五种重金属，均显著高于对照区人群头发中重金属的水平，含量大小遵循 Zn>Pb>Cu>Cd>Ni 的顺序，Pb、Cu、Cd 三种重金属之间有很高的相关性。该研究结果还显示，儿童更易受到重金属污染的侵害。研究人员还对龙塘镇、石角镇电子废物拆解从业人员头发中的 DP 含量进行了调查，发现该人群中头发与粉尘中的 DP 含量分别

① Luo X J, Liu J, Luo Y, et al. Polybrominated diphenyl ethers (PBDEs) in free-range domestic fowl from an e-waste recycling site in South China: Levels, profile and human dietary exposure. Environment International, 2009, 35: 253-258

②③ Meng X Z, Zeng E Y, Yu L P, et al. Persistent halogenated hydrocarbons in consumer fish of China: regional and global implications for human exposure. Environmental Science & Technology, 2007, 41: 1821-1827

③ Wu J P, Luo X J, Zhang Y, et al. Bioaccumulation of polybrominated diphenyl ethers (PBDEs) and polychlorinated biphenyls (PCBs) in wild aquatic species from an electronic waste (e-waste) recycling site in South China. Environment International,, 2008, 34: 1109-1113

④ Zheng J, Luo X J, Yuan J G, et al. Heavy metals in hair of residents in an e-waste recycling area, South China: contents and assessment of bodily state. Archives of Environmental Contumination and Toxicology, 2011, 61 (4): 696-703

为 0.02～58.32ng/g 和 2.78～4197 ng/g，DP 在粉尘和头发中浓度和丰度的相似度和相关性都表明粉尘的摄入是人体 DP 暴露的重要途径。① 对上述人群头发中溴化阻燃剂（BFRs）含量的调查结果表明，从业人员头发中的 BFRs 含量高于没有从事电子废物拆解居民头发中的 BFRs 含量。PBDEs 和 DBDPE 是头发样品中两种主要的 BFRs。②

综上所述，电子废物处理处置所造成的土壤污染是严重的多种重金属-POPs 复合污染，并且污染物已经迁移至农田土壤乃至食物链，并对人体健康造成了严重影响。国家环保部已经将电子废物列为危险性废物，其处理处置行业在法律上已置于严格监管之下；广东省汕头市贵屿镇和清远市龙塘镇、石角镇等地区均已开始实施再生资源回收企业入园管理策略，分别开展了循环经济工业园试点工作，再生资源产业的环境管理工作得到了加强。但是，已经受到污染的环境的修复工作仍未受到重视，当地遗留的大量污染物持续影响着当地和周边环境，采取切实措施对受污染环境开展修复是今后的重要工作。

6.5 再生资源回收与社会治安

6.5.1 购销赃问题

目前，再生资源产业不同程度地存在着“无序发展、无序经营、无序管理”的问题，致使这一行业与购销赃或多或少存在关联。以下是一些在因特网上能够找到的相关信息。

截止到 2005 年，北京市有废旧金属收购站点 3239 户，比 2002 年 11 月 1 日取消行政审批前的 730 户增长了 3.4 倍。非法从业人员素质参差不齐，绝大多数为外地来京务工者，居无定所，身份结构复杂，法律意识严重缺乏，长期无人管理，处于无序经营的状态。特别是未办理营业执照流动收废品者，不少人员甚至公开回收犯罪分子偷盗来的井盖、铁箅子、电缆等市政设施，成为违法犯罪人员销赃的一个重要渠道。他们处在不设“门槛”的废品回收行业的市场真

---

① Zheng J, Wang J, Luo X J, et al. Dechlorane Plus in human hair from an e-waste recycling area in South China: comparison with dust. Environmental Science & Technology, 2010, 44 (24): 9298-303

② Zheng J, Luo X J, Yuan J G, et al. Levels and sources of brominated flame retardants in human hair from urban, e-waste, and rural areas in South China. Environmental Pollution, 2011, 159 (12): 3706-3713

空中，没有行政管理和行业协会的引导、协调、约束，冲散了原来的国营废品回收企业，搅乱了市场。个体收购者的收赃销赃行为，加剧了电力线、电缆线、铁箅子、井盖等公共设施的偷盗现象，有的甚至与盗窃分子沆瀣一气，形成盗销“一条龙”。除此之外，他们还会把收来的废旧金属卖给那些小作坊，生产“地条钢”；把收来的废塑料卖给那些生产伪劣塑料制品的小企业，做成食品袋、一次性注射器、输液管、婴儿奶瓶等价值比较高的塑料制品，以求获得更高的利润。

根据深圳警方透露，2010 年以来，仅深南大道绿化带中的自动喷头，被盗走的就有 5000 多个、水龙头被盗走 1000 多个。

近年来西安市每年都有 1300 多个井盖被盗，造成百余人先后掉进井里摔伤、3 人死亡的悲剧，每年市政设施遭受破坏导致的经济损失都在 1000 万元左右。

1998 年 3 月 9 日晚至 2000 年 7 月 8 日晚，专事偷盗电力设施的犯罪集团首犯刘贺纠集其他案犯，先后 68 次在泉州、莆田、厦门、漳州等地盗窃破坏电力设施、电力设备和通信设施，共盗割电力线路 82 010 米、通信电缆 1325 米，价值达 155 多万元，涉案直接经济损失 300 多万元，首犯刘贺被判处死刑。

据统计，2006~2007 年，厦门全市共发生盗窃破坏电力设施案件近 300 起，造成的直接经济损失近 500 万元。2007 年以来平均每两天就有一起盗窃，价值从数千元到数万元不等，有的一次就能造成数十万元的损失。2007 年在海沧曾发生一起电缆盗窃引发大事故，地下电缆缺失后，导致变电站总设备烧坏，造成大片区域用电故障。

2007 年南方日报报道：目前广州回收行业不仅“无证人员”多，而且回收站点分布十分不合理、稀疏不一，有的一个村里扎堆四五十个，有的则方圆几个镇难找到一个。根据广州供销总社的有关调查，回收人员因其不固定性而难以统一管理，往往容易带来几大问题。一是容易造成城市卫生脏、乱、差等现象；二是出现买卖过程中的“短斤少两”；三是有时会出现“顺手牵羊”现象等。据广州市公安局治安管理支队提供的数据，去年例行检查的 2500 家收购站中，1480 多家属无证照经营。无证照的收购站往往会收购不法分子偷盗的电线、电缆，成为一大非法销赃渠道。[①]

据广州市市政园林局的统计，2001 年全市共丢失市政井盖 6511 个；2002 年

① 南方日报记者. 广州将收编数万“收买佬”. 新浪网：http：//news. sina. com. cn/0/2007-12-13/093813072351s. shtml，2012-06-16

共丢失6966个；2003年共丢失12 787个，而2004年前两个月，全市被盗沙井盖已达到2700多个，被盗窃井盖数量之多，为历年来罕见，全年丢失的沙井盖损失超过千万元。

2011年2月某日，广州市民庞女士打来电话称，在沿江路天字码头附近绿化树上的景观灯电线又被人剪掉盗走，其中很多树下基座的水泥还没干透就被敲掉。下午14时许记者赶到现场，只见沿江中路天字码头朝东方向一侧的人行道边，多棵榕树树干上与顶部射灯连接的电线都已经被盗剪一空。

自20世纪90年代起，国家针对旧货流通行业和机动车维修业先后出台了《废旧金属收购业治安管理办法》（1994年国务院批准）和《报废汽车回收管理办法》（2001年国务院令）等法规，对规范此类行业的经营行为起了很大作用。但是2004年《行政许可法》颁布实施后，取消了旧货业、机动车维修业的特种行业前置审批，客观上促进行业迅猛发展。行业发展情况和治安管理情况的变化，以及管理体制在转型过程中造成制度缺位，致使管理不完善的再生资源回收网络非常容易成为偷盗、破坏公共设施行为的销赃渠道，客观上沦为上述犯罪行为的帮凶角色，对社会治安造成不良影响。可见，由于旧的制度取消后新的秩序未能有效建立和运行起来，管理真空致使再生资源回收网络滋生了以下问题。

一是无营业执照、超范围经营现象严重。再生资源回收业（包括旧货流通行业）近年来无营业执照、超范围经营现象有增多趋势。据不完全统计，广东省无证照、超范围经营废旧金属收购站超过3万家。大量无照经营行为的存在，为行业的规范管理带来了许多难题，为无序竞争、购赃销赃行为提供了土壤。

二是购赃销赃问题突出。部分经营者法律意识淡薄，特别是无证照经营者，为谋私利而不顾物品来源，为销赃提供渠道，客观上助长了盗窃、抢夺、抢劫等违法犯罪，甚至有的直接组织、从事盗抢违法犯罪活动。据统计，2007～2008年广东全省因破坏电力和通信设施造成的直接经济损失逾2亿元。全省公安机关查处购赃等违反治安管理案件逾2500起。

三是管理与处罚依据不足。旧货业与机动车维修业治安管理的法规规章大多制定时间较早，2004年国务院取消了报废汽车回收、废旧金属收购和旧货流通的《特种经营许可证》，原有规范上述行业经营行为的制度中有些已不能继续适用，新的管理措施没有跟上，无法可依、无章可循的问题突出，对经营者和经营单位的监管和处罚力度不够，难以取得惩治与威慑的作用。

为此，广东省人大于2009年通过了《广东省反销赃条例》，于2010年1月1日起实施。该条例规定，从事收购、维修、加工行业经营活动的，应当依法取得营业执照，守法经营。禁止无营业执照经营，禁止超出核准登记的经营范围擅自从事应当经过许可方可以从事的经营活动。在港口、机场周边 2km 内，铁路沿线两侧和矿区、油田、军事禁区、金属冶炼加工企业周边 500m 内不得设点收购废旧金属。从事收购、维修、加工行业经营的企业和个体工商户，应当自取得营业执照或者办理变更登记之日起十五日内持营业执照向所在地公安派出所备案。

该条例还对收购、维修、加工行业经营者建立预防销赃的管理制度做出了规定，要求相关行业经营者建立从业人员名册，留存从业人员的身份证复印件备查，规定相关企业的法定代表人和个体工商户的业主为本单位的预防销赃责任人。在收购铁路、高速公路、油田、电力、电信、广播电视、矿山、水利、测量等生产领域的废旧金属和城市公用设施专用器材时，应当如实登记相关物品的名称、数量、规格、新旧程度、收购日期，以及出售人、委托人的身份证号码或者出售单位的名称。

根据该条例的规定，对于明知是赃物而收购或者代为销售的，依法给予治安管理处罚；构成犯罪的，依法追究刑事责任。擅自从事收购、维修、加工行业经营活动的，由县级以上人民政府工商行政管理部门依法予以取缔。对于擅自从事需经过许可方可以从事的收购、维修、加工行业经营活动的，负责许可的部门应当依照法律法规赋予的职责予以查处。条例还规定对于违反相关规定的经营者可以处以最高 2 万元以下的罚款。

背景资料

青岛市管理废旧金属行业的经验①

青岛市的废旧家电和废旧金属归发改委管，其他再生资源相关的监管都在经贸委，其中废旧金属和老旧汽车的回收由青岛金属回收办公室管理。

青岛的废旧金属回收带有准入性质，由青岛金属回收办公室做事前备案（条件：经营者的身份证或者暂住证、固定场所、监管局定点证明、消防证明、公安证明法人无犯罪记录等），并且工商年审的时候需要金属回收办盖章。04 年规定区级城市监管局在金属回收办公室之前审批。

城市监管局审批时主要考虑市容卫生，总量由金属回收办公室控制。青岛市经贸委的备案放在各个区，公安事后备案。近年来因为奥运会等原因，市内不再审批新的网点。

① 调研资料：青岛市管理废旧金属行业的经验

6.5.2 火灾隐患及其他问题

由于再生资源，尤其是废塑料、废纸等具有易燃、价值低等特点，因此，作为再生资源回收网络的废品回收站一般管理粗放，各种回收物随意堆放，且缺乏消防设施，因而存在一定的火灾隐患，以下回顾了近年来网上搜索到的一些案例。

2012 年 1 月 17 日中午，湖南省岳阳市冷水铺一垃圾回收站发生火灾，一位年过七旬且瘫痪在床的老人被困火海。特勤消防中队出动了 2 辆水罐车、14 名消防官兵火速赶往灭火，并救出了老人。①

2012 年 1 月 15 日 9 时许，宁夏海原县海城镇公交公司对面一废品收购站发生火灾，并危及周围民房。所幸报警及时，消防处置快速，未造成重大损失。②

2012 年 1 月 5 日，平顶山市卫东区一废品收购站发生火灾，八辆消防车经过 80min 奋战才控制住了火势。③

同日中午 11 点许，青岛市青银高速青岛北收费站附近李家下庄的一家废品收购站发生火灾，记者赶到现场时，8 辆消防车正在救火，废品站堆积了大量的塑料、泡沫、纸壳等易燃物，却没有任何消防设施，一旦发生火灾，根本无法自救。④

2012 年 1 月 2 日下午 1 点左右，位于东莞市常平镇桥沥大呙村一废品回收站突然失火，火势蔓延到左右两侧的纸箱厂和卡板厂。据两工厂负责人估算，损失分别为 150 万元左右和 80 万元左右。⑤

2011 年 12 月 23 日凌晨，东莞市道滘镇南丫村北丫路口一废品收购站发生火灾，该废品收购站 8 人被困，其中包括 2 名小孩。经消防官兵及时救援，被困

---

① 郭峰，孙运涛．岳阳一垃圾回收站火灾 火海中救出七旬瘫痪老人．红网：http：//news. rednet. cn/c/2012/01/17/2495970. htm，2012-06-16

② 赵志立．收购站 10 吨废品发大火 宁夏回乡消防奋力扑救．人民网：http：//119. people. com. cn/GB/16890815. html，2012-06-16

③ 佚名．郑州威豪回收网一废品站昨突起大火．河南物资网：http：//www. zzhuishou. net/News/2012/0106/368. html，2012-06-16

④ 佚名．废品站起大火．青岛网络电视台：http：//news. qtv. com. cn/system/2012/01/05/010074636. shtml，2012-06-16

⑤ 吴金华．2012-01-03. 废品回收厂失火 殃及两邻居．东莞时报第 A05 版

人员全部被成功解救。①

2011 年 12 月 20 日 15 时 30 分许，湘潭市岳塘区万福街宝塔路一个近 $200m^2$ 的废品回收店突发火灾，该废品店位于一栋 4 层居民楼内，第一层的两间门面出租给废品收购站，楼上 3 层均为居民住宅。所幸消防官兵及时处置，火灾未造成人员伤亡。②

2011 年 12 月 15 日早上 8 点，新乡市北环路一个废品回收仓库突然起火，毗邻该仓库西南面的 7 座粮食仓库面临被大火吞噬的危险。消防部门出动 10 余辆消防车、50 多名消防官兵前往现场扑救。4 个多小时后，大火被彻底扑灭，7 座粮仓幸免于难。③

2012 年 12 月 14 日 12 时许，哈尔滨市南岗区木介街与耀景街交叉路口一废品收购站发生大火，由于收购站内堆放了大量废品，火势迅速蔓延，浓烟滚滚。哈市多支消防队接到报警后赶到现场展开扑救，13 时许，大火基本被扑灭，幸未造成人员伤亡。④

2011 年 11 月 30 日傍晚 5 点多，在福建莆田荔园路新成果鞋厂边的一处垃圾回收站发生了一场大火，由于回收站内堆放的大多是一些可燃物体，火势非常大，数量救火车都无法有效控制住这场凶猛的大火。⑤

2011 年 4 月 29 日 12 时 50 分许，哈尔滨市道外区富锦街 34 号一家废品收购站突然起火，火势迅速蔓延至相邻的一栋平房并将其烧塌。蹿起近四层楼高的明火烧断了空中的电线，附近百余户民宅用电受到影响。⑥

2011 年 3 月 14 日凌晨 2 时，北京大兴区黄村镇辛店村南侧废品回收站发生大火，近 40 辆消防车赶赴现场，经过近 10 个小时的扑救，大火才被扑灭，火灾过火面积约 $1000m^2$。⑦

2011 年 2 月 26 日下午 5 点左右，遵义市汇川大道路边一家废品回收站因废

---

① 吴金华. 2012-12-24. 废品收购站失火　八名被困者获救. 东莞时报第 A10 版

② 蒋菁菁. 湘潭岳塘区万福街一废品店发生大火. 红网：http：//hn. rednet. cn/c/2011/12/21/2468761. htm，2012-06-16

③ 刘新萍. 新乡废品回收仓库突起大火　险些引燃 7 座粮仓. 大河网：http：//news. dahe. cn/2011/12-16/100999040. html，2012-06-16

④ 陈南. 南岗区一废品收购站发生火灾. 新晚报网：http：//xinnews. my399. com/system/20111215/000298177_ 02. html，2012-06-16

⑤ 佚名. 市中心垃圾回收站火灾　大火高达 5 层楼. 土豆网：http：//www. tudou. com/programs/view/hbYOlkHEgng/，2012-06-16

⑥ 张冲. 2011-04-30. 道外区一废品收购站起火　大火烧塌“邻居”平房. 新晚报第 07 版

⑦ 马里. 北京大兴一废品回收站发生火灾. 国际在线：http：//gb. cri. cn/27824/2011/03/15/5005s3185859. htm，2012-06-16

旧纸壳摆放不当而引起大火，由于报警及时遵义消防员及时赶到才得以控制火势。①

从上述案例可以看出，废品收购站引发的火灾不可小觑，不少废品收购站设置于民宅内或比邻工厂、商业中心、仓库等重要设施，由于所堆放的物品具有易燃性，且缺乏消防设施，一旦发生火灾往往火势难以控制，因而容易蔓延，并造成人员伤亡。例如，2011 年 9 月 1 日凌晨 0 时 44 分许，东莞市长安镇锦厦社区一废品站发生一起较大火灾事故，过火面积 750m^2，造成 2 人当场死亡，7 人受伤，其中 1 人在医院抢救无效死亡。火灾发生时，该废品站的卷帘门和逃生出口紧锁。② 2010 年 2 月 21 日下午 4 时 13 分许，上海月胜废品收购有限公司一加工车间发生爆燃安全事故。消防部门于 16 时 22 分到场，发现事故单位废品处理加工车间现场 6 人死亡、8 人受伤。据初步调查取证，爆燃事故系家用化工品容器（塑料、金属制品）在粉碎过程中突然发生意外所致。③ 2008 年 2 月 27 日凌晨 4 时，一场大火席卷了位于深圳南山区内环路南方金属公司厂房一楼龙飞再生物资回收有限公司的废品仓库，深圳市消防局紧急调派 19 辆消防车赶往现场，大火在 3 个多小时后被扑灭，过火面积近 1500m^2，在仓库中熟睡的 15 人当场死亡，另有 3 人受伤，直接经济损失达 1400 多万元。④

另外，如果不能管理好废旧家电的回收，一部分应该报废的旧家电很可能被改装之后重新流入二手家电市场，带来诸多安全隐患。电器零件本身就有一定的使用年限，由废旧电器改装而成的二手家电，如果继续使用，会加速老化，很容易引起火灾。这些“定时炸弹”因为价格低廉，在城市的外来务工人员和学生中间以及农村地区很有市场。废品收购站所引发的“脏乱差”等环境卫生问题也受到周围市民的关注，容易引起邻里纠纷，不利于社会稳定。利用搜索引擎以“废品”+“脏乱差”为检索词，可以搜索到 55 万多条网页消息，大多是报道或投诉废品收购站周边环境“脏乱差”问题的，值得引起重视。

---

① 吴昊东 . 2011-02-28. 废品回收站纸壳山成火焰山 . 贵州都市报第 03 版

② 李平，方勇 . 2011-09-02. 东莞废品站大火 3 死 6 伤 . 南方都市报第 AA14 版

③ 杨金志 . 上海青浦区一废品收购站发生火灾致 6 人死亡 . 新华网：http：//news. xinhuanet. com/society/2010-02/21/content_ 13020740. htm，2012-06-16

④ 王剑峰 . 深圳南山区发生火灾 15 人死亡 . 福田政府在线：http：//www. szft. gov. cn/zf/zwxxgk/zwgk/yjgl/tfsj/201107/t20110712_ 228026. html，2012-06-16

第 7 章

城市矿产行动：中国再生资源产业发展的新起点

7.1 城市矿产的概念及由来

2010 年 5 月 12 日，国家发改委、财政部下发了《关于开展城市矿产示范基地建设的通知》（以下简称《通知》），决定用 5 年时间在全国建成 30 个左右技术先进、环保达标、管理规范、利用规模化、辐射作用强的“城市矿产”示范基地，推动报废机电设备、电线电缆、家电、汽车、手机、铅酸电池、塑料、橡胶等重点“城市矿产”资源的循环利用、规模利用和高值利用，开发、示范、推广一批先进适用技术和国际领先技术，提升“城市矿产”资源开发利用技术水平，探索形成适合我国国情的“城市矿产”资源化利用的管理模式和政策机制，实现“城市矿产”资源化利用的标志性指标。天津子牙循环经济产业区、宁波金田产业园、湖南汨罗循环经济工业园、广东清远华清循环经济园、安徽界首田营循环经济工业区、青岛新天地静脉产业园、四川西南再生资源产业园区 7 家区域性资源循环利用园区成为首批国家“城市矿产”示范基地。

“城市矿产”这个词演变自“城市矿山”。日本是最早提出“城市矿山”一词的国家，以日本东北大学选矿精炼研究所教授南条道夫为首的学者们，首先明确提出开发“城市矿山”的概念。据日本专业杂志《金属时评》公布的资料，日本“城市矿山”资源储量测算为：在电子产品中，金6800t，约占全球天然矿山储量的16%，储量排名第一；银60 000t，约占全球天然矿山储量的23%，储量排名第一；钢1700t，约占全球天然矿山储量的38%，储量排名第一；铅5 600 000t，储量排名第一；锂、钯的储量分别为150 000t和2500t，储量排名为第六位和第三位。①

关于“城市矿山”的概念，有狭义和广义之分，狭义的“城市矿山”往往特指电子废物，因为其中含有多种贵金属，具有极高的再生利用价值；广义的“城市矿山”还包括城市中废弃的钢铁、塑料、橡胶等资源。经过上百年的开采，大量的矿石资源已经从地下转化为工业产品，这部分产品废弃之后，就形成了一座座等待开采的“城市矿山”。品位最好的铜矿石，也比不上废铜的含铜量；再好的铁矿石，资源产出率也比不过废钢；废旧电路板中含有可观的贵金属；废塑料的加工利用可以大大节省石油的消耗量。可见，“城市矿产”行动是中国政府继建设循环经济试点城市、园区、企业之后又一个专门扶持再生资源产业发展的举措，可望成为中国再生资源产业发展的新起点。

以下是两个主营废金属回收、利用和一个主营综合性再生资源的“城市矿产”案例，其中华清循环经济园呈现了从“散户+龙头企业”模式到园区化管理的过程，肇庆亚洲金属资源再生工业基地则呈现了在“圈区管理”模式下再生资源产业园的建设过程。广州万绿达集团有限公司则是一家大型企业为龙头的“城市矿产”案例。

7.2 案例一：广东清远华清循环经济园

广东清远华清循环经济园是广东省第一家国家“城市矿产”示范基地，也是国家级循环经济试点单位，位于广东省清远市龙塘镇和石角镇。如前文所述，该地区受以往长期电子废物回收拆解活动的污染十分严重，当地环境介质受到了多种重金属和POPs的污染，并威胁下游饮用水安全。与此同时，废金属、废塑料等再生资源回收利用已经在当地形成了一个产业链，相关行业产值巨大，成为当地的支柱产业。

清远是广东再生资源行业发展的一个缩影。该市紧邻广州市北部，被称为

① 刘兴利．积极开发“城市矿山”全面协调发展循环经济，再生资源与循环经济，2009，2（9）：3-5

珠江三角洲的“后花园”，是珠江三角洲的原材料供应和劳动力输出基地，发展再生资源回收拆解加工这样的劳动力密集型产业有一定地缘优势。改革开放以来，经过了 20 多年的发展历史，自发形成了清远再生资源集散市场，每年回收加工产出各类再生工业原料在 100 万 t 以上，市场交易额在 300 亿元以上，巨大的资源规模带动了当地经济的发展，奠定了以再生资源原料加工利用为支柱的地方经济发展格局，当地农民的人均收入也从 1982 年的不足 1000 元增加到 2003 年的 4300 多元。可以说，再生资源回收利用行业的发展，为地方经济发展作出了重要贡献。

清远市再生资源集散市场还是我国以加工拆解国外进口废七类为主的再生原料生产地之一，广东省实际进口废七类物资的 50% 左右通过各种渠道集中到清远市清城区的石角、龙塘两镇的 22 个自然村上千户农民的庭院式加工厂进行拆解加工，每年加工产出各类再生工业原料在 100 万 t 以上，年产值在 200 亿元以上。

近几年来，清远再生金属产业获得迅猛发展，企业数量不断增加，企业规模不断扩大，进口的废旧金属数量不断增加。目前有进口废旧五金配额的国家环保定点企业 22 家。资源综合利用规模以上企业超过 150 家，个体拆解户则超过 2500 家，约有 8 万人从事该行业，2007 年清远再生铜产量为 60 万 t，占全国再生铜总量的 1/3。

2007 年，清远市石角镇被授予“中国再生铜都”称号。再生铜产业带来了石角镇工业的快速发展。2007 年，全镇完成工业总产值 119 亿元，比上年增长 1. 58 倍，其中规模以上工业产值 114 亿元，完成固定资产投资 23 亿元，工商税收 3. 14 亿元，分别比上年增长 1. 8 倍、1. 2 倍和 40%。其中，全镇经济总量和工商税收分别位居全市的第二位和第一位。2008 年上半年，石角镇完成规模以上工业产值 92. 6 亿元，固定资产投资 16. 5 亿元，工商税收 1. 77 亿元，同比增长分别达到 72%、33% 和 87%。2008 年 10 月，石角镇被广东省科技厅批准授予“‘再生铜’回收利用广东省专业镇技术创新试点单位”称号。

2010 年清远全市以再生铜为主的再生有色金属产业总产值 855. 50 亿元，占全市工业总产值（3082 亿元）的 27. 76%；全市废旧金属七类定点进口企业 25 家，进口批文 107 万 t，拆解量约为 250 万 t，有色金属加工业已经成为清远市四大支柱产业（有色金属加工业、废弃资源和废旧材料回收加工业、森工造纸、电力生产）的龙头。再生铜年产量提高到 68 万 t，占全国再生铜产量的 38. 63%，占全国铜产量的 14. 18%。

但是，如前所述，再生资源产业的发展给当地带来的环境问题也是触目惊心的，虽然电子废物已经被废电线电缆、废电机等所代替，但部分回收拆解户仍然采取落后的工艺，甚至采用焚烧的方法进行废金属回收活动，尤其是2005年以前民间废金属回收产业仍处于四处开花，焚烧拆解导致村村焚烧、户户冒烟的状态，对当地环境产生持续的影响。据当地媒体报道，龙塘镇一带经常有不法人员偷偷焚烧工业垃圾，且屡禁不止，焚烧工业垃圾时产生的浓烟，严重污染周围环境，有时市区里都会闻到强烈的臭气味，当地群众强烈要求有关部门予以整治。2008年7月6日晚，环保、公安、城监等部门抓获了开设焚烧场焚烧工业垃圾的犯罪嫌疑人陈某光、赖某强、赖某开、赖某高、赖某桂等。① 时至今日，虽然清远市龙塘、石角地区再生资源回收利用活动已经得到初步规范，但仍有大量散户游离于有效管理之外。

为了解决再生资源行业的管理问题，清远市委市政府对再生金属产业做出了“入园经营，圈区管理”的整体部署，在龙塘镇和石角镇实施循环经济产业基地建设，对再生金属加工企业和个体拆解户进行入园统一管理。在此思路的指导下，清远市政府与中国供销集团公司合作成立了清远华清循环经济产业基地，该基地分为A、B两区。

循环经济基地A区即清远再生资源工业园区，位于龙塘镇银英公路旁，由龙塘镇银源、浩良、井安3个相邻的工业小区重新整合而成，主要组织设备和工艺比较成熟的企业建成一个以再生铜为主的有色金属拆解回收、加工生产和交易的大型基地。园区严格执行《废弃机电产品集中拆解利用处置区环境保护技术规范（施行)》行业标准，总建设规模超过4000亩，投资20亿元，引进入园企业80家，年废旧五金拆解回收量达200万t。第一期建设面积1000亩，8家企业已全部入园经营；第二期1000亩于2009年开始开发；第三期2000亩于2010年开发。全部项目建成投产后，预计年产值可达到330亿元，税收超过10亿元，每年可拆解进口废金属240万t，回收再生铜65万t，再生铝36万t，再生铁104万t，再生塑料32万t。通过上述产能实现“城市矿产”功能，折算年总节能841万t标准煤，总节水7.5亿t，少排放固体废弃物3.9亿t，少产生二氧化硫13.4万t。金属废料经回收利用后总残余物不足2%。

循环经济基地B区分为四个工业区，即以建滔工业园为主的50亿元工业园区、以华鸿铜业、大冶铜业为主的百亿元工业园区、以清远华清再生资源基地为主的百亿元工业园区以及以江西铜业、云南铜业为主的北江工业园区。

---

① 佚名. 2008-09-03. 非法焚烧垃圾，六名疑犯被逮捕. 清远日报第A2版

其中华清再生资源示范基地主要针对零散的个体经营户。个体拆解户是资源浪费和环境污染的主体，鉴于清远地方资源和经济条件的限制，废五金拆解行业已经成为当地经济的重要组成部分，许多清远人从业多年并以此为生，政府不可能通过简单的行政手段加以取缔，必须在严格监管的前提下，给个体拆解户生存的空间。2005年华清再生资源示范基地成为国家第一批循环经济试点单位，总体规划4030亩，可容纳1300户个体拆解户。一期工程占地750亩，于2006年6月顺利投入运营，一期主要建设有：拆解作业A区25万m^2、管理中心区3.5万m^2、日处理2000t污水处理厂一座，及配套的先进环保设施。拆解作业A区容纳拆解经营单元共128户，其中70%是来自本地的经营户，30%来自周边地区。从经营品种统计，电线电缆拆解户84户，电机电器拆解34户，不锈钢加工6户，铜米加工4户，年拆解能力约30万t。按计划，到2012年园区内将陆续建成拆解作业B、C、D区，并建成管理服务平台、电子商务平台、金融服务平台和环保配套设施。其中，拆解作业B区占地950亩，拥有拆解单元厂房400间；拆解作业C区占地1000亩，拥有拆解单元厂房450间；视散户入园实际需要建设的拆解作业D区占地1000亩，可安置拆解单元房450间。至此，园区可提供拆解单元共1450间，能够基本满足石角镇拆解行业集中入园的要求。预计到2012年，园区将实现年收入8000万元，其中主营业务收入6000万元，管理服务收入2000万元。

7.3 案例二：广州万绿达集团有限公司

位于广州经济技术开发区内的广州市万绿达集团有限公司主营大型企业废旧钢铁、废塑料、废纸、废木料等工业性废料的专业回收、再生加工、循环利用服务，主要的原辅材料是工业废物。公司起步于20世纪90年代中期，经过十多年发展，现已在深圳、南海、南沙、揭阳、东莞、花都、北京、天津等地设有分支机构，公司现为中国再生资源回收利用协会常务理事单位及回收利用协会的企业信用评级AAA级信用企业、中国塑料加工工业协会会员单位、广东省再生资源行业协会副会长单位、广东省资源综合利用协会副会长单位、广州市再生资源行业协会会长单位。公司现有加工场地总面积26万m^2，员工总人数1000多人，再生加工产品400多种，回收处理废弃物能力达到日均1800t。

万绿达集团2005年成为广东省循环经济试点单位，制定了循环经济试点实施方案，五年来根据方案的各项要求和指标，致力于企业循环经济建设，将企业打造成为运行规范、综合性强、品种全面、技术先进的“城市矿产”实践单位和广东省资源综合利用龙头企业。

在循环经济试点工作实施期间，万绿达集团通过资源回收利用所形成的产品品种由原来的不足100种增加到目前的400多种，再生资源利用范围逐步拓宽，加工量也急剧增加，日均加工量增加到1800t，其总回收加工量每年达到60万t左右。

在节能降耗和资源循环利用方面，万绿达集团的塑料加工业所取得的资源环境效益折算每年节约13.6万t原油、730万m^3水、3648万度电；金属加工业折算每年节约40.8万t铁矿石、20万t标准煤、2000万m^3水、14 720万度电；纸品加工业折算每年节约12万m^3木材、3.12万t标准煤、1100万m^3水、2688万度电、1.1万t烧碱，为广东省“城市矿产”事业的发展作出了重大贡献。

在资源循环链建设方面，万绿达集团贯彻废弃物“减量化、再利用、资源化”原则，通过建设配套产业实体，充分利用可再生废弃物，构建绿色环保的产业链，促进废旧物资的循环利用，减少社会资源消耗和生产、生活污染。为了配合公司战略层面规划，万绿达集团在2008年耗资2000万元开建云埔工业园，增建新厂房，其建筑面积达7万m^2，用于改造生产单元布局和延长产业链，以实现废品经加工后进入下游生产单位再利用的过程。

万绿达集团实施循环经济试点的特色是：按照“整体规划、梯度推进、产业联动、循环开发”的原则，着力推动资源循环式利用、产业循环式组合、区域循环式开发，以绿色环保为目标，积极构建绿色产业链，实现“资源—产品—废弃物—再资源化”的业态垂直整合。万绿达集团积极参与区域再生资源回收网络体系建设，提升资源循环利用水平，创立企业与企业之间、企业与社区之间从废弃物到资源的循环利用示范标杆。

在人才培养、技术创新和技术改造方面，万绿达集团参照国内同行业建设标准实施了人才战略，上岗人员必须具备胜任本职工作的专业知识、技术业务水平和专业技能。行政管理人员必须对再生资源的回收有相当的了解，有较高的文化素质、管理才能及组织工作能力；技术人员必须有大专以上学历或中级以上职称；必须持证上岗。另外，万绿达还采用国外培训、国内培训和在岗培训等方式提升员工的业务素质和技能。

万绿达集团及深圳、南海、南沙、东莞、揭阳分公司均组建了相关的技术创新基地，并由各个事业部统筹管理各基地的生产运作。公司拥有先进的技术设备、高科技管理和研发人才，开发形成了拥有自主知识产权的多项高新技术成果，企业技术创新体系能够很好地满足企业技术创新和技术改造的需求。

万绿达集团还高度重视产学研合作，先后与华南理工大学、汕头大学、广东工业大学等联合建立了产学研合作基地，并聘请相关专家作为公司的技术顾问，定期对公司的技术人员进行技术培训和指导。公司成立以来，每年聘请专家对公司的技术人员进行不少于10次技术培训，取得了较好的效果，不但使研发人员具有良好的知识储备和技术创新基础能力，而且也为企业技术创新项目的实施奠定了良好的基础。产学研合作不但有利于发挥公司和高校科研院所各自的优势，具有风险小、成本低、涉及面广、容易进入技术前沿等特点，而且符合国家倡导的“产、学、研”相结合的方针政策，有利于推动具有良好市场前景、社会经济效益明显的项目尽快实现产业化。

万绿达集团在循环经济重点项目建设中所需资金主要由建设单位自有资金投资、银行贷款和国家财政专项资金解决。但是，我国再生资源行业的企业间竞争激烈，行业技术水平、产品附加值、企业利润率均比较低，在再生资源行业优惠政策落实还不到位的情况下，企业负担相对较重，自我改造和自我提升的能力十分有限，企业发展步履维艰，因此迫切需要得到政府的有力支持，才能帮助企业逐步走向自我完善、自主创新、自我发展的可持续发展道路。为了争取政府的支持，近年来，万绿达集团先后申报了国家、广东省、广州市和开发区的政府资助项目，也获得了一些支持，对于循环经济项目的顺利实施起到了重要的作用。

万绿达集团目前正在探索和实践新的模式，即通过建立循环产业链，不断深化“资源—产品—废弃物—再资源化”的业态垂直整合模式，吸引产业链上的各方加入到循环经济产业园，公司则在设备、场地等方面提供便利，各方分摊一定的成本，从而实现产业链整合。这样做的目的是实现利益共享、成本分摊，同时有利于通过企业间废物交换就地解决原辅料供应问题，节省运输成本。万绿达集团的实践可以为我国“城市矿产”事业的发展提供新的思路和启示。

7.4　案例三：进口废物回收利用“圈区管理”

2006年，经国家环保总局批复，烟台资源再生加工示范区“圈区管理”试点园区创建工作开始启动，成为全国第一家实施“圈区管理”的资源再生加工专业园区。“圈区管理”是我国基于加大对再生资源回收利用行业管理力度的需求建立起来的一种制度，其目的在于在国内选择若干地区建立再生资源加工园区，对从事再生资源加工处理的企业实施特定的园区化管理，提高再生资源的回收效率，减少和避免污水、废弃物对环境的影响。

肇庆亚洲金属资源再生工业基地（以下简称基地）是广东省第一家“圈区管理”园区，该基地位于广东省肇庆四会龙甫镇，距离广州新白云机场60km，距肇庆市42km、距北江马房港口10km，水路距香港123n mile①，三茂铁路、321国道、118省道、四清线及四连线贯穿全市，广贺高速公路位于基地的南面，交通十分便利，具有得天独厚的地缘优势与资源优势。基地于2006年7月获原国家环保总局批准建立；2007年11月通过原国家环保总局考核验收；2008年12月由国家环保部授予“广东肇庆进口废物圈区管理园区”称号，成为广东首家、全国第三家进口废物“圈区管理”园区；2009年11月被中国有色金属工业协会授予“中国再生金属拆解加工示范产业园”称号；2008年、2009年、2010年连续三年被评为广东省重点工程建设项目；2010年被评为广东省现代产业500强。该基地主要从事废旧金属的拆解、分选、分类以及有色金属的深加工，可形成再生钢铁、有色金属、塑料及稀贵金属等再生资源产品。

基地由肇庆市亚洲金属资源再生有限公司投资建设与管理，总体规划面积7000亩（约500万m^2），总投资达15亿元以上，拥有商务管理中心、海关检验检疫区、污水固废处理区、拆解加工区、生活区和科研实验区六大功能分区。项目共分两期建设，首期3000亩已全部完成开发，二期4000亩“六通一平”等市政基础设施建设已部分完成，整个项目预计于2012年建设完成。基地建成后，将形成350万t的年拆解加工能力，其中再生塑料、铝、铜和钢的年产量将分别达到40万t、55万t、112万t和134万t，能有效缓解广东乃至整个华南地区有色金属资源短缺的现象。项目将实现年产值450亿元左右和年税收6.5亿元以上，同时提供35 000个劳动力就业岗位，资源环境、经济和社会效益明显。

截至目前，基地共引进企业72家。其中，35家企业已基本建成，在建企业10家，筹建企业27家，建成企业中27家企业已通过了国家环保部的考核验收。基地着力打造“从主业的分拣、拆解、加工和销售，到配套的进口、物流、科研和物业”的完整产业链，从根本上实现金属行业的大循环，催生一批能够参与国际市场竞争的再生资源生产企业。目前，基地的招商引资的重心在于引进低耗能、高产值的低碳环保型深加工企业。2011年4月，广东省发改委批复了

① 1n mile＝1852m

关于肇庆市亚洲金属资源再生工业基地扩建项目的核准意见（粤发改资环〔2011〕324 号），同意其年新增进口废五金拆解规模达 100 万 t，使基地年进口废五金拆解总规模达到 200 万 t。

基地在试运营阶段提出了“固体废物进口许可证使用和进口废物流转的监管计划”，其中在对固体废物进口许可证的使用监管方面，实行固体废物进口许可证由基地环保监管中心统一到省环保局窗口领取，统一保管，加工利用企业单独使用，基地环保监管中心对其使用情况进行监管。加工利用企业根据实际加工利用的需要和进口废物到岸情况，向基地管委会提出申请，管委会审查上一批次进口废物加工利用进展情况、加工后产品的销售情况、进口废物合同的履行情况后决定是否同意加工利用企业领用固体废物进口许可证。报关手续由企业自行办理，报关手续办理完毕、进口废物进入园区后，加工利用企业应将使用完和未使用完的固体废物进口许可证交回基地管委会。

在进口废物流转的监管方面，实行港园联动，联合监管废物从口岸到基地的流转。工业基地和广州海关肇庆三榕港联手，组建配备 GPS 功能的专用运输车队来运送进口废物。进入基地的进口废物统一由广州海关肇庆三榕港入境，在港口经检验检疫部门检验、海关查验后，在集装箱上贴上封条，统一由基地港口联合专用运输车队承运。车辆从港口到基地全程 GPS 监控，港口和基地进出口双向视频监控。车队预先向海关申请并经同意后，将记录集装箱号码、运输车辆车牌、行驶证、司机驾照等资料的四联单的第一联向海关备案，第二联留车队，第三联交基地入口查验人员核查后交基地管理机构，第四联由企业核查确认无误后留在企业待查。

在废物进入基地后，基地入口处设查验岗，配备查验人员。查验人员主要检查该批次进口废物的固体废物进口许可证的扣减情况、报关单、通关单是否一致，查海关封条是否完整未开封，对符合要求的集装箱车辆，发给 IC 卡，然后到地磅处称重。对未发现问题的车辆，刷卡后即可进入基地，运往企业进行加工。对发现问题的车辆，将其扣留在专用监管区查明原因并作出处理。

在废物加工利用后的产品和不可利用废物运出基地的监管方面，基地内废物加工利用后的产品由企业自行销售，每批产品外运前加工企业需要将该批产品的名称和数量报基地管委会，运输车辆经专用监管区磅重确认后方可运出基地。对于不可利用废物，按照相关要求分别交由有危险废物处理资质的企业进行处理，基地提供专用危险废物运输车辆进行运送，且由基地环保监管中心派出工作人员监督交运。

试运营阶段之后，为了进一步凸显基地“圈区管理”优势、提高基地及基地内企业的综合竞争力，基地积极申请肇庆海关和肇庆出入境检验检疫局进驻园区实行“园区申报、园区验放”监管模式，企业货物在码头零停留，直接在园区一次卸柜、一次报关、一次报检、一次查验，有效节省通关时间70%，每集装柜节约费用数百元，为企业赢得了时间优势和成本优势。①

7.5 “城市矿产”行动将有效促进中国再生资源产业的良性发展

为了落实国家发改委建设“城市矿产”基地的举措，各地相继出台了一些政策。被入选“城市矿产”基地的试点园区已经完成具体实施方案的编制，获得了批复；许多省市也自主开展了“城市矿山”基地的建设行动，谋求本地的相关产业被列入国家“城市矿产”示范基地的建设序列。这些行动将对我国再生资源产业的良性发展产生深远的影响。

上海市积极组织推荐符合条件的园区、企业申报“城市矿产”示范基地，上海燕龙基再生资源利用有限公司的废玻璃回收、分拣、清洗、销售一条龙再生资源产业引人注目。② 上海嘉定工业区已经编制完成了《嘉定工业区“城市矿产”示范基地建设实施方案（草案）》，以为开展“城市矿产”示范基地建设奠定基础。方案明确了今后五年工业区推进“城市矿产”资源循环利用的主要目标和重点内容，规划到2015年实现各类废弃物年回收利用能力达到20万t，基本建成国内技术先进、资源利用集约、生态环保的“城市矿产”示范基地。③

广西梧州进口再生资源加工园区计划通过完善回收网络体系和园区设施、监管、服务模式，积极实施各项“圈区管理”制度与措施，强化监管能力建设，严格执行入园企业准入标准，发挥产业集群优势，延伸产业链，不断提高环境保护和资源循环利用水平，争取建成国家级“城市矿产”示范基地，并以示范

① 肇庆市亚洲金属资源再生工业基地．公司简介．肇庆市亚洲金属资源再生工业基地网站：http：//www. asiajs. com/about. asp？title=公司简介，2012-06-16

② 上海市青浦区政府．区发改委推进“城市矿产”示范基地申报．上海市青浦区政府网站：http：//www. shqp. gov. cn/gb/special/node_ 8989. htm，2012-06-16

③ 上海市嘉定区发展和改革委员会．编制嘉定工业区“城市矿产”示范基地建设实施方案．上海市嘉定区发展和改革委员会网站：http：//fgw. jiading. gov. cn/2008_ web/info_ details. asp？infoid=7544，2012-06-16

基地的建设推动园区发展。①

杭州大地环保有限公司在杭州市桐庐县经济开发区规划建设的以有色金属废物资源综合利用为主的基地建设项目——“浙江桐庐大地循环经济产业园”也在积极为申报“城市矿产”示范基地做准备，该产业园以资源的高效循环利用为核心，以科技创新和制度创新为动力，延长资源循环产业链，按发展新兴产业要求，建设具有利用再生资源进行新材料、新产品生产的新技术研发、教育培训和旅游等综合功能的资源循环产业示范基地，并带动技术装备制造、物流等相关产业的发展，增加社会就业，形成新的经济增长点。②

石家庄市供销社与中国再生资源开发有限公司达成初步投资合作意向，拟在石家庄市装备制造基地建设再生资源科技工业示范基地项目，旨在进一步加强城市再生资源回收利用管理，拉长产业链、提高附加值，推动全市乃至河北省报废机电设备、电线电缆、家电、汽车、手机、铅酸电池、塑料、橡胶等重点“城市矿产”资源的循环利用、规模利用和高值利用，最终探索建立一套适合石家庄市“城市矿产”资源化利用的管理模式和长效机制，争取达到国家对“城市矿产”资源化利用的标志性指标，并列入国家重点扶持项目。③

武汉市谋划筹建全国首家城市矿产交易中心，通过电子信息平台发布供需信息，实现再生资源的高效整合利用。武汉市从事再生资源回收利用的经营户达 8872 家，经营总面积 50 万 m^2，从业人员 10 余万人。目前全市年回收各类废旧物资总量超过 500 万 t，年回收总额超 200 亿元。武汉市筹建的“城市矿产”交易中心，拟在青山区先行试点，再生资源的供需双方均可通过交易中心的电子信息平台发布出售或求购信息，各取所需，实现再生资源高效利用。另外，武汉市还同步筹建“静脉产业园”（再生资料产业园），让再生资源回收企业集聚园区抱团发展。④

宝鸡市目前超过 80% 的企业废物收购由个体户完成，收购秩序混乱，回收效率低，影响市容环境，一些再生资源的价值无法得到充分挖掘利用。宝鸡市政府于 2010 年开始指导宝鸡供销物资回收公司进行国家“城市矿产”基地建

---

① 陈贻泽 . 2010-12-10. 创建城市矿产示范基地 . 梧州日报第 08 版

② 桐庐经济开发区管委会 . 关于要求申报“国家城市矿产示范基地”的报告 . 桐庐经济开发区网站：http：//www. tonglu. gov. cn/issue/root/sub/xzfkfq _ xzfkfq/xzfkfq _ xzfkfq _ wqzx/20100609/297e42ee28f2da6701291bf6736a73bd/index. shtml，2012-06-16

③ 石家庄供销总社 . 石家庄供销社积极引进战略合作伙伴大力推进再生资源矿产示范基地项目 . 石家庄供销总社网站：http：//www. sjzgx. gov. cn/col/1291085892902/2010/08/23/1291269083359. html，2012-06-16

④ 李晓萌，曹非 . 2010-08-12. 我市筹建全国首家“城市矿产”交易中心 . 长江日报第 14 版

设，争取列入国家试点。基地建成后，将通过电子平台发布供需信息，实现再生资源的高效利用。①

山西新天地产业园已经成为了首个“山西省废弃电器电子产品回收及利用示范项目”，园区计划以国家发改委、财政部开展“城市矿产”示范基地建设为契机，争取将山西新天地静脉产业园列入第二批“城市矿产”示范基地，形成以再生资源回收体系为纽带，以废旧家电、废旧汽车和废旧机电等拆解项目为龙头，以废旧轮胎资源化利用、废塑料资源化利用等综合利用项目为重点，以有色金属交易大市场为终端的“回收—拆解—深加工—再利用”生态工业链条。产业园将在3年内完成总投资16亿元，实现工业总产值30亿元以上，解决当地劳动力就业5000人的目标，为太原市培育新的经济增长点。②

总投资150亿元、占地面积12km^2的大连国家生态工业示范园项目于2010年6月开工建设。计划一期4.8km^2，二期7.2km^2，起步期拟引进50多家企业入驻。预计该项目2015年产值将达到600亿～800亿元，2020年园区及拉动周边产业实现年产值2000亿元，安置就业十几万人。大连市政府计划出台产业政策，将旧家电、旧电器、废旧汽车、旧电线、旧电缆等再生资源企业集中规划入园，实现集中拆解加工、集中无害化处理，发展再生资源深加工产业链，实现多元化回收、集中处理，规模化经营的目标，将园区打造成为中国的再生资源示范园区，打造成污染零风险的“国家城市矿产示范基地”。③

---

① 古小龙.2010-11-15. 宝鸡市阔步迈进资源节约型社会. 宝鸡日报第A2版

② 刘春阳，贺宏丽.2010-06-11. 我省首家静脉产业园区开工建设. 山西经济日报第1版

③ 邱小晏.2010-06-10. 破烂里能淘宝　大连国家生态工业示范园庄河开工. 新商报第09版

第 8 章

调研笔记：再生资源产业的区域性行业聚集

再生资源产业往往比较容易在一定的区域形成产业聚集，如前述的清远市龙塘镇、石角镇就是一个从过去电子废物拆解演变到今天废金属回收利用国际重镇的典型案例。针对此类现象，笔者在2009年分别对佛山市南海区、顺德区和东莞市中堂镇的废五金、废塑料、废纸回收利用行业进行了调研，对各类再生资源产业的区域聚集现象进行了研究、分析。

8.1 佛山南海：废五金回收利用企业群及产业链

8.1.1 总体情况

佛山市南海区是广东省规模较大的废旧金属回收利用集散地。笔者曾多次赴该地区调研，掌握了其再生资源产业的基本情况。在广东，再生资源回收利用企业最密集的地区就是南海。从20世纪90年代开始，南海各级政府就认识到生产性废旧金属回收对于以有色金属和五金加工等为支柱产业的南海经济发展的重要性，开始为回收行业提供资金、税收、环保、土地等支持，同时积极引导废五金回收行业向有序化、规模化发展，其中以丹灶的横江铁料城以及南海生态工业园的建设最为典型。横江铁料城始建于20世纪的七八十年代，最初是随着横江五金行业的兴起而自发形成的一个五金边角料市场。2001 年，在丹灶镇政府的引导下，横江铁料城第一期工程建成，随后的几年又完成了二期和三期建设，该市场已经发展成为华南地区最大的边角料集散地和板材集散的重要市场。南海生态工业园则是在 2001 年由当时的国家环保总局批准建设的国家生态工业示范园区①，按照国家环保总局要求，必须以循环经济为指导理念进行建设，体现园区对传统产业的改造和提升作用，使园区的示范作用扩大到区域和整个社会，促进循环经济理论在我国的实践。要求“到 2010 年左右，建设成为充分体现循环经济、以第三代工业园为表征的、以华南环保科技产业园为核心区、包括资源回收园和零排放园以及虚拟园的国家生态工业示范园”，并形成示范作用，为我国生态工业的发展提供启示。根据上述要求，园区积极引入能带动周边形成生态产业链、促进资源循环利用的企业，促进了废金属和废塑料的综合利用，初步建立起“钢铁板材—钢铁加工—多级利用—废金属回收—废五金加工处理—金属原材料”的金属循环利用链条，以及“废 PET 塑料瓶—加工处理—塑料原料—塑料产品”的塑料循环利用链条，2007 年回收了 12 万 t 金属材料和 1.2 万 t 塑料，有效补充了广东省相关资源的严重不足。

据估算，南海区再生资源回收加工企业总量占广东全省同类企业的比重接近 20%，这些网点绝大部分又聚集在大沥、桂城、丹灶等地，企业集中度极高（表 8-1）。

表 8-1　南海区各镇/街道再生资源经营主体基本情况统计表

镇/街	有牌照的再生资源回收网点数量/个	主要分布地
桂城街道	89	叠北新约工业区和平洲夏东、夏西、夏南、夏北工业区和石肯钢铁综合市场
大沥镇	521	联滘工业区和水头工业区、奇槎工业区，沥东荔庄海军亭、长虹岭工业园颜峰和城镇结合部
狮山镇	60	松岗沙头工业区和大冲、石塘、得胜等地
里水镇	36	上沙工业区、大村工业区和湖洲地区
丹灶镇	72	南海国家生态工业示范园区、各个村庄的路边等
罗村街道	40	芦塘工业区
西樵镇	27	樵丹路以北（儒溪开发区、扩边开发区、太平三角塘开发区等开发区的路边）樵高路两侧和百东开发区
九江镇	19	沙口工业区
合计	864	

① 环保部．关于同意建立南海国家生态工业示范园区暨华南环保科技产业园的复函．环保部网站：http：//www.zhb.gov.cn/info/gw/huanhan/200111/t20011129_ 86690.htm，2012-06-16

据不完全统计，2007 年南海区的再生资源回收量超过 300 万 t（不含进口量）。目前，南海已基本形成了较为完善的以生产性再生资源为主、生活性再生资源为辅的再生资源集中拆解、分拣、熔炼、深加工再利用的产业链。南海区再生资源回收的主要对象为废旧金属类物资，其占南海区再生资源总量的比例超过 95%（按价值算），这与南海的产业结构密切相关。以大沥为例，大沥是我国有色金属加工的重要基地，也被誉为中国铝材第一镇，以有色金属产业为依托，聚集了近千家再生金属回收加工企业。在丹灶，作为日用五金之都，横江铁料城内聚集了几百家五金边角料经营商户，为当地的五金企业提供原材料。

南海区再生资源回收网点主要有专门回收生活性废旧物资的收购店、回收企业、交易市场和综合利用园区四种类型，其中以生产性再生资源的回收加工为主，加工企业大约有 500 多家，收购店 300 多家，交易市场 1 个（位于丹灶的横江铁料城），综合利用园区 1 个（位于丹灶镇的国家生态工业示范园区）。

南海第二产业相当发达，五金、机械、铝材、汽配、纺织服装等支柱产业既是工业废物的主要产出单位，也是再生资源的主要利用企业。以再生金属为例，据统计，南海再生金属流通量占全国再生金属流通总量的 1/3。在各类回收经营主体中，公司化比重超过 70%，还涌现出众多超大型的回收加工企业。例如，南海汇美鸿发金属有限公司企业的占地面积超过 55 000m^2，建筑面积 30 000m^2，现有员工 600 人，年加工能力超 80 000t。再生资源回收利用企业的国际化程度高。2008 年南海拥有进口废五金资质的企业共有 36 家，这些企业大多具备在全球范围内跟随国际市场期货和现货价格变动而调节进口废五金类型和市场份额的能力，具有相当强的国际视野和国际市场反应能力，规模大，影响力强。仅这 36 户企业 2008 年的进口规模达 8 万个货柜，全年产值达 150 亿元，税收贡献 26 亿元，流通总量约 500 万 t。

8.1.2　丹灶镇

丹灶镇目前有第七类废物定点废旧金属加工企业 7 家，废旧金属回收企业 14 家，从业人员约 3700 人。分布情况：南海工业园 7 家，属于外资经营的 3 家，主要进口外国的废旧电线、电缆、五金、电机，这部分回收公司规模较大，经营场地 17～47 亩不等，每家企业产值均超亿元，年回收废五金 268 661t，进口 258 039t，2008 年产值达 208 688 万元，其中中新澳公司达 63 929 万元。这 7 家废五金回收企业初步形成了清洗、破碎、剪切、除杂、除油、分选、预处理的加工模式。大部分企业排放的主要污染物为清洗废水和固体废弃物，企业均自建废水处理设施，废水能达标排放，拆解过程中产生的各种废弃物由南海区再生资源协会统一收集。

丹灶是中国日用五金之都，作为支柱产业之一的五金业得益于当地废金属回收行业的发展，使本地企业得以就地取材，大大节省了运输成本和时间，切实降低了经营成本。其中，前述的横江铁料城也位于丹灶镇，凸显了再生资源产业对当地支柱产业发展的重要支撑作用。

丹灶镇的其他非进口的废旧金属回收企业（10 家）分别散布在沙滘、劳边、石联、银河路段（除石联 4 间外，其他均为 2 间），都是规模较小的企业，从业人员 10～20 人不等，场地面积 1000～3000m^2。目前大部分仍然是采用收进来、简单拆解后卖出去的粗放式回收经营模式，年回收总量约 3000t，生产再生铁 2000t 左右，基本上没有废水、废气产生。此外，横江铁料城内有 946 户商户，其中从事五金边角料回收的 300 多户，每年可为镇内五金企业提供近万 t 的钢（铁）。

8.1.3 大沥镇

大沥镇也是国内外著名的有色金属产业基地，先后荣获“中国铝材第一镇”、“中国有色金属名镇”、“中国再生金属物流加工基地”和“广东有色金属产业集群升级示范区”等称号，显示了大沥镇在有色金属和再生金属行业的重要地位以及当地再生资源产业的重要支撑作用。

目前，大沥镇有再生金属加工回收企业 500 多家，其中属于国家环保总局定点企业 11 家，并形成了内部小产业链，即由定点企业带动普通回收企业发展。根据有关行业协会的计算，大沥镇的再生金属流通量居行业龙头地位。再生资源产业为大沥镇乃至整个佛山市的有色金属加工企业提供了大量的原材料，大大降低了生产成本，提高了行业竞争力。

另外，再生金属行业的发展还促进了当地居民就业和第三产业的发展。大沥镇的再生金属回收行业可以追溯到 20 世纪三四十年代，经过多年发展，直接和间接从业人员数量众多。再生资源回收行业提高了大沥的土地收益，为民间积聚了大量财富，直接促进了物流、餐饮、娱乐和房地产等产业的发展，并为金融和商贸业的发展提供了动力。

8.1.4　里水镇

里水镇再生资源的回收利用行业以废五金、废塑料和废电池为主要对象，全镇共有废五金回收利用企业 32 家，年回收总量超过 30 万 t，通过废五金综合利用所生产的再生铜、再生铝、再生钢（铁）和其他再生金属近 29 万 t，产值超过 25 亿元；有废塑料回收利用企业 8 家，年回收总量近 7 万 t，通过综合利用所生产的再生塑料 6.5 万 t，产值超过 3 亿元；有废旧电池回收利用企业 1 家，年回收总量 1000t。再生资源行业为 3000 多名劳动力提供了就业岗位。

相对于丹灶镇和大沥镇，里水镇的再生资源产业大部分只是“收进来、卖出去”的回收经营模式，其加工处理流程多为简单的清洗、破碎、除杂、分拣。有一定技术含量并能够进行深加工的只有邦普镍钴技术有限公司和沃乘塑料有限公司两个企业。

邦普镍钴技术有限公司是邦普集团旗下的一家专业从事各种废旧镍氢、镍镉、锂离子等二次电池，废镍、废钴资源化回收与处理的再生资源高新科技企业。邦普集团创立于 2005 年 12 月，是广东省环保科技常务理事单位、广东省民营科技企业、中国有色金属工业协会副理事长单位。集团总部位于佛山市南海，作为集团核心产业的废旧电池回收量已达 2000 万只/月，具备月处理利用废镍、废钴量 500t、年产硫酸镍、氯化钴、镍铁合金、电池正极复合材料、四氧化三钴等环境友好镍钴新材料 5000t 的生产能力。据企业自行评估，按照其每月回收 2000 万只废旧电池计算，相当于每年减少 24 亿 m^3 水污染，减少 48km^2 土地污染，减排二氧化碳排放量 2400t，节能 12 万 t 标准煤。另外，邦普公司“科技创造绿色生活”的企业精神，已经深入到里水镇的千家万户，提升了群众的环保意识，当地群众将废旧电池投入邦普公司设立的收集箱已经成为一种习惯。

8.2　顺德杏坛：废塑料加工利用行业的区域聚集和困惑

在众多再生资源品类中，废塑料的回收利用是争议比较大的。佛山市顺德区的杏坛镇是珠江三角洲地区最大的废塑料集散地，甚至被冠上“世界目前最大的进口废塑料集散地”、“废塑料的华尔街”等名号。2009 年 1 月，笔者在杏坛镇调查了当地再生塑料企业，了解行业现状和问题。

杏坛镇位于广东省佛山市顺德区的西南部，全镇总面积 122km^2，是顺德区面积最大的一个镇，下辖 24 个村委会、6 个居委会，2008 年常住人口约 12.7 万，流动人口约 3.7 万人，是珠江三角洲知名水乡，水乡文化氛围浓郁，被评为“中国民俗文化之乡”、“广东省教育强镇”。

杏坛镇的废塑料回收和加工利用自 20 世纪 70 年代末开始，至今已有 30 多年的历史，企业数量最多时超过 2000 家，2005 年该行业销售收入约 13.8 亿元，税收约 3400 万元。截至 2007 年 8 月，杏坛镇在工商注册登记的塑料生产企业超过 1500 家，几乎每个村子都有塑料加工企业，至今仍有约 20 000 人从事该行业。

随着废塑料行业的迅速发展，此前掩盖在促进本地就业和本地经济发展光环下的环境污染和产业落后问题日渐暴露，据顺德区经贸局劳志和副局长介绍，目前杏坛镇的再生塑料行业存在以下问题。

（1）企业分散。废塑料回收利用企业分散在麦村、昌教、光华、吕地、雁园等原村级工业园区，其中部分更是在居民区。

（2）生产工艺简易，对环境影响严重。杏坛废塑料加工利用主要通过分拣、破碎、洗水、拉粒等工序，把废旧塑料制成塑料粒，加工过程中产生的废气、废水、噪声等未经环保处理直接排放，对环境污染严重。塑料垃圾乱堆乱放现象严重，对当地群众的生产生活造成极大的影响，是近几年居民重点投诉的领域。

（3）土地利用率低。全行业合计约占用土地面积 2445 亩，每亩年产出仅为 66.25 万元，与顺德区工业用地平均每亩 200 万～300 万元的年产出率相差甚远。

（4）用地手续不完善，证照不齐全。废塑料加工利用企业厂房大部分都未完善报建手续，只有少部分发展较好、规模较大的企业办理了房地产权证。2007 年在对其中的 940 家企业（约占杏坛镇废旧塑料加工利用企业的一半）进行清查时，只有 41 家证照齐全，153 家环保审批手续不完备，593 家未经消防审批，598 家没有房地产权证。

（5）消防安全隐患严重。塑料是易燃物品，企业普遍防患意识不足，导致火灾时有发生。而且企业与民居的防火距离不足，消防安全隐患严重。

为此，当地政府采取了一系列政策整顿塑料行业，2007 年 5 月，顺德区政府出台了《顺德区废旧塑料加工利用企业生产经营管理规范》及《顺德区废旧塑料加工利用企业生产经营管理规范实施方案》，由区环保局、经贸局、安监局、消防大队、工商局、执法局等部门组成区整治废旧塑料企业专项行动领导小组办公室进驻杏坛，开展自查登记、清理和整顿工作，通过与杏坛镇各部门联合执法，共清理废旧塑料加工利用企业 283 家，无牌无证塑料收购店及加工企业基本上清理完毕。

2008 年，杏坛镇成立了整治废旧塑料加工利用企业专项行动工作领导小组，继续对废旧塑料行业就环保、消防安全、安全生产等方面进行综合治理，消防安全依据《中华人民共和国消防法》、《消防监督检查规定》及《广东省既有建筑安全治理技术要求专家论证会纪要》规定，对各企业进行排查、备案、整改跟踪；安全生产根据《中华人民共和国安全生产法》、《广东省安全生产条例》要求企业从硬件到软件完善管理制度，规范经营管理；环保方面按照《建设项目环境影响评价分类管理名录》要求各企业重新整理申报。领导小组还制定了《杏坛镇废旧塑料加工利用企业生产经营管理专项整治方案》，要求废旧塑料加工利用企业与镇领导小组办公室签订《守法经营保证书》及与所属各村（居委会）签订《废旧塑料加工利用企业的管理规定》。做到纵向到底、横向到边的村镇两级联动，达到“零”投诉的监督管理机制。

在调研过程中，顺德区的有关部门提出了以下建议。

（1）加大再生资源加工利用技术开发的投入力度。一是应借鉴国际经验，加大科技投入，支持再生资源加工利用技术开发及其产业化；二是将再生资源产业发展的共性技术和关键技术纳入各级科技开发规划，为再生资源产业发展提供支撑，研发再生资源加工利用的适用技术，解决废物逐级利用、低值利用问题，降低环境污染。

（2）完善法律法规和标准，做好基础性工作。逐步将资源综合利用纳入法制化轨道，使再生资源产业得到健康发展。完善再生资源产业和产品的标准体系，提高再生资源加工利用产品的质量。建立相应的市场准入和环境准入制度，加大执法检查的力度，对应当开展而没有开展资源综合利用、造成严重二次污染的企业给予处罚，促进再生资源产业的健康发展。

（3）建议调整再生资源行业的税收政策。我国再生资源产业发展中之所以出现小、乱、散和二次污染问题，与这些企业的技术水平较低、企业规模小有关。目前在废旧物资回收企业和废物利用企业之间往往没有进项发票，国家促进再生资源产业发展的税收优惠政策尚无法应对该问题，导致大多数利废企业无法享受相关税收优惠政策，不得不惨淡经营，缺乏必要的资金进行技术开发和污染治理。另外，再生资源行业的技术门槛低，导致企业数量众多，从而出现小、乱、散现象。为此建议国家调整现行政策，进一步完善有利于再生资源产业发展的优惠政策，使运作规范、技术水平高、无污染或低污染的企业能够实实在在地享受到减免税优惠，对不符合规范、造成环境污染的企业则征收惩罚性的税费，鼓励企业集约发展和规模发展，用市场手段逐步汰劣留强。

杏坛塑料商会对政府“铁腕整治”当地塑料行业提出了不同看法。杏坛塑料商会成立于2007年1月29日，目前有700多家会员，商会成立的目的是架起沟通塑料企业与政府的桥梁，推动杏坛塑料行业的发展。商会会长陈强发向笔者提供了《关于杏坛塑料行业的现状与整改建议》、《杏坛塑料情况汇报》、《致杏坛塑料行业的一封信》等材料，一方面说明塑料行业对当地社会经济发展的贡献，特别强调了杏坛镇各项公益活动、敬老扶幼、奖教奖学、建桥修路等，都离不开塑料业户的支持；另一方面提出了对整治工作的意见，认为政府的铁腕政策过于苛刻，使得杏坛塑料行业处于瘫痪状态。

在调研中不难发现，杏坛的塑料工厂基本上处于停产状态，金融危机带给杏坛镇的影响是显而易见的，而政府的一系列整顿措施，无疑加剧了杏坛镇废旧塑料企业的倒闭潮，也使得企业和政府间的关系变得紧张。

面对企业的诉求，政府也作了适度的政策调整。根据《顺德区废旧塑料加工利用企业生产经营管理规范》（以下简称《规范》），如果严格执行注册资金不低于100万元人民币、厂区面积大于4000m^2、厂房建筑面积大于2000m^2、厂界距离居民文教区等敏感地区大于200m的准入门槛，9成以上的企业都不符合条件。考虑到杏坛大部分的废旧塑料企业目前规模尚小，政府在执行过程中针对不同情况进行了分类处理，特别是适当放宽园区内企业的准入条件。按照“整治污染、规范经营”的指导思想，在《规范》的框架下，以是否在工业园区为界线，按先外后内的原则循序推进。由杏坛镇政府制订方案，划定界线，对园区以外、分散经营、不符合《规范》的废旧塑料企业坚决进行清理；对连片的、集中在园区的废旧塑料企业，经营面积、房地产权证、注册资金、纳税身份等方面的条件可适当放宽。但在环保、消防和安全生产方面的要求则按《规范》严格执行。

然而，2010年8月10日中央电视台（以下简称央视）经济频道播出了一则《垃圾如何变餐具》的报道，曝光了佛山塑料集团股份有限公司（以下简称佛塑）下属的鸿基公司从顺德威控（塑胶）有限公司购入用进口“洋垃圾”制成的废料颗粒，制成发泡餐盒进行内销，每月大约生产2亿个餐盒的事件，又一次将杏坛的废塑料加工利用行业置于公众舆论的漩涡之中。虽然佛塑之后发公告单方面澄清鸿基没有使用洋垃圾，并表示决定彻底退出一次性餐具生产经营业务，但央视的曝光还是引发了杏坛政府新一轮的塑料行业整治。2011年8月，顺德区领导透露了建设再生塑料加工园区的设想，要在杏坛合适的地方建设再生塑料的集约加工园区，把通过环保验收的塑料企业集中进园，实施集约发展、集中监控的管理。同时还要建立再生塑料的专业市场，实施网格化的巡查监管。①

8.3　东莞中堂：废纸回收行业支撑起“造纸名镇”

东莞市中堂镇以纸品加工销售为支柱产业，是广东省造纸专业镇，造纸产业占中堂镇总产值的70%以上。全镇造纸企业 33 家，年产量近 500 万 t，占东莞市造纸产量近 50%。中堂纸品制造加工业年产值超百亿元，产业集群规模已达到全市领先水平②。2008 年《东莞市中堂造纸产业基地环境影响报告书》通过广东省环保局审批，中堂镇造纸产业基地正式成为广东省环保产业基地。经过近 20 年的发展，中堂镇造纸产业逐步形成了以箱包机制纸为主，瓦楞纸板、纸箱、纸袋等下游加工产业链配套，并带动废纸回收贸易、造纸化工、机械零件配件行业蓬勃发展，形成了原料供应—生产—销售一条龙服务体系，营造了便利的生产环境。销售网络涵盖珠三角、长三角，还出口东南亚市场，生产的纸箱随出口货物远销世界各地。为了了解中堂镇造纸行业的发展与废纸回收利用行业之间的关系，笔者于 2009 年 7 月在中堂镇对该镇造纸产业进行了调研。

中堂镇位于东莞市西北部，距离东莞市中心区 11km，下辖 16 个村，4 个居民区。东江南、北干流环镇而过，注入珠江，距离出海口不足 20km，水源充足。在中堂造纸产业带区域内，北海仔河贯穿全区，是一条天然的给排水渠道。另外，中堂水陆交通发达，处于广深经济走廊中心地带，凭借广州、东莞、深圳强大的加工、出口及消费能力，原材料（废纸）来源充裕，产品销售便利，经营环境得天独厚。根据中堂镇经贸办提供的资料，中堂镇从 1987 年开始发展造纸行业，到 2008 年 12 月，该镇造纸行业总体建筑规模已经超过 500 万 m^2，厂房面积超过 300 万 m^2，有造纸企业 33 家，纸业公司及纸制品行业 95 家，相关配套的机械、化工企业 30 家，从事废纸及造纸化工、机械零配件贸易的商家及个体户达 1200 多家。年生产能力达 500 万 t，年产 10 万 t 机制纸以上的企业 14 家，5 万 t 以上的 13 家，规模最大的理文造纸厂年产已经达到 70 万 t。造纸

① 佚名．杏坛将建再生塑料加工园区．中国废塑料电子周刊：http：//2011. replas. org. cn/e_ Weekly_info. aspx? id=60，2012-06-16

② 东莞市中堂镇政府．中堂概况．中堂镇政府网站：http：//www. zhongtang. gov. cn/publicfiles/business/htmlfiles/zhongtang/pztgk/index. htm，2012-06-16

行业年销售额超过 100 亿元，从业人员近 1.8 万人，成为中堂镇第一大支柱产业。

中堂镇的造纸产业与废纸回收利用行业有密切的联系。2008 年中堂镇国内废纸贸易额已经达 24 亿元人民币，占整个造纸及纸制品相关行业年贸易额的 1/5 强。中堂镇的造纸企业均从国外进口废纸，并在国内设立了废纸回收网络。除个别品种外，绝大多数产品的生产原料中有 70% 以上来自于废纸。例如，规模最大的理文造纸厂的产品原材料中废纸所占比重高达 90%。我国是一个常规造纸原料较为贫乏的国家，森林覆盖率约 20%，远低于世界平均水平（约 30%），居世界第 139 位，更低于许多发达国家和地区，如日本、美国、欧盟和加拿大的森林覆盖率分别高达 67%、33%、42% 和 44%。如果折算人均森林资源量的话，中国与世界平均水平的差距就更大。因此，高强度地利用废纸便成为中国造纸行业的必然选择。2009 年，中国造纸行业进口废纸 2750 万 t，比 2008 年增加了 13.59%。2005 年东莞市中堂、麻涌、望牛墩 、道滘、万江、红梅、高埗、沙田等 8 个镇区共 82 家造纸企业每年收购废纸进行再造的数量约 417 万 t，约值 53.8 亿元。2004 年东莞市国税局落实新的增值税、所得税管理工作，规定纸厂不能直接开具收购发票给废纸供应商。为了使中堂等 8 个镇区的纸厂正常生产，保证不影响生产企业的利润，中堂、万江等镇的供销社废品回收公司实施了为纸厂开具废纸购销发票的工作，从而有效解决了纸厂的退税问题，保障了纸厂的正常生产①。由此可见，废纸回收利用对于中堂镇乃至东莞市的造纸行业发展有着举足轻重的作用。

2011 年 7 月，东莞市首家专业废物交易中心“广东中堂废纸交易中心”举行揭牌仪式，这是中堂镇大力发展循环经济、建设节约型社会的重要举措，也是对未来当地造纸企业健康发展，打造中堂“造纸名镇”的有力支撑。未来，中堂镇将按照“功能分区合理、基础设施配套、交通网络畅达、生态环境优美、高效低耗、高产减排”的目标，高标准整合、提升全镇的造纸产业，做大做强。计划用 5～10 年的时间，在区内实行“整治一批，提升一批，适度引进一批”的战略，关闭一些规模小、污染治理不达标的企业，通过技术改造提升一批企业，并适度引进一批生产工艺先进，高产减排、高效低耗的企业，将中堂造纸产业建设成为具有“定位、规划、观念、管理、业态、高效、品牌、生态”等领先优势的一流造纸产业基地，影响辐射整个泛珠三角区域。根据环评容量限

① 广东省再生资源管理办公室、东莞市供销合作社. 东莞市再生资源经营管理开辟新篇. 广东合作经济，2008，(1)：27-29

制，到 2020 年，中堂造纸产业产能总量控制为：机制纸 800 万 t/年以内，纸制品 300 万 t 以内。

为了实现上述目标，更好地支撑造纸产业的发展，中堂镇投入 500 多万元构建了三大科技服务平台，即东莞虚拟科学院中堂工作站、中堂造纸技术协会、中堂电子商贸资讯网，以帮助企业提高技术水平，鼓励企业进行技术改造，加大对机械设备、工艺技术的改造投入。另外，中堂镇政府还在企业和高校之间架起了桥梁，使多家企业与有关科研院所建立长期合作伙伴关系，并成功申报了广东省（造纸）科技创新专业镇。

中堂镇计划将全镇造纸企业引进北海仔造纸产业园区集中发展，该产业园位于中堂镇西北部东江南岸、北潢大道以北的狭长地带，现有造纸企业 20 家，占镇内造纸企业的 70%；年造纸能力约 400 万 t，占全镇造纸工业总产值的 80% 以上，在中堂镇的经济发展中起主导作用。目前整个园区（以造纸工业及为其配套服务的工业为主）已经初具规模，完全建成后，园区可扩增 200 万 t 的生产容量，能够将园区外的所有造纸企业迁入园区内发展，有利于加强环境监督管理和污染物治理，并降低企业的生产成本。

第 9 章

他山之石：日本的循环型社会、“城市矿山”及垃圾分类收集

9.1 日本循环型社会建设经验、成效及其启示

日本《环境与循环经济白皮书》2010 年版（以下简称《2010 年版白皮书》）对于人类近数百年来在地球 1 天内的作为进行了估算：每天新生儿约 37 万，死亡人数约 16 万，人口净增长为 22 万人/天。每天使用约 150 km^3 的水资源；生产约 370 万 t 粗钢；制造约 20 万台机动车，废弃 12 万台旧机动车；生产约 108 万 t 纸。每天消耗约 8000 万桶原油，而 100 年前每天仅消耗 100 万桶；发电约 65TW · h；产生约 8000 万 t 二氧化碳。每天采掘和使用约 6000 万 t 矿石；产生约 3500 万 t 废弃物。已经导致地球上一半的森林消失，每天约有 100 个物种灭绝。2010 年版白皮书指责人类在 1 天的时间里可以消费掉地球需要 100～1000 年、数千年乃至上亿年才能形成、积累下来的自然成果，呼吁人类利用日益发达的智慧跨越所面临的生存危机。

本书以《2010 年版白皮书》为依据，介绍日本循环型社会建设和再生资源回收利用方面取得的主要成效、具体措施及其对我国未来发展循环经济，发展再生资源产业，推动经济和社会生活转型的启示。

9.1.1 日本循环型社会建设取得的主要成效

2000 年，日本政府出台了《循环型社会形成推进基本法》（平成 12 年法律

第 110 号，以下简称为《循环型社会基本法》），并以一系列与节能和资源循环利用相关法规的发布为铺垫，开启了循环型社会元年。基于《循环型社会基本法》制定了两次《推进循环型社会形成基本计划》，其中第一次《推进循环型社会形成基本计划》在 2003 年出台，第二次则在 2008 年出台。经过将近 10 年的循环型社会建设，日本在以下方面取得了明显的成效。

1. “3R”能力不断增强

日本在循环型社会建设过程中，十分注意把握废弃物产生的原因，并以促进全社会总物质投入量的高效利用为切入点，将关注的核心问题凝聚在诸如废弃物产生量有多少、什么种类的废弃物以及排放于何处等具体事项上。由此可以充分把握人类社会从自然界获取的物质如何从人类社会再废弃进入自然界的过程以及物质的最终流向。图 9-1 和图 9-2 分别是 2000 年和 2007 年日本全社会总物质流向的示意图，显示经过实施《推进循环型社会形成基本计划》，日本全

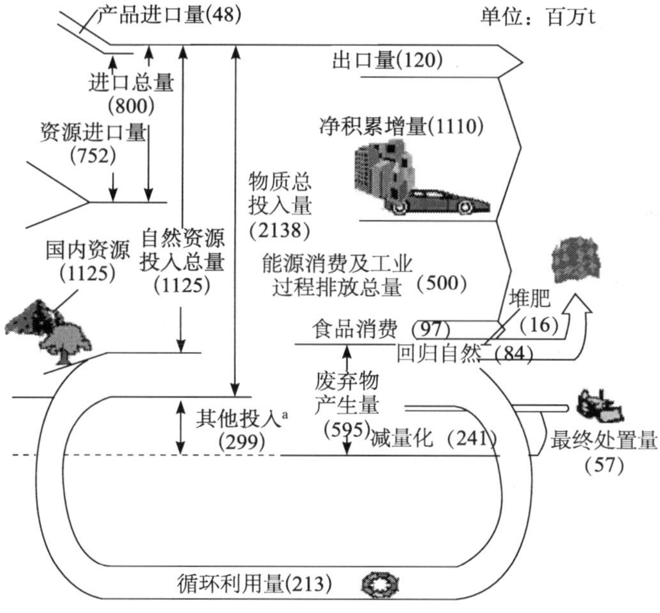

图 9-1　日本全社会 2000 年物质投入和流向示意图

注：a 包括污泥、家畜粪尿、人粪尿、废酸碱等所含水分以及伴随经济活动投入的采矿业、建筑业、水生产行业产生的污泥和采矿业产生的矿渣。

资料来源：日本环境省．2010 年版《环境和循环型社会白皮书》（网络版）．http：//www. env. go. jp/policy/hakusyo/hakusyo. php3？ kid＝236&serial＝29988&kensaku＝1&word＝，2012-06-16

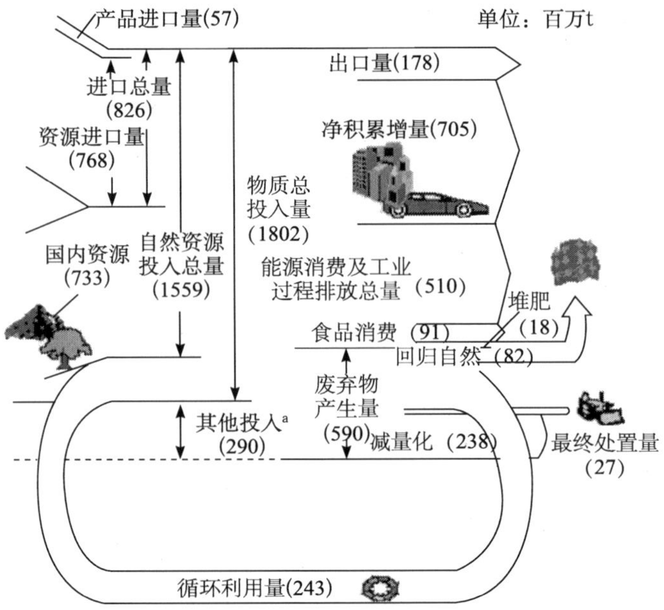

图 9-2　日本全社会 2007 年物质投入和流向示意图

注：a 包括污泥、家畜粪尿、人粪尿、废酸碱等所含水分以及伴随经济活动投入的采矿业、建筑业、水生产行业产生的污泥和采矿业产生的矿渣。

资料来源：日本环境省．2010 年版《环境和循环型社会白皮书》（网络版）．http：//www. env. go. jp/policy/hakusyo/hakusyo. php3？ kid＝236&serial＝29988&kensaku＝1&word＝，2012-06-16

社会新投入物质总量有所减少，从 2000 年的 2138 兆 t 减少到 2007 年的 1802 兆 t，减少了 15. 7%，实现了显著的减量化。被循环利用的物质总量则有所增加，从 2000 年的 213 兆 t 增加到 2007 年的 243 兆 t，增加了 14. 1%。循环利用率则从 2000 年的 10% 增加到 2007 年 13. 5%，显示循环利用能力的快速增加。

2. 资源产出率明显提高

资源产出率是表现生产和生活过程中人们利用资源的有效程度的综合性指标。通过循环型社会建设，日本全社会的资源产出率明显提高，2007 年消耗每吨资源所实现的价值达到 36. 1 万日元，比 2000 年提高了约 37%。

3. 废物产生量和最终处置量迅速下降

比较图 9-1 和图 9-2 可知，日本循环型社会建设使得全社会废物最终处置量从 2000 年的 57 兆 t 减少到 27 兆 t，下降幅度高达 52. 6%；人均每日垃圾排放量在 2007 年约为 1089g，比 2000 年减少 8.1%；人均每日从家庭排放的生活垃圾在 2007 年为 586g，比 2000 年降低 10.4%，有效降低了废物排放对环境的影响。其中一般废弃物（主要是生活垃圾）中玻璃、废纸、厨余、饮料瓶等在 2007 年的最终处置量均比 2000 年下降了一半以上，废金属的最终处置量只有 2000 年的 1/4 左右（图 9-3）。产业废物的最终处置量下降幅度更大（图 9-4），2007 年产业废物排放量和最终处置量（应包含往年排放的废物）分别约为 1509 万 t 和 2057 万 t，比 2000 年分别减少 16.1% 和 77%。绝大多数废物种类的最终处置量都下降了一半以上，其中有不少只有 2000 年的 1/4 左右甚至更低。

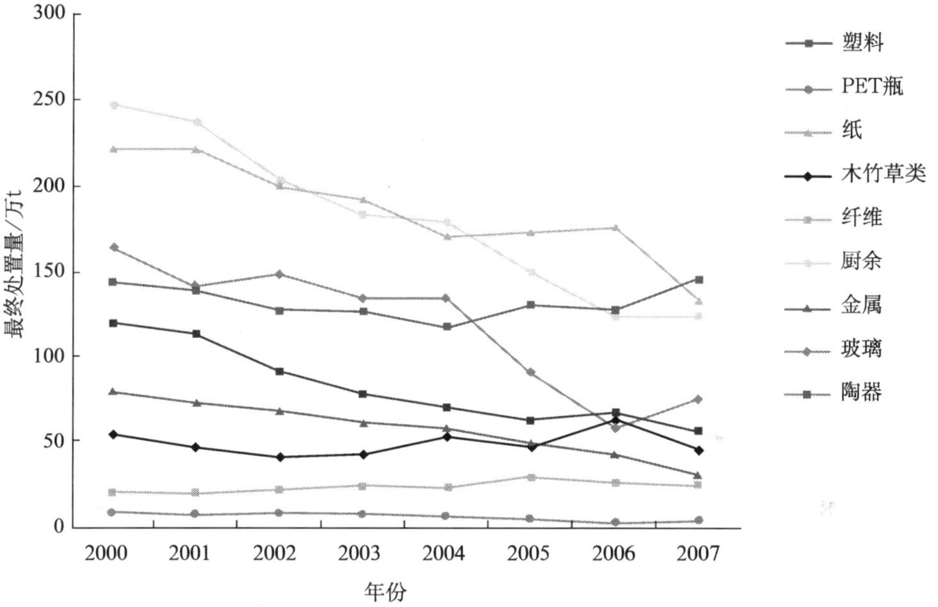

图 9-3　日本全社会各类一般废弃物的最终处置量

资料来源：日本环境省 .2010 年版《环境和循环型社会白皮书》（网络版）. http://www.env.go.jp/policy/hakusyo/hakusyo.php3?kid=236&serial=29988&kensaku=1&word=，2012-06-16

4. 有效降低了温室气体排放量

如图 9-5 所示，日本通过废物循环利用，将生活垃圾、产业废油、废轮胎、废木料、废塑料用作能源，并发展废塑料制油、固体燃料（RPF）、垃圾衍生燃料（RDF）等，有效减少了化石能源的消费，同时有效削减了温室气体排放量。根据日本环境省测算，2006 年在废弃物处理部门以外利用排放的废弃物作为原料或燃料等资源化过程减少的温室气体排放量达到 1500 万 t 二氧化碳当量（图 9-5）。

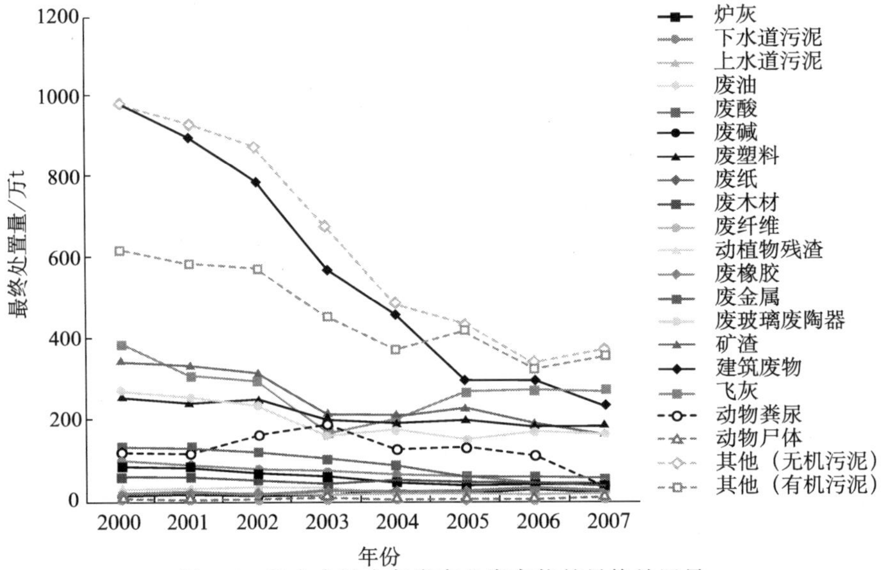

图 9-4　日本全社会各类产业废弃物的最终处置量

资料来源：日本环境省 .2010 年版《环境和循环型社会白皮书》（网络版）. http：//www. env. go. jp/policy/hakusyo/hakusyo. php3？kid = 236&serial = 29988&kensaku = 1&word =，2012-06-16

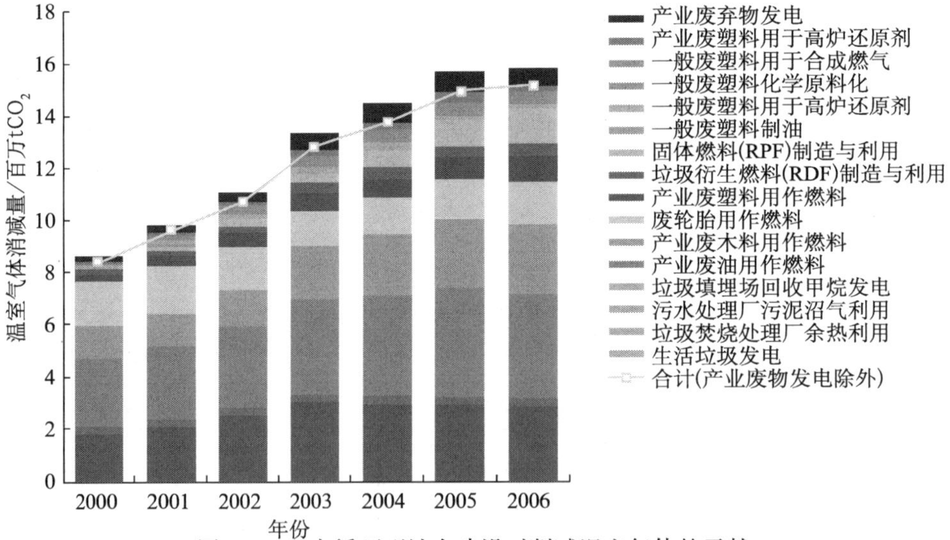

图 9-5　日本循环型社会建设对削减温室气体的贡献

资料来源：日本环境省 .2010 年版《环境和循环型社会白皮书》（网络版）. http：//www. env. go. jp/policy/hakusyo/hakusyo. php3？kid=236&serial=29988&kensaku=1&word=，2012-06-16

5. 循环经济市场规模不断扩大

2008年通过的第二次《推进循环型社会形成基本计划》将循环型社会定义为“在资源获取、生产、流通、消费、废弃等社会经济活动的所有阶段采取措施抑制废弃物的产生，强化资源循环利用，尽量少地开发利用新的资源，减轻环境负担的社会”。贡献于循环型社会的商务活动可以称为循环经济产业。通过循环型社会建设，“3R”不仅对于提高日本的资源效率和环境效益产生了巨大影响，而且还形成了一个持续增长的循环经济产业，其市场规模不断扩大。图9-6显示了日本1990年以来的经济增长、自然资源投入量、资源循环利用率、废弃物最终处置率、循环经济市场规模以及雇佣规模的变化趋势。循环经济市场规模（循环型社会商务规模）在日本的循环型社会元年（2000年）为29兆5855亿日元，占GDP的5.9%，到2007年增加到38兆644亿日元，市场规模扩大了30.1%，占GDP的比重上升到6.8%。雇佣规模在2000年约为53万人，到2007年增加到约65万人，增加了22.6%。由此可见，循环型社会建设不仅有利于改善全社会的资源环境状况，而且切实推动了生产力的提高，形成了一个具有生命力的朝阳产业。随着循环型社会的不断发展，日本正致力于发展高附加值的循环经济产业，主要瞄准了稀有金属和废旧家电回收利用领域。

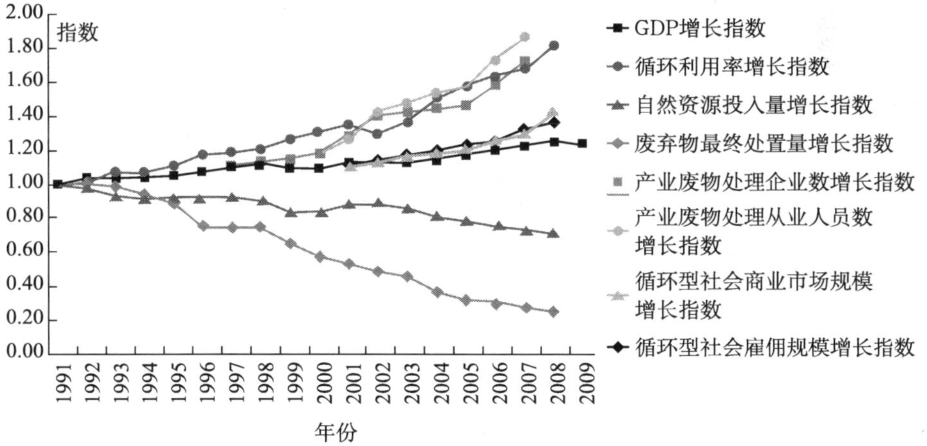

图9-6　日本GDP和循环型社会相关指标的变化

资料来源：日本环境省．2010年版《环境和循环型社会白皮书》（网络版）．http：//www.env.go.jp/policy/hakusyo/hakusyo.php3？kid=236&serial=29988&kensaku=1&word=，2012-06-16

9.1.2 日本建设循环型社会的主要措施

1. 完善立法

在被称为日本循环型社会元年的2000年及之前的一个时期，日本展开了一系列相关的立法和法律修订工作。1991年制定了《再生资源利用促进法》，1993年制定了《环境基本法》，并在1994年制定了《环境基本计划》，决定将循环政策作为环境政策的长期目标。2000年，日本制定了《推进循环型社会形成基本法》以及《建筑材料循环利用法》、《食品循环利用法》、《绿色采购法》等，修订了《再生资源利用促进法》并更名为《资源有效利用促进法》，修订了1970年制定的《废弃物处理法》，加强了控制废弃物的产生以及不正当处理的措施。由此确立了“循环型社会元年”，开启了全面发展循环经济的新时代。

此后，日本又在2002年制定了《汽车循环利用法》，修订《废弃物处理法施行令》；2003年发布了《独立行政法人环境保全再生机构法》和《特定产业废弃物特别处置法》，并于2003年和2004年两次修订了《废弃物处理法》；2005年修订了《特定产业废弃物特别处置法》；2006年发布了《包装容器分类收集和再利用法》，修订了《产业废弃物处理设施建设促进法》；2007年发布了《食品可循环资源再生利用促进法》，修订了《产业废弃物处理设施建设促进法》；2008年和2009年相继实施《农林渔业生物燃料法》和《生物量利用促进基本法》，以促进将农林渔业经济活动过程中产生的生物量转化为燃料的生物能源行业的发展。一系列的立法和法律完善工作使日本成为世界上拥有最先进的循环经济法规体系的国家，使得循环型社会建设具备了强有力的法制基础。

2. 制订周密的实施计划

在立法的基础上，政府于2003年3月和2008年3月先后制定了第一次和第二次《推进循环型社会形成基本计划》，作为建设循环型社会的中长期指导方针。期间又在2005年启动《3R Initiative 行动计划》，2008年制定了《废弃物处理设施建设计划》和《建筑废物循环利用推进计划2008》。相关计划明确了各个时期的发展目标，例如，第二次《推进循环型社会形成基本计划》的目标为：到2015年，资源产出率达到投入每吨物质的产出为42万日元，资源循环利用率达到14%～15%，废弃物最终处置量低于2300万t，产业部门温室气体排放量削减780万tCO_2当量，同时以2000年为基准年明确了人均垃圾排放量等一系列指标需要达到的减量目标。日本政府还不断完善循环经济统计制度，以资源产出率为核心，科学地把握全社会资源的投入、流向、废弃等基础数据。自 2001 年起发布循环型社会白皮书，自 2007 年起《循环型社会白皮书》与《环境白皮书》合并，显示日本政府开始将循环型社会建设与环境管理作为同等重要的社会管理事务的基本思路。为了落实循环型社会建设计划，日本政府从公共财政中投入了大量的资金，近 5 年国家各部门每年用于循环型社会建设的经费预算分别达到约 2732 亿日元（2006 年）、8560 亿日元（2007 年）、8120 亿日元（2008 年）、7609 亿日元（2009 年）和 2427 亿日元（2010 年）。

3. 建设支撑循环型社会发展的基础设施

除了制度建设等软环境建设外，基础设施等硬件建设对于支撑循环型社会的发展极其重要。日本自 2004 年起陆续在北九州、大阪、东京、北海道等地先后建设了 5 个 PCB 废弃物处理处置设施。由中央政府补助，建设因废弃物等处理过程产生的二噁英等有毒气体的处理设施，2000 年的补助金额超过 750 亿日元。Ecotown 作为一项支撑日本循环型社会发展的基础设施建设措施，十分具有特色。所谓 Ecotown，是指以“零排放”作为区域环境友好型经济社会建设的基本构想，同时以推动区域振兴为目标，于 1997 年创立的一项制度。建设 Ecotown 的地区由环境省和经济产业省共同认定，并且对于先进的资源循环利用关联设施的建设给予支持。至 2010 年，日本全国已经被经济产业省或环境省认定并得到支持的 Ecotown 如表 9-1 所示。根据环境省对 Ecotown 资源循环过程的调查结果，全日本投入到 Ecotown 的资源循环总量达到约 220 万 t，其中约 91%被制品化、原料化，或被用作能源，减少了废弃物最终处理量约 100 万 t、减少二氧化碳排放量约 42 万 t。

在废家电回收设施方面，主要由制造商依据《家电循环利用法》自 2001 年起组建了两个回收网络，目前两个网络已经分别在全日本建成了 30 个和 16 个家电循环利用设施，并在东京都和北九州市共同建成了 2 个共用设施（表 9-1）。

表 9-1　日本经济产业省和环境省认定的 Ecotown 一览表

地区	认定年份	设施功能
北九州市	1997	PET 瓶、家电制品、办公用品、机动车、荧光灯回收利用设施；废木材、废塑料制造建材设施；炼钢用抑制剂制造设施
川崎市	1997	废塑料高炉还原设施；难再生废纸回收利用设施；废塑料制水泥混凝土模具用板设施；废塑料氨化设施、PET 回用设施
长野县饭田市	1997	废 PET 瓶、废纸回收利用设施
岐阜县	1997	废轮胎、废橡胶、废 PET 瓶、废塑料回收利用设施

续表

地区	认定年份	设施功能
福冈县大牟田市	1998	应用 RDF 发电设施；废纸尿布回收利用设施
札幌市	1998	废 PET 瓶压片设施；废塑料制油设施
秋田县	1999	家电制品、非铁金属、废石灰、废塑料回收利用设施；废塑料制造新型建材设施
宫城县鶯沢町	1999	家电制品回收利用设施
千叶县千叶市	1999	生态水泥制造设施；直接熔融设施；发酵制甲烷气设施；废木材、废塑料、贝壳、聚氯乙烯树脂、高纯度金属、高纯度塑料、废建筑装修材料回收利用设施
北海道	2000	家电制品、纸制容器包装物回收利用设施
山口县	2001	垃圾焚烧炉灰水泥原料化设施
熊本县水俣市	2001	玻璃瓶回用和资源化设施；废塑料制复合再生树脂设施
青森县	2002	炉灰、贝壳、熔融飞灰回收利用设施
富山县富山市	2002	复合型废塑料、废木材、难降解纤维回收利用设施；废合成橡胶高附加值回收利用设施
香川县直岛町	2002	熔融飞灰资源化设施、有价金属回收利用设施
东京都	2003	建筑混合废弃物高度分选、回收利用设施
兵库县	2003	废轮胎制燃气设施
岩手县釜石市	2004	水产加工废弃物回收利用设施
爱知县	2004	镍金属、未加硫废橡胶回收利用设施；低环境负荷高附加值地毯制造设施
三重县铃鹿市	2004	涂装污泥堆肥化设施
冈山县	2004	废木材碳化回收利用设施
三重县四日市	2005	废塑料高度回收利用设施
大阪府	2005	利用亚临界水反应的废弃物资源化设施
高知县高知市	2000	发泡苯乙烯回收利用设施
爱媛县	2006	造纸污泥制再生填料设施
广岛县	2000	RDF 发电设施；灰熔融设施；聚酯混纺废物回收利用设施

4. 推动技术进步

日本社会非常重视利用技术进步提高资源利用效率，促进循环型社会建设。日本政府在第三期科学技术基本计划中设立了“实现环境友好的循环型社会”的政策目标，确立了“在评价产品全生命周期的基础上适用于3R 的生产、消费系统设计技术”，“高效获得能源的区域性生物量利用技术”，“稀有金属回收技术”等战略重点，设立专项经费，广泛征集课题，并通过竞争，实施了一系列循环型社会建设的关键科学研究和技术开发项目。2008 年共立项资助了 74 项相关科学研究和 6 项技术开发项目。在成果推广方面，政府通过举办研讨会、出版成果论文集等方式公开研究成果，并利用网络建立了废弃物处理技术信息系统，有力地促进了循环型社会建设相关技术的研发和科学技术的推广普及。

5. 培育循环经济产业

日本循环型社会建设非常注重培育循环经济产业，在2003年和2008年制定的两次《推进循环型社会形成基本计划》中均设置了循环经济产业规模和雇佣规模的指标。日本将产品制造业称为“动脉产业”，将产品废弃后回收利用和处理处置行业称为“静脉产业”，并注重“动脉产业”和“静脉产业”的对接，由此构成两类产业一体化的新型循环经济产业。日本产业界积极响应政府发展循环型社会的策略，日本经团联呼吁企业制定自主行动计划推进循环经济产业发展。1999年，经团联确立了到2010年产业废弃物最终处置量比1990年减少75%的目标（第一次目标），经过努力，产业界在2002年就提前8年达成了上述目标（图9-7）。经团联随即又提出了到2010年产业废弃物最终处置量比1990年减少86%的第二次目标，到2008年又提前超额达成目标，产业废弃物最终处置量减少了89.1%。也就是说，日本产业界在2008年排放的各类需要处理处置的废弃物只有1990年的11%不到。产业界能够取得这样的成果，说明在产业废弃物循环利用过程中必定产生了令企业能够接受的收益，这就是循环经济产业良性发展的重要基础。日本循环经济产业规模的变化已经展示在图9-7及其相关说明中，这里不再赘述。

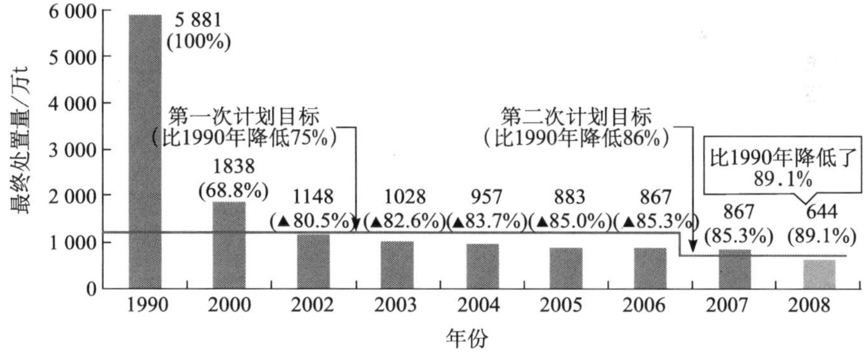

图9-7　产业界整体产业废弃物的最终处置量/万t

资料来源：日本环境省. 2010年版《环境和循环型社会白皮书》（网络版）. http：//www. env. go. jp/policy/hakusyo/hakusyo. php3？kid=236&serial=29988&kensaku=1&word=，2012-06-16

6. 动员全社会参与

公众广泛参与是日本循环型社会建设的主要特点之一。为了加强公众的环境教育，日本于2003年发布了《环境保护活动及环境教育促进法》，并制订了

《环境保护活动及环境教育基本方针》。专门对国民的环境教育进行立法，这在国际上并不多见，显示日本社会对于环境教育在社会管理中的重要性有着十分清醒的认识。在第二次修改《推进循环型社会形成基本计划》设置了这样的目标：拥有废弃物减量化、资源循环利用和绿色采购意识的人数到 2015 年达到约 90%；采取废弃物减量化、资源循环利用和绿色采购具体行动的人数到 2015 年达到约 50%。日本中央和地方政府以及非营利组织为了促进市民、地方自治体、企业等积极投入到循环型社会建设中来，采取了一系列措施。例如，2001 年由 NPO 社团“创造可持续社会活力网络”创办了“市民创造环境友好社区健康大奖”；由环境大臣颁发的“循环型社会建设有功者”大奖（包括社团奖和企业奖）、“容器包装 3R 推进环境大臣奖”（包括区域协作奖、零售业奖和制品奖）、“食品循环利用环境大臣奖”等。为了便于不同层次、不同年龄段的市民了解环保及循环型社会的相关知识，日本环境省等部门还公开发布了《面向小朋友的环境白皮书》、《图解环境、循环经济、生物多样性白皮书》等出版物，并设立了“环境咨询员”制度。

9.1.3 日本循环型社会建设的启示

参照日本循环型社会建设的经验和取得的成就，以下问题十分值得中国社会反思。

（1）我国颁布实施了《循环经济促进法》以及节能和废弃物循环利用的一系列法规（虽然还不够系统、不够细），但却一直未能建立起系统实施循环经济的社会政治经济体系，公共财政、金融、税收等方面的支持力度也不足以支持中国全社会的循环经济发展。即使在许多经济相对发达地区，循环经济依然是阳春白雪，高处不胜寒。中国社会严重缺乏循环经济统计数据，导致决策无据可依；循环经济技术发展迟缓，缺乏高效发展手段。

（2）我国在“十一五”和“十二五”期间均设立了具有约束性的资源环境目标（节能减排），但在许多地方政府，实现这些目标被当作繁重的政治任务，而没有被由衷地认为是区域可持续发展的必然选择，这显然不利于构建发展循环经济的良好软、硬环境。

（3）绝大多数企业不知循环经济为何物，一些施行循环经济建设的企业中也有不少将循环经济当成一项政策，而非一个有利可图的产业。

（4）中国社会从上到下都日益关注环境保护，但我们往往看到了产生的污染物需要处理，却忽视了如何使污染物排放量大幅减少。对于循环经济如何成为环境管理的核心策略，人们并没有花费太多心思，也没有投入太多资源。

（5）教育往往会成就或耽误整整一代人。中国六十岁以上的人们大多不知道环境教育为何物；四五十岁的人们听说过环境教育，但大多也都未曾身历其境；二三十岁的人们大多接受过环境教育，但限于皮毛，大概也是不知“清洁生产”为何物的一代人；正在接受中、小学教育的新一代中国人，受制于“应试教育”的指挥棒，运气好的，依然只能每年倾听 4～6 个课时的“环境之声”，他们仍然是以祖国“地大物博”为傲、缺乏危机感的一代人。我们太需要一部将环境教育纳入法制轨道的法规！

以上种种，都是值得我们深思和改善的，建设环境友好型、资源节约型社会是中国人没有选择余地的必由之路，衷心希望这个目标的实现不会是在“为时已晚”的那一刻！

9.2　日本“城市矿山”的组织实施：以回收小型家电提取稀有金属为例

近年来，除了四种大型家电（电视、空调、冰箱、洗衣机）和电脑外，其他电子电器产品并未列作日本循环利用相关法律的规制对象，各地均未对上述废旧电子电器产品中所含有用金属（如具有很高资源价值的基础金属、贵金属、稀有金属）的回收利用采取有效措施。尤其是用于电子电器产品小型化、高性能化的稀有金属，考虑到其产地的局限性、价格的急剧变化所导致的供应风险，非常有必要维持其稳定供应。在此意义上，废旧物资近年来被称为“城市矿山”并受到高度关注，出现了一些自治社团和企业开始实施废旧小型家电的回收，并从中提取稀有金属和贵金属。但是，该项事业刚刚起步，稀有金属提取技术的研发仍然很不充分，稀有金属的高效提取以及有害物质的处理处置方法仍处于探索阶段。为此，日本政府有关部门开始实施从小型家电中回收稀有金属的组织工作。本案例介绍了日本政府及专业人员在该方面所开展的工作及主要成果，所有资料均来自日本环境省和经济产业省于 2011 年 4 月发布的《小型家电稀有金属回收及处理处置研究会总结》（《使用済小型家電からのレアメタルの回収及び適正処理に関する研究会とりまとめ》[①]）。

① 日本环境省．使用済小型家電からのレアメタルの回収及び適正処理に関する研究会．http：//www. env. go. jp/recycle/recycling/raremetals/conf_ ruca. html，2012－06－16

9.2.1 政府主导了废旧小型家电的稀有金属回收产业的启动

日本政府环境省和经济产业省于2008年12月设立了“废旧小型家电稀有金属回收及处理处置研究会”，以环境省废物循环对策部长以及经济产业省产业技术和环境审议官为核心，重点围绕构筑适用、高效稀有金属回收体系，联合相关自治组织和企业，在若干地区开展废旧小型家电高效回收方法的试点示范，把握废旧小型家电中稀有金属的含量情况，并评价稀有金属回收的环境风险（有害性）。表9-2归纳了该研究会开展的一系列研讨工作。

表9-2 研究会工作过程及主要内容

时间	主要内容
2008年12月2日 第一次会议	①整理废旧小型家电回收现状与相关课题；②审议示范项目计划
2009年2月13日 第二次会议	①整理废旧小型家电回收相关课题；②示范项目及实施案例报告；③确认2008年研究会总结报告
2009年3月24日 第三次会议	①整理废旧小型家电回收相关课题；②示范项目及实施案例报告；③确认2008年研究会总结报告
2009年10月29日 第四次会议	①2009年研究会工作计划；②自治组织废旧小型家电回收的实施案例
2010年3月9日 第五次会议	①关于废旧小型家电的回收；②关于从小型家电中回收稀有金属；③关于从小型家电中回收稀有金属的环境管理；④关于回收体系的经济性；⑤关于2010年度工作计划；⑥关于2009年度工作总结（草案）
2010年5月12日 第六次会议	①2009年度研究会工作报告；②2010年度研究会工作计划；③关于循环利用体系的经济性评价及各阶段的课题
2010年9月10日 第七次会议	①关于循环利用体系工作小组中间报告；②关于稀有金属工作小组和环境管理工作小组的工作情况；③今后的工作计划
2011年3月24日 第八次会议	关于研究会的工作总结（草案）

研究会设立了三个工作小组。

（1）稀有金属工作小组，主要任务：①小型家电中稀有金属总含量或回收可能的稀有金属含量调查；②主要小型家电类型或部件、零件调查；③稀有金属的循环技术、回收技术现状调查；④探讨小型家电预处理方法和分析测试方法；⑤分析测试结果的评价。其工作过程见表9-3。

（2）环境管理工作小组，主要任务：①小型家电循环利用过程中作为管理对象的有害物质整理调研；②小型家电循环利用过程中环境（有害物质）管理技术整理调研；③小型家电循环利用的风险评价和方案评估方法的整理调研。

其工作过程见表 9-4。

（3）循环利用体系工作小组，主要任务：①经济性评价；②面向构建循环利用体系所涉及课题的整理；③循环利用体系的主要结构、功能等。其工作过程见表 9-5。

表 9-3　稀有金属工作小组工作过程及主要内容

时间	主要内容
2009 年 1 月 21 日 第一次会议	①稀有金属循环利用现状整理；②稀有金属回收技术开发动向整理；③稀有金属回收过程中适当处理的现状整理（与环境管理工作小组联合会议）
2009 年 3 月 4 日 第二次会议	①示范项目的报告；②稀有金属回收课题的整理；③环境（有害物质）管理课题的整理；④2009 年度及其后探讨事项的确认（与环境管理工作小组联合会议）
2009 年 12 月 15 日 第三次会议	①废旧小型家电所含稀有金属及主要含有部件和零件；②稀有金属回收现状；③现有回收系统应用与废旧小型家电回收的可行性
2010 年 3 月 1 日 第四次会议	①关于稀有金属工作小组 2009 年度的探讨结果；②关于 2010 年度探讨事项（草案）
2010 年 10 月 25 日 第五次会议	①关于 2009 年度的探讨情况和 2010 年度的探讨内容；②关于稀有金属工作小组至今的研讨内容；③关于区域示范项目概要
2010 年 12 月 6 日 第六次会议	①关于第五次会议中提出的主要意见；②关于稀有金属工作小组至今的研讨内容；③示范项目中间实施报告
2011 年 2 月 7 日 第七次会议	①关于第五次会议中提出的主要意见；②关于稀有金属工作小组的研究内容；③关于研讨结果的反思

表 9-4　环境管理工作小组工作过程及主要内容

时间	主要内容
2009 年 1 月 21 日 第一次会议	①稀有金属循环利用现状整理；②稀有金属回收技术开发动向整理；③稀有金属回收过程中适当处理的现状整理（与稀有金属工作小组联合会议）
2009 年 3 月 4 日 第二次会议	①示范项目的报告；②稀有金属回收课题的整理；③环境（有害物质）管理课题的整理；④2009 年度及其后探讨事项的确认（与稀有金属工作小组联合会议）
2009 年 12 月 11 日 第三次会议	①关于废旧小型家电处理风险现状的信息收集；②关于回收设施的风险事件评价以及适用管理技术的考虑
2010 年 3 月 2 日 第四次会议	①关于环境管理工作小组至今的研讨结果；②关于 2010 年度研讨事项（草案）
2010 年 6 月 11 日 第五次会议	①2009 年度环境管理工作小组工作报告；②2010 年度环境管理工作小组的研讨内容
2010 年 11 月 19 日 第六次会议	①回顾迄今为止的研讨内容；②海外相关规章制度建设现状；③关于小型家电所含金属跟踪调查的相关信息；④关于小型家电等的处理现状及输出海外的情况；⑤关于稀有金属回收所带来的环境影响；⑥关于本年度调查的进展情况。
2011 年 2 月 28 日 第七次会议	①关于第六次环境管理工作小组会议的主要意见；②关于环境管理工作小组的工作总结

表 9-5　循环利用体系工作小组工作过程及主要内容

时间	主要内容
2010 年 6 月 1 日 第一次会议	①循环利用体系的经济性评价中间报告；②听证会（自治组织、中间处理企业）
2010 年 6 月 16 日 第二次会议	①循环利用体系的经济性评价中间报告；②听证会（冶炼企业、贵金属制造商、稀有金属用户）
2010 年 6 月 30 日 第三次会议	关于中间总结报告（草案）
2010 年 7 月 27 日 第四次会议	关于中间总结报告（草案）
2010 年 11 月 2 日 第五次会议	①循环利用体系的目的、必要性整理；②对象矿种、对象品目的筛选和审定；③下一次工作会议的研讨事项
2010 年 11 月 22 日 第六次会议	①关于环境管理工作小组的研讨情况；②关于社会机制的选择
2010 年 12 月 20 日 第七次会议	①关于稀有金属工作小组的研讨情况；②关于循环利用体系的选择评估
2011 年 3 月 8 日 第八次会议	①关于第七次工作会议提出的主要意见；②关于研究会工作总结报告（草案）

从上述日本环境省和经济产业省的行动来看，日本政府主导了日本社会小型家电循环利用及稀有金属回收利用行业的组织实施。

9.2.2　日本小型家电消费特征和废弃特征调查结果

如表 9-6 所示，日本小型家电的普及率很高，许多家庭拥有不止 1 台相同种类的小型家电，如手机、数码相机等。小型家电的使用年限比较短，如手机往往不到 3 年就被淘汰。在小型家电的废弃方面，不少家庭有收藏的习惯，也有不少进入二手市场，因此，估计小型家电的废弃（排放）量并不是很大（图 9-8）。

表 9-6　日本部分小型家电的消费特征

小型家电种类	家庭普及率/%				每 100 个家庭保有台数/台				平均使用年数/年		
	2005 年 3 月	2006 年 3 月	2007 年 3 月	2008 年 3 月	2005 年 3 月	2006 年 3 月	2007 年 3 月	2008 年 3 月	2005 年度	2006 年度	2007 年度
手机	82.0	85.3	88.0	90.5	179.7	194.6	203.9	208.8	2.6	2.7	2.9
DVD	49.0	61.1	65.1	71.7	70.1	90.8	97.5	108.5	4.3	4.4	4.5
数码相机	46.2	53.7	58.9	66.0	55.6	66.8	74.7	85.7	3.2	3.5	3.7
摄像机	39.6	40.2	41.2	41.4	44.4	43.9	45.2	44.8	6.5	6.0	7.0
传真机	49.7	56.7	57.7	59.0	51.2	58.7	59.4	60.6	—	—	—

资料来源：根据《家电产业手册（2008 年版）》（财团法人家电制品协会）编制

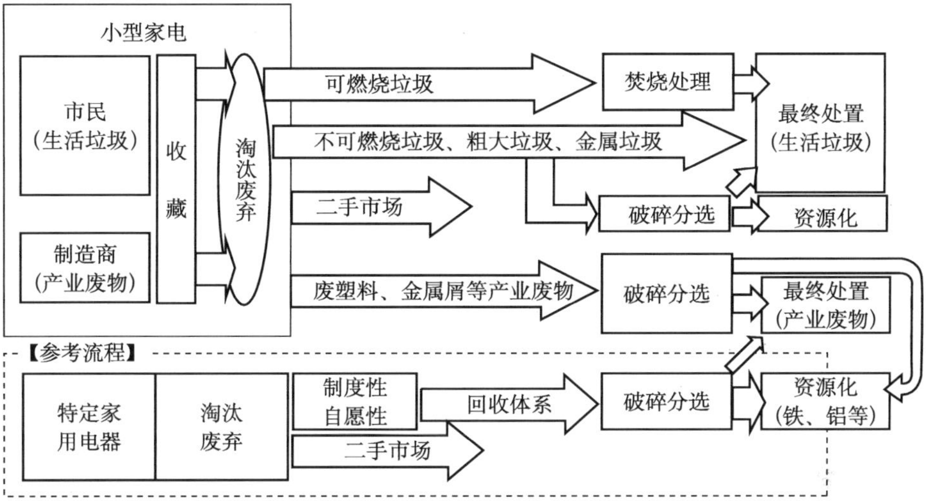

图9-8　日本小型家电淘汰废弃后回收、处理处置现状

9.2.3　小型家电回收示范实施情况

日本实施小型家电回收示范的地区在2008年度有秋田县、茨城县、福冈县，2009年度在上述3地的基础上增加了东京都（江东区・八王子市）、名古屋市・津岛市、京都市、水俣市等地区，合计共7个地区，示范工作持续到2010年。示范的回收方法包括专用回收箱回收（定点设置专门回收小型家电的回收箱）、垃圾分选回收（在生活垃圾回收时将小型家电分选出来）、定点回收（在垃圾回收站定期举行的资源垃圾回收活动时设置小型家电回收的专用容器）、集团回收（由已经开展资源垃圾回收的市民团体进行回收）和结合社区活动的回收（在举办庆典等社区活动时设置回收箱，请参与者将废旧小型家电带到活动场所回收）等，共回收了小型家电332 782个、120 245kg。各种回收方式的实施效果如图9-9（a）所示。如果换算为每年各种方式的回收总量（通过计算消除各地区不同方式实施期长短差异造成的影响），则集团回收方式效果最好，其次为垃圾分选方式和回收箱方式，定点回收方式效果最差，上述结果见图9-9（b）。

秋田县在实施期内采取了回收箱和垃圾分选两种方式，共回收小型家电73 889个（50 833kg），其中通过回收箱（145个，548天）回收了44 217个（23 194kg），通过分选（523天）回收了28 601个（27 494kg）；茨城县同样采取了回收箱和垃圾分选两种方式，共回收小型家电91 835个（26 895kg），其中通过回收箱（51个，637天）回收了27 577个（5778kg），通过分选

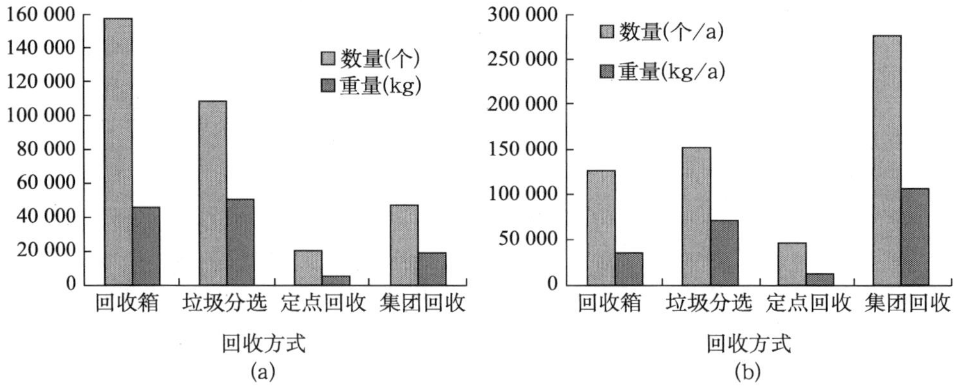

图 9-9　各种回收方式对小型家电的回收效果

注：（a）示范期内实施区域实际回收总量；（b）折算为每年实施区域的回收总量计算值

（645 天）回收了 62 976 个（21 066kg）；福冈县则采取回收箱、垃圾分选和定点回收三种方式，共回收小型家电 61 848 个（9781kg），其中通过回收箱（36 个，650 天）回收了 26 606 个（4072kg），通过分选（650 天）回收了 16 950 个（2274kg），通过定点方式（407～438 天）回收了 16 585 个（2961kg）；东京都通过回收箱和集团回收方式，共回收小型家电 33 304 个（6496kg），其中通过回收箱（52～70 个，330～340 天）回收了 32 336 个（6288kg），通过集团收集（92 天）回收了 536 个（139kg）；名古屋市通过回收箱、定点和集团回收方式，共回收小型家电 25 821 个（17 854kg），其中通过回收箱（4～10 个，336～348 天）回收了 9676 个（4138kg），通过定点方式（336 天）回收了 1718 个（1743kg），通过集团收集（336～348 天）回收了 13 383 个（11 943kg）；京都市通过回收箱等方式，共回收小型家电 16 270 个（2102kg），其中通过回收箱（50 个，367 天）回收了 15 903 个（2052kg）；水俣市采取回收箱和定点回收三种方式，共回收小型家电 3061 个（611kg），其中通过回收箱（5 个，321 天）回收了 1158 个（266kg），通过定点方式（326 天）回收了 1256 个（340kg）。

如果将示范项目实施区域取得的效益按全国范围进行换算的话，相当于每年在全日本回收了小型家电 446.5 万台（其中手机占了 57.5%，256.8 万台），仅占全日本潜在可回收台数（8667.2 万台，其中手机为 4963.7 万台，占 57.3%）的 5.2%。根据示范结果，研究会认为，在大城市，宜采用回收箱和社区活动回收方式；在中小城市，宜采用回收箱和垃圾分选方式回收；在垃圾分类收集先进地区则适合采用定点回收方式。研究会还就回收过程中的收运、储存、跨境运输及其与现行制度的配合问题进行了探讨并提出了建议。

9.2.4　关于从小型家电回收稀有金属的探讨

1. 日本废旧家电的产生量

表 9-7 给出了全日本 2010 年废旧家用电子电器产品的产生（排放）量，总台数为 2.17 亿台，重量为 139 万 t，其中冷气机、冰箱、电视机、洗衣机等大型家电以及电脑在重量上所占比重较大，超过了 70%。在数量上则以手机废弃量最大，全年废旧手机产生量将近 5000 万部，其次为数码相机，达到 942 万台，但在重量上二者分别仅占全部家用电子电器产品废弃量的 0.5% 和 0.1%。

表 9-7　2010 年日本废旧家用电子电器产品的产生（排放）量

	2010 年排放量/台	产品重量/kg	排放重量/万 t	占比/%
1. 冷气机（空调）	5 980 000	44.1	26.4	19.0
2. 冰箱	4 497 000	57.9	26.0	18.8
3. 薄型电视	442 000	30.0	1.3	1.0
4. CRT 彩电	8 040 000	27.2	21.9	15.8
5. 洗衣机	4 543 000	30.2	13.7	9.9
6. 笔记本电脑	6 900 000	2.7	1.9	1.4
7. 桌面电脑	5 838 000	10.8	6.3	4.6
8. 微波炉	4 032 013	19.8	8.0	5.8
9. DVD 播放机	5 932 000	4.0	2.4	1.7
10. 电饭锅	6 567 201	4.4	2.9	2.1
11. 吸尘器	5 885 184	4.0	2.4	1.7
12. 电热水器	255 179	79.8	2.0	1.5
13. 排气扇	7 821 748	1.9	1.5	1.1
14. 电子温水便座	2 482 811	5.0	1.2	0.9
15. 电热水壶	6 870 846	2.8	1.9	1.4
16. 烤箱	2 379 568	6.8	1.6	1.2
17. 烤面包机	3 220 969	2.8	0.9	0.6
18. VTR	6 132 000	4.0	2.5	1.8
19. 吸湿机	379 315	10.2	0.4	0.3
20. 电子毛毯	2 383 064	6.5	1.5	1.1
21. 电风扇	2 487 288	4.0	1.0	0.7
22. 小型磁带录放机	2 094 000	2.0	0.4	0.3
23. 电子按摩器具(不含按摩椅)	1 346 916	2.8	0.4	0.3
24. 咖啡壶	1 117 773	4.1	0.5	0.3
25. 榨汁机	1 432 326	3.7	0.5	0.4
26. 电熨斗	3 173 117	1.3	0.4	0.3
27. 吹风筒	7 297 318	0.5	0.4	0.3
28. 餐具烘干机	1 068 401	4.3	0.5	0.3
29. 电子暖炉	1 837 189	2.0	0.4	0.3

续表

	2010 年排放量/台	产品重量/kg	排放重量/万 t	占比/%
30. 摄像机	1 587 000	1.0	0.2	0.1
31. 电须刨	9 045 175	0.2	0.2	0.1
32. 生活垃圾处理器	60 601	12.4	0.1	0.1
33. 电磁炉	338 042	2.8	0.1	0.1
34. 电子被	1 449 751	1.0	0.1	0.1
35. 便携式吸尘器	1 608 465	1.9	0.3	0.2
36. 电子方桌	459 661	16.5	0.8	0.5
37. 手机	49 637 000	0.1	0.7	0.5
38. 大中型游戏机	2 446 000	3.0	0.7	0.5
39. 小型游戏机	7 853 000	0.2	0.2	0.1
40. 便携式 CD、MD 播放器	961 000	0.3	0.0	0.0
41. MP3 播放器	6 003 000	0.1	0.1	0.1
42. 数码相机	9 424 000	0.2	0.2	0.1
43. 车载导航仪	2 829 000	1.4	0.4	0.3
44. 音响	2 525 000	11.1	2.8	2.0
45. 车载音响	8 136 000	1.2	1.0	0.7
电子电器产品合计	216 798 921	—	139	100.0

2. 小型家电中稀有金属和贵金属的赋存情况

表 9-8 归纳了 12 种小型家电及主要部件中含有的主要稀有金属种类，但即便是同一种家电的相同部件，所含金属在不同品牌间有很大的差异，主板所占重量比一般在 1%～20%，所含的主要金属成分是 Ni、Ba、Ta、Cr，显示屏一般重量比为 2% 左右，所含稀有金属主要是 Cr、Ni、Ba、Sb、In。

表 9-8　主要小型家电及主要部件中含有的主要稀有金属种类（单位：%）

小型家电名称	主要部件	重量比	金属成分
数码相机	主板	20	Ni、Ba、Ta、Cr、Co、Pd、Mn、Sb、Nd、W
	显示屏	3	Cr、Ni、Ba、Sb、In
摄像机	主板	15	Ni、Ba、Ta、Cr、Co、Pd、Mn、Sb、Nd
	显示屏	2	Cr、Ni、Ba、Sb、In
便携式 CD	主板	10～15	Ni、Ba、Ta、Cr、Mn、Sb、Nd、W
	显示屏	2	Cr、Ni、Ba、Sb、In
手机	主板	20	Ni、Ba、Ta、Nd、Cr、Mn、Sb、W
	显示屏	2～3[a] 6～9[b]	Sb、Cr、Ni、Ba、In
PDA、电子字典	主板	15～18	Ni、Ba、Cr、Mn、Sb
	显示屏	10	Cr、In
遥控器	主板	17～18	Ni、Ba、Nd、Sb
	显示屏	10	Cr、In、Sb

注：a 不带相机功能；b 带相机功能

续表

小型家电名称	主要部件	重量比	金属成分
录像带、DVD 播放机	—	—	Ni、Cr、Ta、W、Co、Nd
汽车导航仪	—	—	Ni、Cr、Ta、W、Co、Pd、Ga、In、Nd
电话机	—	—	Ni、Cr、Ta、W、Co、Pd、Ga、In、Nd
硬盘	—	—	Ni、Cr、Ta、W、Co、Mo、Pd、Ga、Nd、Dy
游戏机	—	—	Ni、Cr、Ta、W、Co、Nd、La
AC 变压器	—	—	Fe 占 70%，Cu 占 15%～20%，锌占 1%～2%

表 9-9 显示了各种小型家电中赋存的具有潜在可回收性的稀有金属的总量。一般呈 Mn>Sb>Ta>W>Nd>Co>Bi>La>In>Pd>Li>Dy>Pt 的趋势，可回收量占日本全年需求量比例也不是很高，仅占 0.01%～4.37%。

表 9-9　各种小型家电中赋存的具有潜在可回收性的稀有金属的总量　（单位：t）

小型家电	Li	Co	Pd	In	Nd	Dy	Ta	W	Pt	Sb	Bi	La	Mn
手机	0.17	0.79	0.55	0.10	3.93	0.08	4.12	3.44	0.02	1.12	0.61	1.22	1.53
游戏机	0.01	0.14	0.05	0.05	0.73	0.02	0.94	0.13	0.00	4.72	0.56	0.44	10.1
小游戏机	0.00	0.10	0.03	0.00	0.12	0.01	0.24	0.14	—	1.03	0.02	0.05	0.20
便携 CD	0.35	0.00	0.01	0.00	0.01	0.00	0.18	0.00	—	0.04	0.03	0.00	0.09
数码相机	0.02	0.06	0.07	0.05	0.12	0.02	2.85	0.24	0.00	0.63	0.07	0.05	1.12
导航仪	—	0.21	0.09	0.07	0.28	0.07	0.99	0.14	0.00	0.45	0.14	0.07	4.29
摄像机	—	0.04	0.21	0.03	0.21	0.02	2.19	0.15	0.00	0.48	0.08	0.11	0.80
DVD 播放机	—	0.33	0.09	0.14	0.44	0.11	2.51	0.47	0.01	3.73	0.34	0.26	9.50
录影机	—	0.63	—	0.63	—	—	3.17	1.27	—	10.8	0.63	0.00	7.61
汽车音响	0.01	0.21	0.06	0.06	0.06	0.00	0.00	0.01	0.00	1.92	0.13	0.03	0.41
吹风筒	0.01	0.00	0.00	0.00	0.00	0.00	0.00	0.00	0.00	0.86	0.00	0.00	0.01
微波炉	0.00	1.05	0.02	0.33	0.01	0.03	0.00	0.02	0.00	25.3	0.56	0.32	27.8
吸尘器	0.00	0.02	0.00	0.00	0.02	—	0.01	0.01	—	1.36	0.01	0.00	4.12
合计	0.58	3.60	1.18	1.46	5.92	0.36	17.2	6.02	0.04	52.5	3.19	2.55	67.6
占需求量/%	0.01	0.02	2.42	0.12	0.16	0.11	4.37	0.08	0.12	0.68	0.33	0.08	0.01

表 9-10 给出了潜在可回收的小型家电中赋存的贵金属和基础金属量，其中 Au 和 Ag 的赋存量分别达到 6t 和 52t，占 2010 年全日本需求量的比例分别为 2.91% 和 2.30%，手机和 DVD 播放机中这两种金属的赋存量最大。Cu、Zn、Pb 等基础金属潜在可回收量占需求量的比例均很低，分别只有 0.23%、0.02% 和 0.01%。

表 9-10　潜在可回收的小型家电中赋存的贵金属和基础金属量　（单位：t）

小型家电	Au	Ag	Cu	Zn	Pb
手机	2.1	12.2	485.8	9.6	18.9
大中型游戏机	0.4	1.3	265.2	15.1	20.0
小型游戏机	0.1	2.1	66.5	2.9	10.1
便携式 CD、MD 播放器	0.0	0.0	0.0	0.0	0.0

续表

小型家电	Au	Ag	Cu	Zn	Pb
MP3 播放器	0.3	2.4	87.0	3.3	5.7
数码相机	0.1	1.4	109.4	9.4	5.5
车载导航仪	0.1	2.2	48.7	3.5	6.8
摄像机	0.4	5.4	506.6	55.0	39.2
DVD 播放机	2.5	17.1	967.5	53.3	12.1
音响	0.0	0.2	201.8	37.5	21.1
车载音响	0.0	0.0	30.4	5.7	0.4
吹风筒	0.1	7.4	843.8	109.0	63.3
微波炉	0.0	0.0	219.9	9.3	38.7
吸尘机	0.0	0.1	8.5	0.5	0.4
小型家电合计	6	52	3 841	314	242
占 2010 年国内需求量比例/%	2.91	2.30	0.23	0.02	0.01

3. 优先回收的金属矿种

从 2009 年 7 月确立的“稀有金属确保战略”中的四项措施（确保海外资源、实施回收利用、开发替代材料、积极储备）来看，在回收利用方面尚无明显进展。考虑到回收利用技术尚未确立的现状，今后应优先探讨以下 14 种金属矿种，即 Li、Co、Ga、In、Ta、W、Yt、La、Ce、Nd、Sm、Eu、Tb 和 Dy。考虑到小型家电中稀有金属赋存的特点，宜优先选择从小型家电中回收以下 4 种矿种，即 Co、Ta、W 和 Nd。除此之外，以下 9 个矿种也是需要持续关注的，包括 V、Cr、Ni、Nb、Mo、Pt、Pd、Sb 和 Ba。

其中，属于白金族（PGM）的 Pt 和 Pd 如果确立回收技术，其回收利用将产生重要效益；V、Cr、Ni、Mo 则是铁和非铁合金的添加剂，具有广泛的用途，今后需要十分重视其回收技术的研发；Sb 和 Ba 则是使用后难以回收的金属（如用于无机药物中），今后的回收利用也存在着一定难度，今后也应加强研究。

4. 回收利用的经济性

如果将回收利用过程分成废旧产品收集、中间处理、金属回收三个阶段，并在后两个阶段分别设定两个情景（情景一为传统的稀有金属回收方法；情景二为以稀有金属为重点的回收方法），经过测算，从小型家电回收利用稀有金属的经济性如表 9-11 所示。从表中可知，在废旧小型家电收集阶段，在回收率为 10%～30% 的情况下的产值均小于成本，也就是说，废旧产品的收集是亏本的。而在中间处理阶段，如果以传统方法进行产品的中间处理，在回收率分别为 10%、20% 和 30% 的情况下，可以分别获得 2.7 亿日元、5.4 亿日元和 8.1 亿日元的效益；在以稀有金属回收为重点的中间处理技术体系下的效益则明显下降，仅分别为 1.1 亿日元、2.2 亿日元和 3.3 亿日元。在金属回收阶段则相反，采用以稀有金属回收为重点的技术体系所产生的效益（0.9 亿日元、1.9 亿日元和 2.8 亿日元）要略高于传统技术体系（0.7 亿日元、1.5 亿日元和 2.2 亿日元）。根据以上分析，从小型家电中回收稀有金属在经济上是可行的，但废旧产品收集阶段的负效益极大地制约了该行业的发展，而且回收率对后续阶段的效益也产生明显影响。因此，应该尽量提高废旧产品的回收率，并且应该综合构建整个回收利用体系，尤其应考虑不同阶段间的利益平衡。

表 9-11　从小型家电回收利用稀有金属的经济性测算结果　（单位：百万日元）

	废旧产品回收率/%	产值（b）	成本（c）	效益（b−c）	效益（b/c）
废旧产品收集阶段	10	104	462	−358	0.23
	20	209	513	−305	0.41
	30	313	528	−214	0.59
中间处理阶段（情景 1）	10	1 301	1 031	270	1.26
	20	2 602	2 062	540	1.26
	30	3 903	3 093	810	1.26
中间处理阶段（情景 2）	10	1 355	1 246	109	1.09
	20	2 710	2 492	218	1.09
	30	4 065	3 738	327	1.09
金属回收阶段（情景 1）	10	1 316	1 244	72	1.06
	20	2 633	2 488	145	1.06
	30	3 949	3 732	217	1.06
金属回收阶段（情景 2）	10	1 677	1 585	92	1.06
	20	3 355	3 170	185	1.06
	30	5 032	4 755	277	1.06

注 1：在中间处理阶段中，费用的计算是基于用手工将主板等主要部件拆卸、分选后再利用既有设备破碎、分选的过程；金属回收阶段的费用计算则根据非铁金属冶炼行业的收益率进行推算。

注 2：中间处理阶段回收的铁、铝等金属在该阶段便被出售。

9.2.5　关于小型家电回收利用的资源环境效益

1. 降低毒害金属的环境风险

以手机、大中型游戏机、小型游戏机、便携 CD（MD）播放机、MP3 播放器、数码相机、车载导航仪、摄像机、DVD 播放机等 9 种小型家电为对象，分析了从这些废旧产品中排放的有害金属量，并依据国内外有关研究成果和相关标准评价了这些金属可能带来的环境风险，其结果如表 9-12 所示。从表中可见，伴随9种小型家电排放的各种毒害金属总量高达531.5t，其中铅的排放量就高达88.8t。因此，回收这些小型家电中的金属对于减少排放到环境中的毒害金属，降低环境风险有重要的作用。据测算，如果30%的小型家电被回收，其中包含的线路板将达到2600t。问卷调查显示，虽然电子废物的进出口受到了国际公约的限制，但在日本淘汰的废旧小型家电仍然流向了海外，共有13%的市、镇、村出售回收的小型家电，其中约30%在回应调查时表示这些废旧小型家电被销售到或者可能被销售到国外。虽然目前尚不清楚这些电子废物如何被输出到海外发展中国家，这些国家又如何进行电子废物的处理处置或资源化，但已经有不少案例显示国际电子废物在发展中国家的处理过程已经对当地环境造成了污染。可见，加强小型家电在日本本国的回收利用还有利于限制电子废物的跨境污染。

表9-12　伴随日本9种小型家电废旧产品的有毒有害元素的环境毒性及排放量

元素	在废物中的化学形态	急性毒性	遗传毒性	致癌性	生殖毒性	残留性·难降解性	生物积累性	慢性毒性	水生毒性	土壤移动性	排放量/kg（9种产品）
铍	$BeSO_4 \cdot 4H_2O$	●	—	●	●	—	—	●	●	—	91
硼	B	—	—	—	—	—	—	—	—	—	7 697
铬	$K_2Cr_2O_7$	●	●	●	●	—	—	●	●	—	14 228
锰	$MnCl_2 \cdot 4H_2O$	—	—	—	●	—	—	●	—	—	25 979
镍	$NiCl_2$	●	●	●	●	—	—	●	●	—	81 134
锌	$ZnCl_2$	—	●	—	●	—	●	●	●	—	96 997
砷	As	—	—	●	—	—	●	—	—	—	743
硒	Se	—	—	—	●	—	—	●	●	—	112
溴	Br	●	—	—	—	—	—	●	●	—	129 946
钼	MoO_3	—	●	—	—	●	—	—	—	●	800
镉	$CdCl_2$	●	●	●	●	—	—	●	●	—	17
铟	In_2O_3	—	—	—	—	●	—	●	—	—	511
锑	$SbCl_3$	—	●	●	●	—	—	●	●	●	12 087
汞	$HgCl_2$	●	●	—	●	—	—	●	●	—	2
铅	$Pb(CH_3COO)_2 \cdot 3H_2O$	—	●	●	●	—	—	●	●	—	88 797
钒	VCl_3	—	●	—	—	—	—	—	●	—	156
钴	$CoCl_2$	●	●	●	●	—	—	●	—	—	1 345
钯	$PdCl_2$	—	—	—	—	—	—	—	—	—	963
碲	Te	●	—	—	●	—	—	—	—	—	152
钡	$BaCl_2$	●	—	—	—	—	—	—	—	—	58 133
钽	Ta	—	—	—	●	—	—	—	—	—	11 546
铂	$PtCl_2$	—	—	—	—	—	—	—	—	—	34
铊	Tl_2SO_4	—	●	—	●	—	—	●	●	—	26

注：●有毒性；—无毒性。

2. 资源效益

物质总量（total material requirement，TMR）是指生产单位重量的某种产品所需开采的矿石、消耗的土石方等原始原料的重量。例如，钢铁的 TMR 是 8，表示生产 1t 钢铁所需铁矿、炼钢消耗的燃料煤以及伴随开采所产生的土石方、尾矿的总量达到 8t。铜的 TMR 为 360，金则高达 110 万。在各种制品中，CPU 的 TMR 约为 1000，手机约为 500，LCD 显示屏约为 300。因此，回收小型家电能够产生明显的资源效应。

图 9-10 显示了手机、MP3 播放器、数码相机以及薄型电视机中所含稀有金属（Li、Ti、V、Cr、Mn、Co、Ni、Ga、Sr、Nb、Mo、Pd、In、Sb、Nd、Dy、Ta、W、Pt）的 TMR，图 9-11 则是这些具有回收潜力废旧家电产品总量的 TMR。如果有效回收利用这些废旧产品中的稀有金属，将可节省物质总量约 60 万 t。

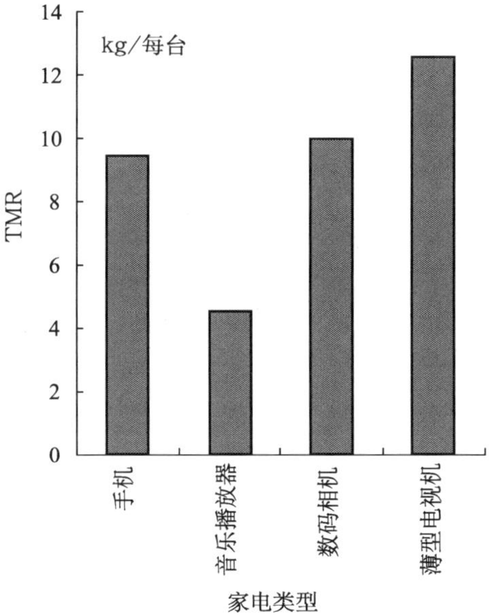

图 9-10　四种家电每台产品的 TMR

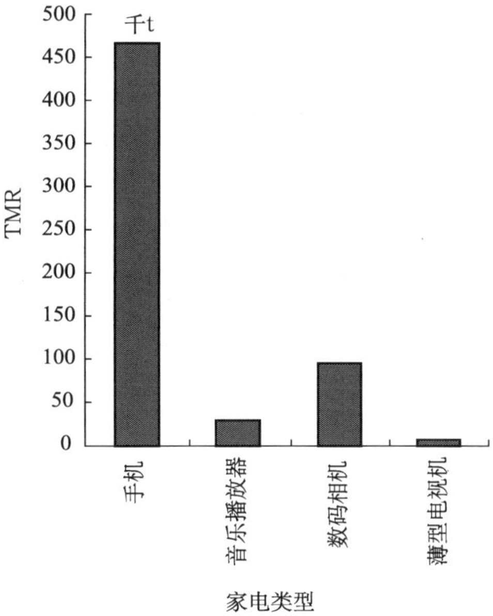

图 9-11　日本四种可回收废家电产品的 TMR

图 9-12 显示了日本使用的各种金属每年的物质总量。其中白色部分是通过废旧产品现行回收利用过程所减少的 TMR 总量，深色部分是通过进一步回收利用废旧产品所能够减少的 TMR 总量，显示废旧产品回收对于减少原始物质材料的消耗发挥了重要作用，这种作用对于稀有金属和贵金属的资源节约效益尤其明显，例如，铜、铝、铬、钴、镓、锗、铍的绝大部分来源于回收利用，钯、

镍、锌、锰、铅、铟、锂、镁、钛、钨等金属的 TMR 也可通过回收利用废旧产品减少一半以上。

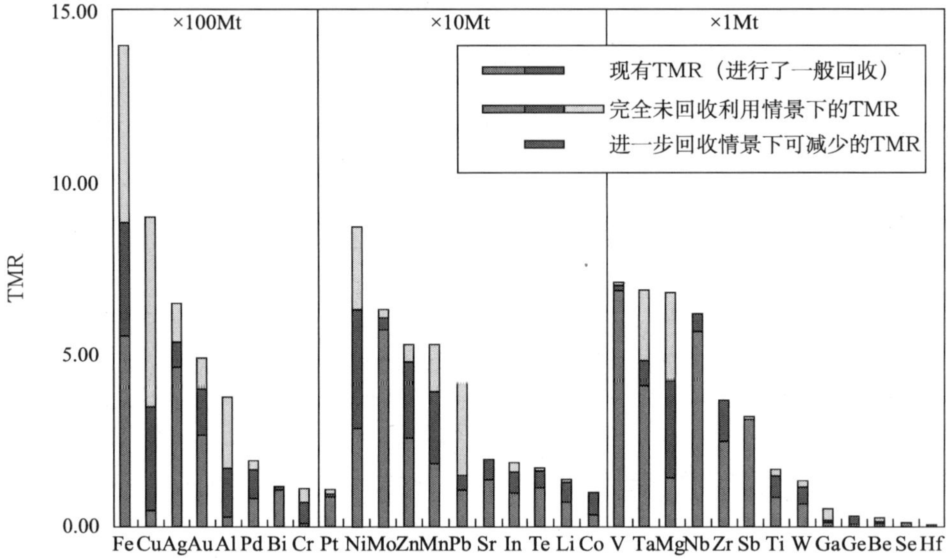

图 9-12 日本使用的各种金属每年的 TMR

9.2.6 今后的课题和启示

日本“废旧小型家电稀有金属回收及处理处置研究会”经过近 3 年的探讨和试点示范，已经掌握了日本废旧小型家电的废弃量、可回收量、回收方法、稀有金属回收的经济可行性、环境效益等方面的大量第一手资料，并在此基础上提出了未来需进一步研究的课题，包括：

（1）构筑回收利用体系的必要性；

（2）回收利用对象矿种的选择；

（3）回收利用的对象家电种类选择；

（4）回收利用体系的类型和应具备的特性；

（5）构筑回收利用体系的可行性；

（6）稀有金属回收利用技术的深度开发；

（7）有利于稀有金属回收利用的产品设计和标识方法；

（8）废旧小型家电回收利用的环境管理方法。

日本环境省和经济产业省对于从废旧小型家电中回收利用稀有金属这一潜

在行业开展的一系列研究、试点示范工作体现了政府对于“城市矿山”事业的重视和引导作用，其组织工作考虑细致周到，各个分组任务具体，各种研究、试点示范措施十分落实，而且有地方政府、公众和企业的参与，使得政府能够迅速掌握评价一项全新事业的基础资料。这个案例所展示的信息，包括与废旧小型家电回收利用相关的数据、研究成果以及日本政府对这项事业的组织实施模式都有良好示范作用，值得我国在“城市矿产”示范工作过程中参考。

9.3　日本城市生活垃圾分类收集：图解日本带广市生活垃圾分类体系

笔者于2010年3月14日前往北海道带广市调研，该市是日本垃圾分类收集做得比较早和比较好的城市，已经有十五年以上的历史。3月14～17日深入日本家庭考察该市的垃圾分类收集体系，以下是本次考察的主要见闻以及相关图片。

9.3.1　垃圾分类收集体系

带广市的垃圾分类收集体系体现了政府、市民自治组织和市民之间的高度互动和相互配合。政府在设计这一制度时十分仔细、认真，各种考量都非常科学、周到。图9-13是配送给市民的生活垃圾计划简报，该简报不定期配发，只要计划有变，无论是多么小的变化，都会及时通知市民。

图9-13显示，生活垃圾共分为四大类，即可焚烧垃圾、资源垃圾（可回收利用的垃圾）以及不可燃烧和有害垃圾（干电池、水银体温计、日光灯等）。在不同的时间回收不同的垃圾，每种垃圾每周只收运一次，不同区域安排不同的收运时间段；图9-13右侧为可焚烧垃圾的有关说明，可焚烧垃圾（图9-13）一般每周只收运2次，七八年前树枝、树叶等还可以在野外自行焚烧，但目前已被禁止，必须作为可焚烧垃圾来集中收运，不得自行处理。不可焚烧垃圾（图9-14）和有害垃圾（图9-15）每两周收运1次，资源垃圾（图9-15）由政府委托的专业机构上门收集，每周1次。不同地区安排不同的收运时间段，以提高收运车辆的使用效率。政府负责垃圾清运的部门还向市民配发了收运日地图（图9-16），该图清楚地显示每个区域在

一周中的哪一天收集垃圾，要求在早上 9 点之前将垃圾放在集中地点，其中包含了预防乌鸦捣乱的对策（在乌鸦活动开始前完成垃圾集运），一般安排在早上比较早的时段收运垃圾，市民要在早上 9 点之前将垃圾送到指定地点，主要是考虑到早上 9 点以前乌鸦尚未开始活动。示意图上有主管部门的联系方法，以方便市民查询。

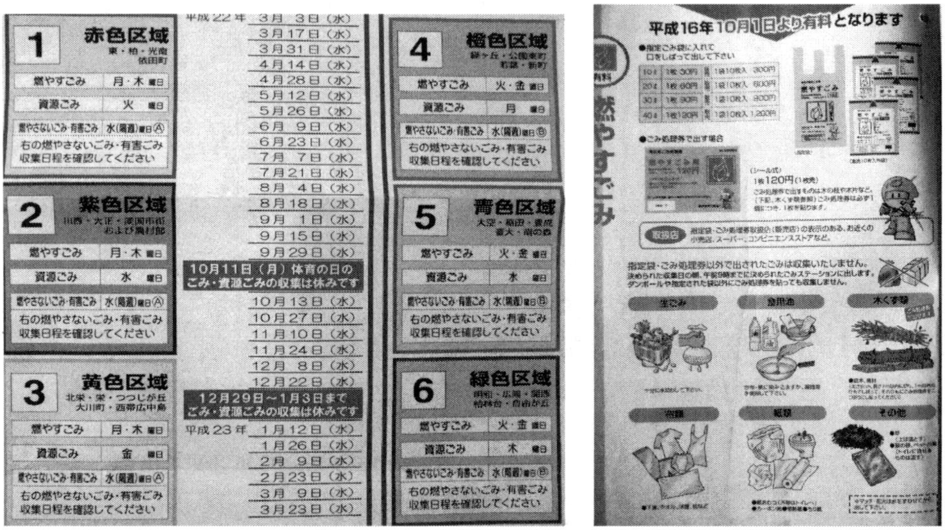

图 9-13　生活垃圾分类收集计划简报（左）和可焚烧垃圾（右）

图 9-14　不可焚烧垃圾

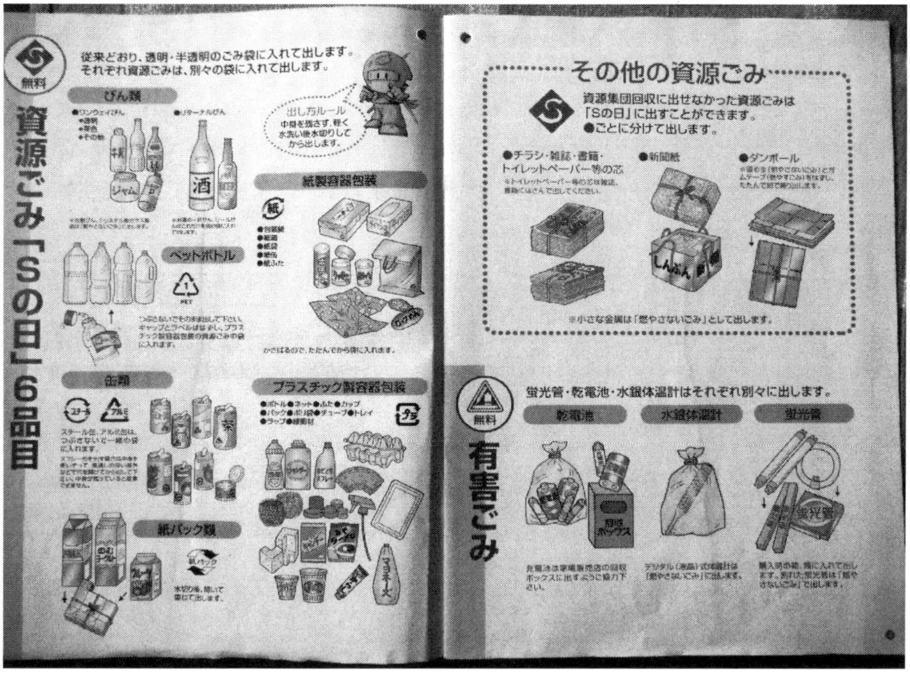

图 9-15　资源垃圾和有害垃圾

图 9-16　垃圾收运日安排示意图

9.3.2 垃圾分类收集的强制付费方法

带广市的垃圾分类收集体系采取市民付费的方式运营，且付费是强制性的，按垃圾的体积付费，每100L付300日元，付费方式是市民到指定地点购买指定的特制垃圾袋（图9-17、图9-18），购买垃圾袋就相当于已经付费。不同容量的垃圾袋价格不同，金额不仅仅是垃圾袋的费用，还包括了垃圾收集和处置费用。按规定，废弃垃圾时必须使用这种垃圾袋，是强制性的。每弃置100L垃圾需要交纳300日元。为了节省费用，市民们往往会仔细地将垃圾折叠、挤压和垒放，以提高垃圾袋的容积使用率。塑料袋分为可焚烧垃圾和不可焚烧垃圾两种，容积有10L、20L和40L，以供垃圾产生量不同的家庭选用。以弃置垃圾的体积来计费的好处在于能够引导市民尽量减少垃圾产生量。

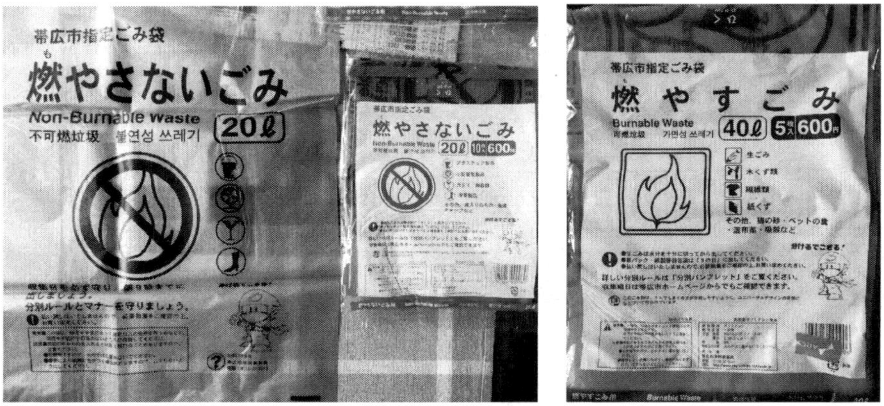

图9-17　垃圾袋及其外包装

笔者访问的这个日本家庭每年购买约5次垃圾袋，每次花费600日元，全年花费约3000日元。这个家庭的每月税后收入大约50万日元（在日本算是一般收入水平），因此，该家庭缴纳的垃圾费占其年收入的0.05%，约相当于一天的生活费用支出。有害垃圾和资源垃圾的收运是免费的（图9-15，可以看到“无料”的标志），以有利于环境管理和资源回收。

9.3.3 垃圾分类标准

每个家庭都会有一本《带广市垃圾分类手册》（图9-19），由政府环卫部门

图 9-18　日本家庭中正在使用的可燃烧垃圾袋

配发。该手册对日常生活中各种物品在废弃时的分类规则进行了详细说明，共 14 页，涉及约 1500 种物品，相当于一个垃圾分类标准体系。同时也详细介绍了废弃各类垃圾（如建筑垃圾、家庭医疗垃圾、玻璃、铝罐、计算机等）的有关规定（图 9-20）。

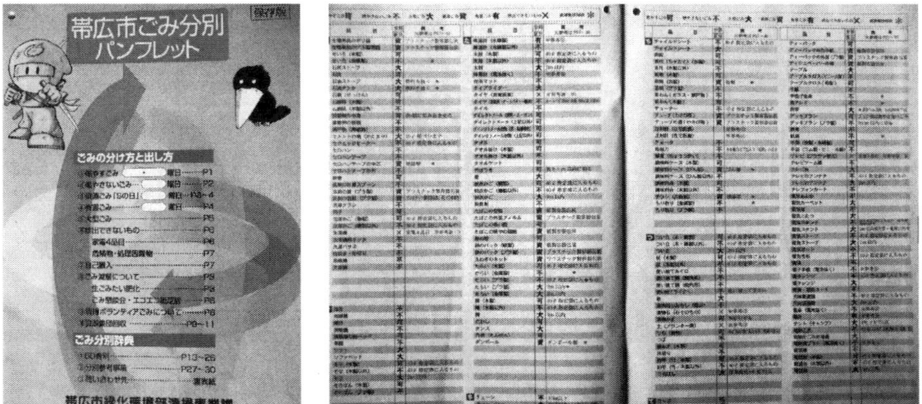

图 9-19　《带广市垃圾分类手册》

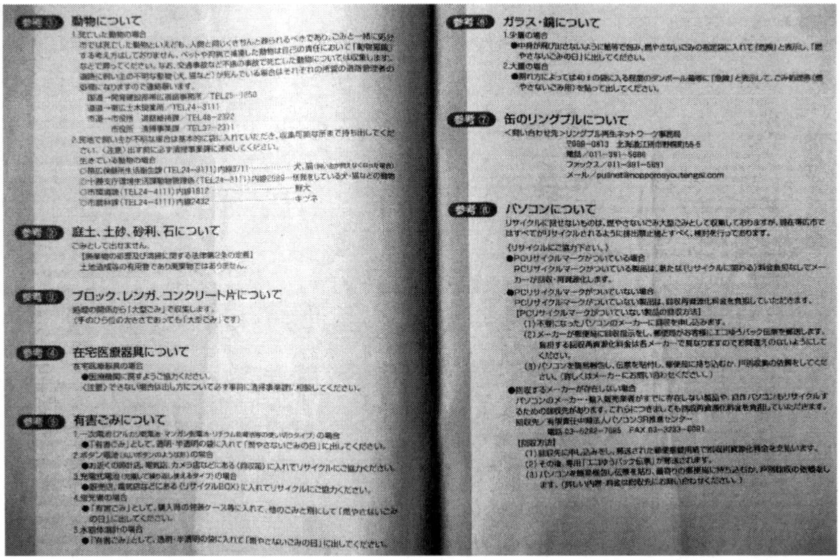
参考① 動物について

参考② 庭土、土砂、砂利、石について

参考③ ブロック、レンガ、コンクリート片について

参考④ 在宅医療器具について

参考⑤ 有害ごみについて

参考⑥ ガラス・鏡について

参考⑦ 缶のリングプルについて

参考⑧ パソコンについて

图 9-20　手册还详细介绍了各类垃圾的有关规定

尽管带广市垃圾分类收集制度是强制性的，但并不是所有市民都能自觉遵守有关规定，有少数人会非法弃置生活垃圾（不使用指定的垃圾袋，并且在非指定时间将生活垃圾弃置于非指定地点）。因此，政府会设立监视和巡查体系，并且呼吁市民举报非法弃置垃圾的行为，提供有关信息如时间、地点、车牌号码等。据市民说，当局会动用警力进行认真调查。

目前厨余被归类为可燃烧垃圾，但带广市鼓励市民使用特制的装置将厨余制作成有机肥料（图 9-21），有的酒店、宾馆等产生大量厨余垃圾的经营单位也会使用特制容器处理厨余，制作成有机肥料后无偿交付给农户使用，这样可以减少废弃垃圾的费用支出。

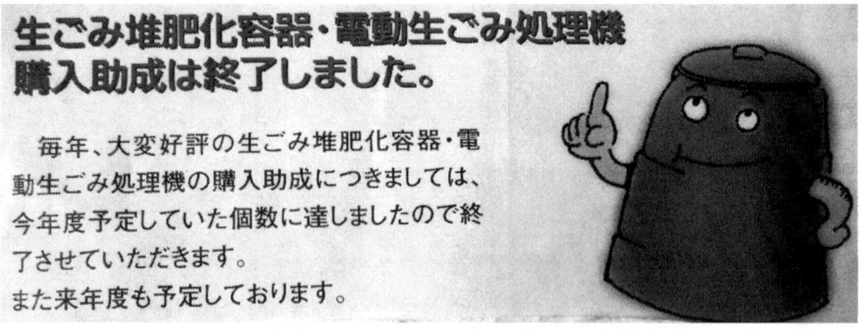

图 9-21　鼓励用一定的方法将厨余垃圾制成肥料

由此可见，日本带广市政府通过制度和法规建设有效组织实施了当地的强制性垃圾分类收集制度，这一成就在日本也是引人注目的，在日本经产省官员所作的报告中也将带广市的垃圾分类收集体系做了特别介绍。这项制度的成功实施也离不开带广市市民的积极配合。同时，由于进行了垃圾分类收集，垃圾焚烧处理也就变得比较环保、安全、高效，带广市的垃圾焚烧发电厂自1994年11月改建运行以来并未受到市民的抵制，而且还成了一个很好的环保教育场所(图9-22)。

图9-22　带广市垃圾焚烧发电厂

第 10 章

呵护与监管：为再生资源产业扬起风帆

再生资源产业以收运“破烂”、分选“破烂”、加工利用“破烂”为主要产业形态，由于“破烂”的特殊属性，使得这一行业无论做出多大的贡献，也非常可能在社会主要行业中被小觑、被边缘化，因而极为脆弱。然而，她在中国社会经济活动中的不可替代作用，也使得这一行业具有顽强的生命力，因而再生资源产业成为“朝阳产业”有其必然性，她是社会生态和产业生态中不可或缺的一环，其发展不仅带来物质的回归，也代表着人类与地球共存的基本生存态度的回归。人类社会不可以没有再生资源产业，否则人类文明将不可能存续！我们要克服对再生资源产业熟视无睹的心态，关注这个产业，关照这个产业。

笔者在调研过程中看到了现阶段我国再生资源产业所面临的困境，也因此有针对性地提出了有助于这个产业更加健康发展的途径，归纳如下，作为本书的结语，虽然这个结语比较长，但却是必不可少的。

10.1　着力规范再生资源产业，形成科学管理、依法管理的新体制

10.1.1　实施规划引导，统筹区域布局，优化资源配置

重视再生资源产业的规划工作。在国家以及省、市、县（区）层面编制全

国以及区域性再生资源产业发展规划，形成近期和中长期发展的基本框架，并将再生资源产业纳入国民经济和社会发展规划中；各级城乡规划主管部门应将再生资源回收网络（包括回收网点、分拣站和集散市场）规划纳入城乡建设规划，并在商业网点规划和环境卫生设施规划中考虑再生资源回收设施的布局要求，以构成规范管理和合理布局再生资源回收市场的主要依据；再生资源集散市场和加工利用产业园区（基地）的布局要与再生资源深加工产业的聚集相衔接，鼓励再生资源产业园区（基地）延伸产业链，发展深加工。

10.1.2　实施规范管理，坚持依法行政，完善各项制度

加强再生资源产业的管理制度建设。制定区域性《再生资源回收利用管理办法》以及《再生资源回收市场建设规范》；再生资源回收网点、分拣中心（站）和集散市场的建设应符合相关规划对总量和布局控制的要求，并经建设规划部门审核合格，其经营场所应该经过消防部门确认符合消防有关法规的要求，工商部门方可核发营业执照。在对营业执照年审时应确认再生资源经营者已依法备案。制定区域性再生资源加工利用相关产业园区建设规范，再生资源加工利用企业以及相关产业园区的建设和生产活动应遵守《环境影响评价法》、《废弃电器电子产品回收处理管理条例》等的规定，杜绝危害公共安全、污染环境等行为的发生。

对于违反备案管理、消防安全、市容卫生、环境保护和社会治安等方面的法规、多次产生公共安全和环境污染问题的再生资源回收和利用经营者，应勒令限期整改乃至停产整顿，对于屡教不改的，则由公安、消防、安监、环保等部门依法向人民政府提请关闭，人民政府作出关闭决定后，由工商行政管理部门吊销其营业执照。

10.1.3　构建运营规范、布局合理的再生资源回收体系

培育大型再生资源回收企业，全面实行再生资源回收网络分级管理、连锁经营制度，合理布局和建设包括回收网点、分拣中心（站）和集散市场三位一体的再生资源回收网络；支持和鼓励大型再生资源回收龙头企业、供销社、物资公司等按照统一的再生资源回收市场建设规范和有关法规整合本地再生资源回收经营者以及流动收购人员，形成有序管理的区域性再生资源回收网络；鼓励试行城镇再生资源回收经营牌照竞争发牌、定期考核、优胜劣汰制度，获得

经验后在一定区域全面推广。参照国外先进的家电回收管理经验，结合我国国情和各地的实际情况，组织家电生产企业采取自主回收、与销售网点联合回收以及与再生资源回收利用企业合作回收等方式，建立覆盖城乡的专业化家电回收网络。

10.1.4 构建适度集中、环境友好的再生资源加工利用体系

应强化再生资源加工利用企业集群化管理制度，支持和引导再生资源加工利用企业进入产业园区（基地），政府的所有扶持性政策应向进入园区（基地）的企业倾斜。支持和鼓励再生资源加工利用企业推行清洁生产，促进技术升级，杜绝企业成本的外部化。以再生资源综合利用产业园区（基地）为载体，实行统一规划、统一布局、统一政策、统一管理，改善企业组织结构，提升产业水平。大力发展再生资源的深加工，提升资源再生产品附加值，建立上下游企业相互衔接、共生代谢、环境友好的再生资源综合利用产业链。

10.1.5 构建标准严格、结构健全的资源再生产品流通市场体系

应建立和完善资源再生产品流通管理制度，制定严格的资源再生产品标准，建立认证或标识方法体系，促进资源再生产品流通；资源再生产品生产企业应依据有关标准和标识方法在资源再生产品及其包装物上加以标注，并在使用说明书中注明相关注意事项。由质量监督部门对资源再生产品的质量和再生品标识进行检查和监督，保障消费者权益。实行政府采购中资源再生产品优先制度，并制定政策，鼓励全社会使用资源再生产品，促进资源再生产品进入消费市场。

10.1.6 建立和健全再生资源管理地方性法规体系，严厉打击非法经营活动

制定和实施旧货流通治安管理相关法规，并加强打击非法经营、非法进口和走私废旧物资以及协助销赃等活动，取缔非法经营户以及在废旧物资收购活动中有违法行为的网点。积极预防和打击购赃、窝赃、销赃活动。通过清理走私废旧物资的上岸点、藏匿点、集散地和运输渠道等综合治理措施，摧毁国内走私废旧物资的市场。应进一步加强反走私的国际合作，堵住非法进口废旧物资的源头。

10.2　创新政府扶持方式，营造再生资源产业发展的宽松环境

10.2.1　加大政府扶持力度，做大做强再生资源回收和加工利用龙头企业

政府职能部门应支持和帮助再生资源回收和加工利用龙头企业获得各种渠道的财政补贴或贴息贷款。对于政府认定的再生资源综合利用产业园区和再生资源回收体系建设项目应按照有关规定从政府相关专项资金中给予一定的资金补贴。

应制定和实施政府机关报废办公用品以及国有电力、通信、交通系统的退役设施和设备的统筹回收管理制度，原则上应集中交由通过招标获得认定的再生资源回收利用龙头企业进行回收和处理处置，并鼓励其他国有企业以及公共财政资助的事业单位和学校参照执行；涉密报废物资的回收和利用应依法制定严格的管理规定和操作规范。各级政府采购部门应将符合标准、经过认证的资源再生产品优先列入政府采购名录。

选择重点领域推进和支持再生资源产业示范和试点项目，如城镇生活垃圾分类收集、餐饮业废料回收利用体系、建筑废物回收利用体系等。

10.2.2　建立财政激励机制，促进再生资源加工利用企业开展技术创新

利用政府财政资金积极支持再生资源综合利用企业推行清洁生产以及企业技术改造，重点支持行业龙头企业和具有技术创新能力的企业；同时，应利用政府财政资金积极支持再生资源加工利用先进技术的研发项目，并建立和依托再生资源产业产学研创新联盟，研究制定再生资源产业技术路线图，对行业发展有重大影响的科研项目应纳入国家和地区重大科技专项；对于被认定为高新技术企业的再生资源综合利用企业，除依法享受高新技术企业的优惠政策外，其投入的研发经费，经核实后应按其纳税总额的一定比例给予适当补贴。

10.2.3 改善再生资源税收优惠相关制度和再生资源进口报关制度，为企业创造宽松的经营环境

建议政府财政部门和海关创新税收和进口再生资源报关机制。开辟退税快速通道，缩短再生资源综合利用企业办理增值税退税手续的周期，并推行依托产业园区的一站式零通关报关新体制；鼓励财政部门和海关在再生资源产业园区和集散市场设立办事机构，为企业提供快捷、周到的服务。

10.2.4 在节约、集约用地的前提下，优先保障再生资源产业园区和集散市场的建设用地

积极探索再生资源产业节约和集约用地方法，支持和鼓励相关企业提高土地利用效率，合理布局和设计生产设施，减少土地资源的浪费。对于经国家和省级地方政府批准立项的再生资源产业园区以及符合规划的区域性再生资源集散市场，应优先保障其建设用地指标。

10.3 动员全民参与，夯实再生资源行业发展的社会基础

10.3.1 实施再生资源回收利用专题宣教行动

由政府、行业协会、企业等共同筹集资金，机关、学校、街道、居委会、村民委员会、社会团体及志愿者积极参与，利用互联网、广播、电视、报刊等大众传媒，开展形式多样的再生资源知识普及活动，大力宣传再生资源回收利用的必要性和重要性，不断提高社会对循环经济和再生资源回收利用重要作用的认识水平。

10.3.2 在学历教育阶段普及再生资源、循环经济和低碳经济知识

在中小学、技术院校、高等学校等开设有关再生资源、循环经济和低碳经济的课程，编辑出版相关教材和课件，组织学生参与再生资源回收利用的社会实践活动，鼓励学生社团组织以再生资源回收利用为主题的公益

活动。

10.3.3　建立全民参与的再生资源回收机制

全社会应重视和加强再生资源回收工作，机关、企事业单位、城镇居民小区、农村村民委员会应建立再生资源回收制度并组织实施，城乡居民应积极参与再生资源回收活动，积极探索、试行和推广城镇生活垃圾分类收集制度。

10.4　强化再生资源产业服务平台建设，充分发挥各类服务机构的积极作用

10.4.1　开展相关学科建设，促进再生资源产业的专业人才培养

应积极支持和鼓励有条件的高等院校开展再生资源利用和循环经济相关学科建设，加强人才培养和培训工作，积极打造再生资源产业管理和技术专业人才队伍；应支持和鼓励再生资源回收利用龙头企业或行业协会通过培训班、技术学校等渠道，对再生资源回收利用从业人员进行定期或不定期培训，提高再生资源产业工人的整体素质。

10.4.2　加强产学研合作，提高再生资源综合利用技术创新水平

积极鼓励企业、高等院校和科研院所加大对再生资源加工利用技术领域的研发投入；依托大型企业建立废金属、废纸和废塑料等再生资源加工利用领域的专业化技术中心，大力开发具有自主知识产权的行业共性技术、具有环境友好特点的清洁生产技术以及促进再生资源深度利用的各类技术，尤其应关注对低附加值废物加工利用技术的开发，更全面地促进各类再生资源的回收利用；应加强产学研合作，利用产学研创新联盟、企业派出科技特派员等方式，通过技术进步全面提高我国再生资源产业的总体效益。

10.4.3 加强信息服务机构组织建设，提高再生资源产业信息化水平

建立企业化运行的再生资源产业信息中心和产业废物交换信息中心，并给予政策扶持；支持和鼓励有关行业协会、龙头企业、物资公司、集散市场管理机构等利用互联网积极构建各类再生资源的市场、产品和技术信息交流平台，支持和鼓励再生资源网络交易的尝试，为再生资源产业的平稳、高效发展提供信息保障。应完善再生资源服务行业协会和商会的职责；加强行业协会和商会对企业的指导作用和统筹协调地位；发挥行业协会和商会等中介机构的纽带和联络作用。

10.4.4 探索再生资源产业的投融资机制，拓宽企业融资渠道

应支持有良好信用记录、经营效益好的再生资源综合利用企业与商业银行建立长期稳定的合作机制，充分利用多种金融工具，如银行承兑、委托贷款、小额贷款、股权融资等，解决企业融资问题。应尝试建立再生资源回收利用企业信用评级制度，政府及相关职能部门和行业协会应帮助企业建立信用评估体系，规范财务做账和记账制度，提高财务信息的公开度和透明度。

10.4.5 加强国外先进技术与人才引进，拓展再生资源利用的国际合作领域

支持和鼓励再生资源综合利用企业引进、消化和吸收国外先进技术和先进设备，对于经过论证表明确实先进的再生资源加工利用技术和设备，对其引进和消化吸收项目给予贷款贴息资金支持；鼓励企业“走出去”和“扩内需”相结合，与国外同行结成战略合作同盟，加强国际交流与合作；依法经营国外高附加值的废旧物资，拓展再生资源来源。

10.5 加强领导，明确职责，确保再生资源产业的健康有序发展

10.5.1 加强部门间协调，强化组织领导体系

鉴于再生资源产业涉及社会管理、经济发展等方方面面，政府相关职能部

门如经贸、发改、公安、外经贸、建设、环保、科技、工商、税务、质监、统计等应明确职能，合理分工，加强协调，方可使再生资源回收利用产业得到有效管理和有力支持。在条件成熟的地区，政府职能部门可以联合相关行业协会、供销社、物资部门和有关专家，成立再生资源产业发展促进委员会或联席会议制度，负责研究制定区域性再生资源产业政策和发展策略，组织实施再生资源产业发展的相关规划，形成协调机制和网络化行业组织领导体系。

10.5.2　加强宏观指导，实施目标考核

各级政府和职能部门应把大力发展再生资源产业纳入国民经济和社会发展总体规划和年度计划，加强宏观指导，明确发展目标。积极调动包括公共资源在内的各种社会资源，加大扶持力度，为再生资源产业的发展提供政策、制度、资金和组织保障。建议制定再生资源产业发展考核指标，并应纳入各级政府的绩效考核体系；应将再生资源产业主要统计指标要入国民经济和社会发展统计体系中，统计部门应尽快建立和完善再生资源产业统计体系。

10.5.3　加强安全监督，预防环境污染

各级政府及相关职能部门应关注再生资源产业中存在的各种公共安全隐患，在布局规划、消防安全、市容卫生、环境管理和社会治安等方面采取刚性预防和监督措施。各地环境保护行政管理部门应对本地再生资源回收和利用过程中环境污染的防治工作实施监督管理，加强对再生资源产业的污染物产生和排放的监管工作以及受污染环境的修复工作，坚决执行建设项目环境影响评价和环保“三同时”的有关规定，所有再生资源相关产业园区应按有关规定安装主要污染物在线监测设备；应加强污染预防，大力推动再生资源回收和利用企业开展清洁生产审核工作，对清洁生产先进企业给予补贴和奖励。

后记

大约在七八年前，一位政协委员谈起电子废物回收行业引起的环境问题时十分激愤，要求禁绝该行业，当时仍有为数不少的走私进口电子废物不断污染中华大地，引起了舆论、环保团体和公众的关注。分布在城市中大大小小的生活废品和产业废物的回收网点、众多走街串巷的个体生活废品回收人员以及活跃在城市和垃圾填埋场中的拾荒者大军，正是这个行业给一般公众的“第一印象”。可想而知，这个“第一印象”绝对不会是“好印象”，来自公众乃至某些政府管理人员的“白眼”不断投射到这个行业柔弱的躯体上，一旦有重大活动，例如大型运动会召开之际，“创建环保模范城市”、“创建卫生城市”、“创建文明城市”检查工作临近之时，废品收购站会被要求关闭，拾荒者会被清理。当区域经济发展程度达到一定水平时，首先被要求退出的，往往也是再生资源产业，近年来被政府强行关闭的再生资源集散市场不在少数，而且这一切都显得如此理所当然。

然而，这个行业不仅依然顽强地生存下来，而且正日益壮大。平心而论，既然有产品的生产，就必然有废旧产品的淘汰和排放，其回收利用是产品全生命周期管理不可抗拒的必然。现代环境经济学理论强调“产品导向的环境管理”(product-oriented environmental management) 理念，其基本出发点便是把“产品”视为“污染物”，追求的是“产品”和“废品”的平衡，期望未来在生产产品时不需要再取用新鲜资源，而是通过废弃产品的全组分循环利用来实现资源的节约和污染物的“零排放”。这当然是一种“梦境”，人们希望美梦成真，而再生资源产业正是接近“梦境”的唯一手段，再生资源产业发展水平越高，人类就越接近“美梦成真”!

当然，这个行业存在的问题也是不可回避的，尤其是由于技术落后和管理不善所造成的严重的环境污染问题。令人遗憾的是，对于电子废物拆解回收活动所造成的环境污染，当地政府的基本态度往往是“家丑不可外扬”，担心影响投资环境。本人曾经就某地电子废物污染问题提出应进行受污染环境修复和健康风险防范工作的政协委员提案，但当地政府却采取不承认存在环境污染和健康风险的态度，甚至在镇政府已经同意进行相关规划工作的情况下，上一级政府竟然进行干预，“掩耳盗铃”和“地方保护主义”的心态实在令人担忧！

因此，本书试图从产业生态学和环境经济学视角将一个真实的再生资源产业展示给读者，我们追求真实性、客观性以及系统性，既展现再生资源产业在资源环境管理和可持续发展中的重要作用，也不回避其真实存在的各种问题。再生资源产业需要呵护，也需要规范，我们期待本书能够成为重新认识再生资源产业的一个窗口。

本书得以完成，是因为有广东省经济与信息化委员会下达的课题“编制《广东省推进再生资源产业发展意见》的基础性调研”所提供的机缘，当然也是课题组成员努力工作的结果。本书的许多第一手资料是当时的研究生肖迪所采集，在求学生涯中，她曾经有将近40个周末都在生活废品回收站进行调研，从早上回收站开张营业到晚上所有废品被清运，肖迪都会在废品站忙碌，招呼交售废品的居民，称重、记录，以致于废品站的老板娘将她当成了自家义务员工。肖迪无怨无悔地扮演自愿者的角色，并利用各种机会动员和组织大学生和中学生自愿者参与调研，在田野调查中也克服了种种困难，使得本书有了丰富的第一手资料。参与本课题调研的博士研究生和硕士研究生还有吴惠玲、周轶慧、郑晶、徐欣、陈金峰、王广志、母养秀、张亚东、周鹏桥、杨宇洁、林琦琦、陆剑。本书对电子废物的环境污染着墨较多，许多第一手资料来自于博士研究生罗勇、余晓华和郑晶的现场调查和实验室分析工作。

杨中艺制订了本书的编写大纲和写作计划，参与了第一章以及第三章至第八章的写作，主持了第九章至第十章的写作，多次修订了全书，主持了全书的最终校阅；肖迪主持了第一章以及第三章至第八章的写作，参与了第十章的写作；袁剑刚主持了第二章的写作，参与了第六章的写作，并组织了对全书的校阅。参与本书校阅的还有史丽颖、夏磊、周倩、马纪凤、黄樱樱、何春桃。在最终校阅过程中，作者对引用的所有网页资料进行了确认，并注明了最终确认的时间；个别已经被删除的网页，则以不注明时间的方式处理。

本书的出版得到了中共中央统战部“华夏英才基金”的资助，特此致谢！

杨中艺

2012年6月16日